배움과 뇌 과학의 만남

배움과 뇌 과학의 만남

초판 1쇄 인쇄일 2018년 5월 17일
초판 1쇄 발행일 2018년 5월 25일

지은이 한성범
펴낸이 양옥매
디자인 표지혜 송다희

펴낸곳 도서출판 책과나무
출판등록 제2012-000376
주소 서울특별시 마포구 방울내로 79 이노빌딩 302호
대표전화 02.372.1537 **팩스** 02.372.1538
이메일 booknamu2007@naver.com
홈페이지 www.booknamu.com
ISBN 979-11-5776-562-1(03370)

이 도서의 국립중앙도서관 출판시도서목록(CIP)은 서지정보유통지원 시스템
홈페이지(http://seoji.nl.go.kr)와 국가자료공동목록시스템
(http://www.nl.go.kr/kolisnet)에서 이용하실 수 있습니다.
(CIP제어번호 : CIP2018015201)

배움과 뇌
과학의 만남

아이들의 지혜와
창의성을 찾아서

• 한성범 지음 •

책과나무

배움으로
행복할 수 있을까

'아이들에게 조금 더 가까이 다가설 수 없을까?'라는 물음을 늘 가슴에 품었습니다. 언제부터인가 교문에서 아이들의 등교 모습을 지켜보게 되었습니다. 아이들과 인사를 나누고 손뼉 맞장구를 치면서 그들의 마음을 조금씩 읽어낼 수 있었습니다. 그들의 마음에는 하늘의 별도 있고 봄꽃도 숨어 있습니다. 어떤 날은 봄날 백합보다 더 활짝 핀 얼굴로 저와 힘껏 손뼉 맞장구를 칩니다. 하지만 어떤 날은 힘들고 지쳐 축 늘어뜨린 가방을 보듬고 아무런 감정 없이 고개를 푹 숙이며 교문을 들어섭니다. 아이 얼굴을 자세히 살펴보면 모든 일이 귀찮다는 표정, 지치고 힘든 모습이 뚜렷합니다. 말은 하지 않지만 학교로부터 도망가고 싶다는 마음이 얼굴에 그대로 나타나 있습니다. 대개 아이들은 학년이 올라갈수록 이런 현상이 두드러집니다. 교실로 들어가는 우리 아이들의 처진 어깨를 바라보면서 가르치는 자로서 무엇을 어떻게 해야 하는지, 하루 종일 아이 표정이 제 마음을 떠나지 않습니다.

이러한 고민들을 선생님, 학부모님과 함께 나누어 보고 싶었습니다. 학교 SNS에 어떻게 하면 우리 아이들이 배움으로 행복할 수 있는지, 저의 생각을 조금씩 펼쳐 보았습니다. 아이들의 배움에 대한 생각이 정리된 언어로 하나둘 표현될 때마다 학부모님과 선생님들이 응원과 댓글로 공감해주며 서로의 생각을 나누었습니다. 시작은 SNS 안의 작은 소통이었지만, 지금은 아이들의 마음을 배우며 그들의 배움을 응원하는 우리 학교 교육공동체의 커다란 희망이 되었습니다.

이 책은 우리 아이들 배움의 모양과 배움이 잘 일어날 수 있는 비밀들에 대하여 2년이 넘게 학교 SNS에서 부모님, 선생님과 함께 나눈 이야기입니다. 우리 아이들 배움의 풍경화를 그려 보고 바라보면서 아이들, 부모님, 선생님의 지치고 힘든 모습을 보았습니다. 그러면서 배움이 무엇인지 진지하게 고민하고 토론하였습니다. 그러한 과정에서 배움의 모양이 조금씩 드러나기 시작했고, 예쁜 배움의 집을 짓기 위해서 꼭 필요한 재료가 무엇인지 조금씩 알게 되었습니다.

이 책의 1부에서는 배움을 알아보기 위해서 아이들의 내면 풍경을 살펴보았습니다. 사계절의 모습이 모두 다르듯, 어떤 아이들은 봄을 닮고, 어떤 아이들은 겨울을 닮았습니다. 그러한 아이들의 내면 풍경을 더 예쁘게 색칠하기 위해서 필요한 재료는 아이들마다 다릅니다. 그 재료가 가르침이며, 아이들이 받게 되는 가르침에 따라 배움의 모양이 달라집니다. 하지만 학교 현실은 망망대해에서 표류하는 돛단배와 같습니다. 바람의 방향에 따라서 수없이 흔들리는 돛단배처럼 수많은 교육 브랜드에 의해서 학교가 흔들리는 것도 사실입니다. 풍랑에 학교가 흔들리지 않으려면 가르침을 주는 우리 교사와 학부모 모두가 배움의 본질이 무엇인지를 꼭 알아야 합니다. 이러한 이유로 삶에서 배움의 본질적 의미와 학교 교육에서 배움의 의미를 탐색하였습니다.

2부에서는 1부에서 찾아본 우리 아이들의 배움의 본질을 뇌과학의 도움을 받아 보다 구체적으로 살펴보았습니다. 우리 뇌에서 생물학적으로 배움의 모양은 어떻게 생겼는지 그림과 함께 알아보았습니다. 배움이라는 것은 뇌 과학에서 이야기하는 기억의 범주에서 벗어날 수 없으며, 배움은 신경세포의 화려한 연주임을 알게 되었습니다. 우리 교사나 학부모가 뇌를 보다 체계적으로 이해한다면 우리 아이들의 배움 성장에 큰 도움이 되리라 확신합니다.

3부에서는 우리 아이들의 배움 풍경을 보다 잘 그리기 위한 비밀의 문을 열어 보았습니다. 우리 아이들의 배움을 잘 성장시키기 위한 비밀의 문을 열어보면 그들의 감정과 배움의 관계를 알아야 하며, 배움이 잘 일어나기 위해서는 믿음, 관찰, 선택, 도전, 연결 등이 중요한 키워드라는 것을, 현장에서 아이들을 관찰하면서 뇌 과학의 도움을 받아 깨달을 수 있었습니다. 특히 3부는 편지글의 형식으로 배움의 비밀에 대하여 지난 2년 동안 학부모, 선생님과 나누었던 이야기를 정성껏 담았습니다.

 이 책은 배움이 무엇인가에 대하여 고민하는 폭넓은 독자층을 대상으로 썼습니다. 가장 먼저 염두에 둔 분들은 수업에서 배움이라는 것이 구체적으로 무엇이며, 배움이 잘 일어날 수 있는 방법에 대하여 고민하는 현장의 교원입니다. 더 나아가 우리 자녀의 배움 성장에 대하여 체계적으로 접근하고자 하는 학부모입니다. 이 책이 인지과학부터 분자생물학까지 배움의 본질에 대하여 구체적으로 접근하는 최초의 책이라 생각합니다. 이 책을 쓰고 출판하기까지 가장 큰 역할을 한 주인공은 제가 몸담고 있는 우리 월계초등학교의 아이들입니다. 그 아이들이 배움의 본질에 대하여 고민하게 해 주었고, 해답도 찾아주었습니다. 우리 학교의 이름처럼 먼 훗날 아름다운 월계관을 쓸 수 있는 멋진 사람으로 성장하리라 생각합니다. 또한 열심히 공감해주고 응원으로 아름다운 교육공동체를 만들어주신 월계초등학교 선생님과 학부모님, 우리 가족, 저와 함께 20년이 넘게 '뇌기반창의성연구회'를 함께 한 회원님들께도 깊은 감사의 마음을 보냅니다.

-2018년 5월

한성범

目차

part 3 뇌가 알려주는 배움의 비밀

part 1

숨은 배움 찾기

배움은 어디에
숨어 있을까?

아이들 가슴마다 들어있는 꽃

이른 아침, 세상에서 가장 아름다운 장소는 어디일까요? 저에게는 그곳이 학교에 오는 아이들을 첫 번째로 맞이해주는 등굣길 교문입니다. 새벽부터 교문 주변에는 여러 새들이 찾아옵니다. 운동장 뒤쪽 아래에서 모이를 찾던 참새가 아이들 발자국 소리를 듣고 교문 옆 나무 위로 올라갑니다. 점점 아이들의 목소리가 크게 들리면서 참새의 지저귐은 사라집니다. 지금부터는 학교의 주인은 아이들이라고, 자리를 내어줍니다. 참새가 사라지면 어김없이 노란 깃발을 들고 배움터 지킴이 선생님이 나타납니다. 아이들이 교문을 들어설 때마다 반갑게 맞이해줍니다. "무슨 일 있니?" 시무룩한 얼굴을 한 철수를 보고 걱정이 되셨나 봅니다. 철수는 아무 말 하지 않지만 지킴이 선생님의 마음이 고맙다는 표정이 역력합니다. 가끔 남자 아이들이 멀리서부터 달려옵니다. 지킴이 선생님을 안아주고 볼에 뽀뽀를 하는 아이도 있습니다. 우리 학교 배움터 지킴이 선생님은 전직 중학교 교장 선생님이십니다. 언젠가 모 방송국 프로그램에 아침 등굣길 아이들을 맞이하는 소감을 보낸 적이 있는데, 아이들의 활짝 핀 미소가 새로운 삶을 다시 시작하게 해 준다고 말씀하셨습니다.

아침 등굣길 아이들 얼굴 표정에는 아이 학년이 담겨져 있습니다. 맞이해주는 선생님들을 향해 활짝 웃으며 등교하는 아이들은 유치원생과 저학년 아이들입니다. 멀리서부터 얼굴에 함박웃음을 가득 담고 뛰어옵니다. TV 드라마에 나오는 배우들의 아름다운 미소와도 비교할 수 없을 만큼 예쁩니다. '사람이 꽃보다 아름답다'라는 노랫말이 좀처럼 와 닿지 않는 사람들도 아침 등굣길에서 이 아이들의 표정을 보면 아마 그 말에 수긍하리라 생각합니다. 그런데 학년이 올라갈수록 아이들의 표정은 어둡습니다. 지친 모습이 역력합니다. 어떤 아이는 인사말 없이 고개만 살짝 숙이고 지나갑니다. "무슨 일 있었니?"라고 물어도 아무런 대답을 하지 않습니다. 이런 친구들의 공통점이 하나 있습니다. 대개는 공부에 지친 아이들입니다. 요즘 아이들은 연예인 스케줄보다 바쁩니다. 저학년도 학원 두세 개는 보통입니다. 고학년을 올라가면 흔히 학원 뺑뺑이라고 하여, 이 학원 저

학원을 전전하다가 밤 9시가 넘어서 집으로 들어옵니다. 더 안타까운 현실은 이 아이들이 주말에도 학원 뺑뺑이를 견뎌야 한다는 것입니다. 어쩔 수 없는 부모의 맞벌이로 인하여 학원으로 내몰리고 있는 아이들입니다. 학원을 가지 않으면 친구를 만날 수 없어서 학원에 다닌다는 아이의 이야기를 듣고 참 가슴이 아팠습니다.

학교가 이런 아이들의 위안처가 되었으면 하는 바람으로 2015년부터 등교하는 아이들을 교문에 나가서 맞이하고 있습니다. 뜻에 동참하는 선생님이 한 분, 두 분 늘면서 우리 아이들은 더 좋아합니다. 등굣길이 힘들던 아이들도 어느 날부터인가 교문을 들어서면 활짝 웃어줍니다. 학교 교과서며, 학원 보충 교재를 등에 가득 메고 고개를 푹 숙이던 ○○이도 선생님들을 보면 손을 꼭 잡고 인사를 합니다. 아이들은 이렇게 아름다운 봄꽃들인데, 그들이 꽃을 활짝 피우게 해주어야 하는데… 현실의 안타까움을 선생님들과 이야기해 봅니다.

교육은 아이들 가슴에 들어있는 봄을 발견하는 것입니다. 가슴에 개나리가 들어있는 아이들도 있고, 매화가 들어있는 아이들도 있습니다. 가슴에 들어있는 꽃이 달라서 아이들의 향기도 다릅니다. 매화가 들어있는 아이들은 조금 일찍 꽃이 피고, 개나리가 든 아이들은 조금 늦게 꽃이 필 것입니다. 시기는 달라도 아이들 가슴에 들어있는 꽃은 반드시 피게 되어 있습니다.

빨리 꽃이 피지 않는다고 아이에게 다그치기보다는 기다려주고 참아주는 인내가 필요합니다. 부모님, 선생님의 기대대로 아이들이 빨리 변해주면 좋겠지만 꽃마다 피는 시기가 다르듯이 아이들도 변하는 시기가 다르답니다. 즉 아이들에 대한 기대, 믿음만 놓지 않으면 언젠가는 반드시 예쁜 꽃으로 피어난다는 것을 꼭 기억하면서 살았으면 좋겠습니다.

배움의 빗장

아이들의 아침 등굣길 모습을 보면 마음에 빗장이 하나둘씩 걸려 있습니다. 빗장은 옛날 한옥이나 사극에서 많이 보았을 것입니다. 지금으로 말하면 현관문을 잠그는 자물쇠입니다. 옛날 한옥의 대문은 문짝이 2개 있습니다. 두 문을 가로 질러 연결하는 막대기가 빗장입니다. 대문을 통과하기 위해서 담을 넘지 않는 한 이 빗장을 열어야 합니다. 아이들은 마음에 빗장을 가지고 있습니다. 어떤 아이들은 빗장이 하나인데, 또 다른 아이들은 빗장이 여러 개입니다. 주로 상처와 어려움을 많이 겪은 아이들이 빗장을 여러 개 가지고 있습니다. 아이들 마음의 빗장을 열어야 그 아이가 가지고 있는 마음의 내면 풍경을 볼 수 있습니다. 그 내면 풍경에 아이들 배움의 비밀이 숨겨져 있습니다.

우리 아이들이 아기 때 모습을 기억할 것입니다. 엄마가 방긋 웃어주면 즉각 미소로 대답을 합니다. 아기들은 마음의 빗장이 없습니다. 마음이 순수성 그 자체입니다. 하지만 성장을 하면서 어른들의 언어와 행동, 사회의 부조리한 면들이 아이들의 순수성을 뒤덮는 먼지가 되어 마음에 흔적으로 남습니다. 이런 흔적들이 빗장이 되어 주위를 불신하게 되는 것입니다. 즉 빗장은 어른에 대한 불신, 사회에 대한 불신이라고 할 수 있습니다. 어쩌면 빗장은 아이들이 생존하기 위한 최후의 보루라고 할 수 있습니다. 이러한 빗장으로 인해 아이들의 배움은 숨어버립니다.

우리 어른들도 마찬가지입니다. 아이들보다 마음에 빗장이 서너 개 더 많습니다. 지금 글을 쓰고 있는 저도 마찬가지입니다. 이것은 이래야 하고, 저것은 저래야 한다. 나의 고정관념이 우리들의 빗장입니다. 이러한 마음의 빗장을 하나씩 내려놓는 것이 아이들이나 어른이나 자신의 성장을 위한 디딤돌이라 할 수 있겠지요. 빗장을 내려놓고 진심으로 이야기를 나누다 보면 서로 간에 의견이 일치되는 부분이 있겠지요. 배움을 여기서부터 생각해보아야 합니다.

'나는 너를 믿는다'

"이리 오너라~!"

조선시대 사극에서 많이 보았던 장면입니다. 양반들이 사는 큰 기와집에는 대문이 있습니다. 외부 손님이 대문 앞에서 "이리 오너라" 하고 외치면 시종이 나와서 빗장을 풀고 문을 열어 줍니다. 위에서 우리 아이들의 마음에도 빗장이 있다고 말씀드렸습니다. 지금부터는 아이들 마음의 빗장을 어떻게 풀 것인지 고민하는 시간을 만들어 보겠습니다.

어른들에게 "부모가 되어서 가장 행복했던 순간은 언제입니까?" 하고 물으면 대다수는 아기가 태어나던 순간, 아니면 아장아장 걸음을 옮기던 때라고 대답을 합니다. 저의 아이는 하얀 눈이 소복소복 내리던 크리스마스 밤에 태어났습니다. 그날 하얀 눈을 보면서 신의 은총을 생각했고, 창밖으로 보이는 자동차며 사람들 모두가 사랑스럽고 신비롭게 보였습니다. 지금까지 살아온 삶 가운데 가장 행복했던 순간이었습니다.

아이가 태어난 날, 그토록 가슴이 설레고 행복했던 이유는 무엇이었을까 생각해봅니다. 새로운 생명을 맞이하고 저의 마음속에 잠재되어 있던 순수성이 밖으로 드러난 것이겠지요. 의식 가장 깊은 곳에 자리 잡고 있던 맑고 맑은 순수성이, 새 생명의 탄생을 보면서 저의 마음과 육체를 통하여 밖으로 드러난 것입니다. 또 하나는 이 아이와 함께 살아갈 세상에 대한 기대입니다. 이제부터 아이와 함께 살아갈 세상은 온통 장밋빛이었고, 설렘 그 자체였습니다. 이 아이가 하늘의 별도 따다 줄 것 같았습니다.

하지만 아이들은 성장하면서 부모에게 기쁨과 함께 실망도 주고, 어려움도 가져옵니다. 그러면서 아이가 태어날 때 가졌던 설렘과 기대가 조금씩 사라지고, 특히 아이들이 초등학교 5, 6학년이 되면 실망이 늘어 갑니다. 그 이후에는 더욱 그러겠지요. 그래서 옛날 어른들은 7살 이전에 할 효도는 다 했으니, 그 이후에는 받았던 효도를 갚는 일밖에 없다고 하셨는지 모르겠습니다.

새 생명이 태어날 때 부모가 갖는 믿음과 기대가 어디로 사라진 걸까요? 아이가 부모를 힘들게 해서일까요? 아이에 대한 믿음과 기대는 부모님과 선생님의 마음속에 존재합니다. 즉 아이에게 존재하지 않고 나의 마음속에 존재하는 것입니다. 어쩌면 아이가 부모나 선생님의 믿음대로 커 나가지 못해서가 아니라 나의 마음이 성장하지 못해서 아이에 대한 믿음이 변하지는 변한 것은 아닐까요?

아이 마음의 빗장을 푸는 첫 번째의 생각은 아이에 대한 믿음을 회복하는 것입니다. 우리 반 아이가, 내 아이들이 지금은 나를 힘들게 하여도, 곧 바르게 성장할 수 있다는 믿음을 회복하는 것입니다. 하지만 믿음을 회복하고 싶다고 회복이 되는 것은 아닙니다. 선생님이 아이에게 '나는 너를 믿어'라고 말하고 있지만, 진심으로 믿고 있는지 아닌지를 아이들은 금방 알아차립니다.

어른들의 말과 행동은 아이들의 의식이 받아들입니다. '부모님 말씀이 맞아'라고 생각하는 것이 의식입니다. 하지만 부모님의 말씀과 행동 뒤에 숨어있는 왠지 모를 느낌이 있습니다. 이 느낌을 의식에서는 어렴풋이 인식하지만, 무의식에서는 바로 정답을 찾아냅니다. 무의식에서는 이렇게 이야기합니다. '선생님이 말씀을 저렇게 하고 있지만, 마음은 달라.' 무의식은 아이에게 숨은 진실을 말해줍니다.

아이의 생각과 행동을 바꾸는 것은 이런 무의식입니다. 내가 우리 반의 아이들, 나의 자녀를 바꾸고 싶다면 아이들을 믿는 마음이 진실해야 합니다. 이러한 믿음을 회복하기 위해서는 에너지가 필요합니다. 하루 세끼 식사로 근육에 에너지를 공급하듯이 나의 마음에도 에너지를 공급해 주어야 믿음이 유지되고 자라납니다.

믿음을 유지하고, 더 성장하게 하려면 마음에 어떤 에너지가 필요할까요? 먼저는 자신에 대한 성찰입니다. 아이들을 판단하는 현재의 생각이 혹시 잘못되지는 않았는지 점검해야 합니다. 아파트 앞 산수유와 대화를 하면서 자신을 성찰하다 보면 내가 본래 가지고 있던 순수성이 깨어나게 됩니다. 그 순수성이 아이에 대한 믿음을 유지하게 만듭니다.

다음은 깨달음입니다. 마음에 정보를 주어야 에너지가 만들어집니다. TV를 보는 것, 친구와 대화를 하는 것 모두 정보라고 할 수 있습니다. 하지만 본래 가지고 있던 순수성을 깨우기 위해서는 정보가 주는 의미를 곰곰이 되새겨 보고 정보와 생각을 나눌 수 있어야 합니다. 이런 측면에서 책은 아주 훌륭한 정보입니다. 진실이 담겨 있는 책들을 읽다 보면 믿음이 유지되고 성장할 것입니다. 아이를 진실로 믿어주고 기다려주는 것, 아이 배움의 비밀을 찾아가는 열쇠입니다.

우리 아이 들여다보기

학교에 일찍 출근하면 교정 이곳저곳에서 여러 종류 새들의 노랫소리를 들을 수 있습니다. 가만히 듣고 있노라면 저쪽에서는 오케스트라 합주가 들리기도 하고, 이쪽에서는 소프라노 조수미의 아름다운 목소리가 들리는 것 같습니다. 한낮에는 보이지 않던 새들이 어디에서 나타났을까요? 낮에도 있었는데 마음이 바쁘다는 핑계로 아름다운 것들을 찾지 못하고, 볼 수 없었다는 생각을 합니다. 우리 주위에는 늘 자연의 아름다움이 머물고 있는데, 우리는 그것을 보지 못하고 듣지 못합니다. 어쩌면 삶이 힘겹다는 이유로 아름다움을 볼 수 없는 맹인이 되는 것은 아닐까요?

지금부터는 배움의 비밀을 찾기 위하여 아이들 내면 풍경으로 들어가 보겠습니다. 아이들 마음의 빗장을 풀면 그 내면의 모습이 보이기 시작합니다. 우선 멀리서 산들을 관찰해 보겠습니다. 창밖으로 보이는 산들의 모습이 모두 다릅니다. 예쁜 토끼를 닮은 산이 있는가 하면, 사자의 모습과 비슷한 산도 보입니다. 삼각형 모양으로 이루어져 하늘을 찌를 것 같지만, 산 둘레의 부드러운 곡선이 편안함을 만들어주고, 마을을 포근히 감싸줍니다. 산에 조금 가까이 다가가 살펴보면 산에서 살아가는 나무의 종류가 산마다 조금씩 차이가 있습니다. 이쪽 산에는 벚나무가 많이 있고, 저쪽 산에는 철쭉이 많이 살고 있습니다. 하지만 우리나라 산의 대부분은 소나무가 주류를 이루는 것이 공통점입니다.

언제부턴가 산이 보여주는 아름다움 자체가 저에게는 큰 감동이었습니다. 명화를 들여다보면 희뿌연 안개가 산들을 온통 감싸고 있는 장면이 많음을 볼 수 있습니다. 멀리서 산을 바라보았을 때 빛에 따른 색깔의 변화를 곰곰이 관찰하고 있노라면 시간이 어떻게 가는지 모르게 흘러가곤 했습니다. 지금 창문을 열고 가까이에 있는 산과 멀리 보이는 산의 모습을 구별하여 바라보면 저의 마음을 느끼실 것이라고 생각합니다.

산들은 지금도, 우리 할아버지 시대에도 비슷한 모양을 하고 있었습니다. 이것이 아이들의 내면 풍경에서 유전에 해당합니다. 산의 모양이 변하지 않듯이 쉽게 고칠 수 없는 그 아이만의 기질적인 특징이 유전입니다. 하지만 산에 예쁜 벚꽃도 심고, 철쭉을 심다 보면 그 산이 보여주는 아름다움이 달라집니다. 이러한 벚꽃, 철쭉을 심는 것이 부모가 보여주는 행동이고 교육이며 사회 환경입니다.

이처럼 아이들의 내면 풍경은 우리 주위 산의 모습처럼 비슷하면서도 많이 다릅니다. 산의 전체적인 모양을 바꾸기 어렵듯이 아이들의 기질적인 면도 바꾸기 어렵습니다. 하지만 어떤 나무와 꽃을 산에 심느냐에 따라 산의 모습이 바뀌어 가듯이 우리 아이들이 가정과 학교에서 경험하는 것에 따라서 내면의 모양이 바뀌어 갑니다. 배려, 봉사, 나눔을 자주 경험한 아이들은 나보다 타인을 먼저 생각하는 아름다운 풍경이 마음속에 만들어지며, 그 마음은 일상적인 행동으로 나타나게 됩니다. 지금부터는 아이들의 구체적인 마음 풍경으로 들어가 보겠습니다.

예로부터 사람들은 인간의 기질에 관하여 매우 관심이 높았습니다. 태양인, 소음인 등 사상체질로 기질과 건강을 알아보기도 하고, 혈액형으로 사람을 파악하기도 합니다. 좀 더 깊이 들어가면 MBTI 검사 등으로 사람들의 기질을 여러 가지로 분류합니다. 이와 같이 사람들이 인간을 여러 가지 방법으로 분류해보는 것에 깊은 관심을 갖는 이유는 무엇일까요? 만나는 사람들을 좀 더 자세히 알 수 있다면 사람들과 관계를 맺고, 가르치고 배우는 일에 많은 유익을 얻을 수 있기 때문일 것입니다.

봄을 닮은 아이들

사람들을 분류하는 방법 중에 계절을 이용하여 구분하는 것도 하나의 방법입니다. 즉 사람들의 기질이 4계절과 매우 닮은 점이 많이 있습니다. 어떤 사람은 봄의 특징과 매우 닮았고 어떤 사람은 겨울의 특징과 매우 닮았습니다. 그중에 봄의 특징과 매우 닮은 아이들에 대하여 이야기해보겠습니다. 먼저 봄의 특징을 이야기하면서 우리 주위에서 봄을 닮은 아이들을 찾아보겠습니다.

우선 봄은 입춘(양력 2월 4일경)에서부터 입하(양력 5월 6일경)까지를 말하며, 기상학적으로 3, 4, 5월을 봄이라 합니다. 온갖 종류의 화려한 꽃이 피고 초목의 싹이 트는 따뜻한 계절이지만 기상이 비교적 안정된 여름이나 겨울에 비하여 날씨의 변화가 매우 심합니다. 점차 따뜻해지기는 하나 때때로 추위가 돌아오는 등 기상의 변화가 매우 심한 시기입니다.

이런 봄을 닮은 아이들이 있습니다. 봄에 피는 예쁜 꽃처럼 화려한 미소를 짓고, 매우 사교적이며 주위 사람들에게 매우 친절합니다. 이 아이들은 이야기하기를 매우 좋아하며 다른 아이들보다 옷을 예쁘게 입으려고 노력하는 등 외모 치장에 많은 소비를 합니다. 이 아이들의 단점으로는 주위 정리하기를 매우 싫어합니다. 이 친구들의 방에 들어가 보면 앉을 곳이 없을 만큼 물건들이 이곳저곳에 널려 있습니다.

이 친구들은 이야기하기를 매우 좋아하므로 언어 등에서 뛰어난 실력을 보이지만 논리적인 과목, 예를 들면 수학이나 과학을 매우 싫어하는 경향이 있습니다. 특히 봄의 날씨처럼 변덕이 조금 심할 수 있습니다. 이 친구들에게는 특별히 다른 아이들보다 칭찬을 많이 해주어야 합니다. 관계에 매우 민감하므로 따뜻한 칭찬이 더 많이 필요한 아이들입니다.

여름을 닮은 아이들

여름의 날씨 특징은 일 평균기온이 20~25℃이며 가끔 일 최고기온은 30℃를 넘을 만큼 매우 더운 날씨입니다. 6월 하순경에 본격적인 장마가 시작되며 7월엔 가끔 장마로 인해 홍수가 일어나기도 합니다. 초여름에 피는 꽃으로는 철쭉이 있으며, 모란, 작약, 치자꽃 등이 피어납니다.

이러한 여름 날씨와 닮은 아이들의 특징은 무엇일까요? 우선은 더운 여름만큼 매우 활동적인 아이들입니다. 한여름에 운동장에서 상의를 벗고 운동하는 아이들이나 어른들을 본 적이 있을 것입니다. 몸의 에너지가 매우 넘치는 사람들입니다. 이들의 주위에는 항상 친구가 많고, 리더십이 매우 뛰어납니다. 언어쪽으로 관심이 많아 말을 잘하는 편이며 매우 의리가 있습니다. 보통 이 사람들은 전두엽 우뇌 부분이 발달하여 상상력이나 문제해결력에서 높은 성취도를 보입니다.

반면에 단점으로는 너무 활동적이어서 주위에 불안감을 줄 수 있습니다. 다치기도 곧 잘하며, 가끔은 성질을 이기지 못하여 종종 싸움을 합니다. 문제해결력은 높으나 봄의 아이와 마찬가지로 수학, 과학 등 논리적인 사고에서 취약함을 보이기도 합니다. 이들은 자존심이 매우 높아 약간 과장된 허풍을 보이기도 하며, 주의력이 산만한 것 같다는 느낌을 줍니다. 어릴 때에는 어른들로부터 지적받는 일도 잦고 남자아이들에게서 많이 나타나는 기질이기도 합니다.

이 아이들에게는 규칙적인 생활습관 형성이 매우 중요합니다. 가끔 약속을 어길 수 있으므로 이 아이들을 지도할 때 약속을 문서로 받아두는 것이 매우 효과적입니다. 또한 여름을 닮은 아이들에게는 충분한 놀이, 운동의 시간을 주는 것이 가장 중요합니다. 가지고 있는 에너지 자체가 매우 높기 때문에 운동으로 어느 정도 부정적인 에너지를 소진시켜 주어야 합니다. 특히 이들에게서는 수업 시간에 주의집중을 못 하는 경우가 많이 나타날 수 있습니다. 이럴 때 달리기, 축구 같은 운동을 해서 에너지를 소비하고 나면 의외로 집중을 잘 하기도 합니다.

가을을 닮은 아이들

아이들의 내면 풍경이라 함은 마음속에 들어있는 그림이라고 할 수도 있습니다. 같은 아파트에서도 현관문을 열고 들어가면 살아가는 모습이 다릅니다. 집집마다 가구의 배치가 다르고, 모양이 다릅니다. 어떤 사람은 주로 거실에서 책을 읽지만, 어떤 사람은 안방에서 책을 읽습니다. 아이와 대화를 할 때 어떤 엄마는 아이들의 방에서 하지만, 어떤 엄마는 안방에서 아이들을 불러서 조용히 이야기하기도 합니다. 사람들의 살아가는 생활 방식이 이처럼 다르듯이 아이들의 내면 풍경도 다릅니다. 개나리 같은 화사함이 마음에 피어 있는 아이가 있는가 하면, 수수한 코스모스가 핀 아이들도 있습니다.

가을은 풍요의 계절, 결실의 계절이라고 합니다. 이른 봄날 따뜻한 기운에 예쁘게 태어난 새싹이 꽃샘바람을 이기고 소나기를 맞으며 자라 가을이 되어 오색빛깔 아름다움이라는 열매를 맺습니다. 우리 아이들도 마찬가지인 것 같습니다. 때로는 양지바른 곳에서 햇빛을 많이 받아야 하지만, 가끔은 추위와 소나기도 맞아야 합니다. 그래야 작은 바람에도 흔들림 없이 튼튼한 생명력으로 바르게 성장할 수 있습니다. 하지만 부모의 지나친 간섭과 기대, 그리고 잘못된 방식의 육아, 그리고 사회구조의 문제로 점점 나약해져가는 우리 아이들을 보고 있으면 기성세대로서 미안하기만 합니다. 어찌되었건 행복한 열매를 맺는 우리 아이들이 되었으면 좋겠습니다.

　가을을 닮은 아이들의 일반적인 특징은 결실을 잘 맺는 아이들입니다. 이 아이들의 방에 들어가 보면 대체로 정리정돈이 잘 되어있습니다. 아이들의 책상 서랍을 열어보면 대체로 아이들의 성격을 짐작할 수 있습니다. 봄과 여름을 닮은 아이들은 책상 속은 전통 시장처럼 매우 어지럽습니다. 반면에 가을과 겨울을 닮은 아이들은 백화점처럼 정리정돈이 잘 되어 있습니다. 이 아이들은 논리적인 사고가 발달했기 때문에 무엇이든지 순서가 맞아야 합니다. 또한 이들은 앞장서서 나서기를 좋아하지 않으며, 새로운 일을 잘 벌이기보다 이미 있었던 일을 잘 정리하려고 합니다.

　이들은 매우 공부를 잘하는 아이들이라 할 수 있습니다. 논리적 사고가 발달되어 있어서 학습장 정리를 잘합니다. 이러한 이유로 학교에서 수행평가 등에 높은 점수를 받을 수 있으며, 과학, 수학 등에서 매우 높은 학업성취도를 보일 수 있습니다. 하지만 앞으로 나서기를 좋아하지 않기 때문에 수업 시간에 발표에는 매우 소극적일 수 있으며 국어, 영어 등 언어에서 학업성취도가 낮을 수 있습니다. 뇌 과학적으로 설명하면 대부분 좌뇌형이어서 이해, 분석, 종합, 응용 능력에서는 앞서지만, 상상력, 창의력 등에서는 부족할 수 있습니다. 봄을 닮은 아이들은 정서에 매우 민감하고, 따라서 정이 많지만, 가을을 닮은 아이들은 전전두엽 부분을 잘 사용하기 때문에 봄을 닮은 아이들에 비해 정이 없다고 할 수 있습니다.

지금까지 가을을 닮은 아이들의 특징에 대하여 이야기해 보았습니다. 봄, 여름, 가을을 닮은 아이들에 대하여 이야기를 계속해왔는데 우리 아이는 어느 계절의 성향이 많이 나타나는가요? 또 나는 어떠한가요? 아이들의 내면을 정확히 바라볼 수 있으면 그 아이가 잘하는 것과 못하는 것, 좋아하는 것과 싫어하는 것 등 총체적인 관점에서 아이를 파악할 수 있습니다.

겨울을 닮은 아이들

겨울을 닮은 아이들은 가을을 닮은 아이들에 비하여 더 말이 없습니다. 강한 바람과 추위로 줄기의 잎은 떨어져도 땅 속 뿌리는 튼튼히 자라듯이 겉으로는 말이 없지만 주위의 환경에 크게 영향을 받지 않고 인내를 잘합니다. 겨울을 닮은 아이들은 가을을 닮은 아이들에 비하여 더욱더 정리 정돈을 잘합니다. 이런 아이들의 방에 들어가면 모든 것이 가지런히 정리되어 있습니다. 무엇인가 조금이라도 정리되어 있지 않으면 불안해하는 성격적 특성 때문에 책상 서랍 속, 책장 등이 매우 잘 정리되어 있습니다.

이러한 성격으로 선생님이 내준 과제나 부모님의 심부름 등을 매우 꼼꼼히 잘합니다. 이러한 아이들은 또 매우 헌신적입니다. 일상의 삶에서 별로 화를 내지 않고 참으며 주위 사람들에게 협조적이고 자기가 먼저 어려운 일을 몸소 실천합니다. 다만 참기는 매우 잘하지만 한번 크게 화가 나면 감정 조절을 잘 못하는 결함도 가지고 있습니다. 우리 주위를 살펴보면 평소에 별로 화를 내지 않지만 한번 화를 내면 감당이 어려운 사람들이 있습니다. 보통 이런 사람들이 겨울을 닮은 사람들입니다.

여기까지 봄과 여름, 가을과 겨울의 특징을 가지고 우리 아이들의 성향을 분류하여 보았습니다. 우리 반 아이는 어떤 계절을 닮았을까요? 어느 한 계절의 특징이 분명히 드러나는 아이들도 있고, 어떤 아이의 성격은 봄과 여름 사이, 어떤 아이는 가을과 겨울 사이에 있습니다.

봄, 여름, 가을, 겨울의 좋은 점만 닮은 아이가 우리 자녀면 좋겠지만 그러한 아이는 없겠지요. 즉 장점이 있으면 반드시 단점이 있는 것이 아이들이고, 우리입니다. 배움의 비밀을 찾아간다는 것은 이처럼 아이들의 내면의 모습을 살펴보는 데서 시작합니다.

가르치는 사람은 술래다

아이들 내면을 살펴보면서 학부모나 선생님들은 아이들 내면에 숨어있는 배움을 찾아주는 술래라는 생각이 듭니다. 숨바꼭질은 우리가 어렸을 때 많이 하던 놀이 중 하나로, 한 아이가 술래가 되어 숨은 아이들을 찾아내는 놀이입니다. 보통 가위바위보로 술래를 정하고, 술래는 나무 기둥이나 담벼락에 얼굴을 댄 채 눈을 가리고 20이나 30까지 수를 세거나 '무궁화 꽃이 피었습니다.'를 10번 반복하면서 친구들이 숨을 시간을 줍니다. 술래가 수를 세거나 노래하는 동안 친구들은 마루 밑, 부엌 등 술래가 찾지 못할 곳에 꼭꼭 숨습니다. 술래는 숫자를 다 세고 친구들을 찾으러 다닙니다. 이때 숨어있는 아이가 뛰어가서 술래의 집에 먼저 손을 짚으면 살게 됩니다.

숨바꼭질 놀이를 하면 어떤 친구는 쉽게 찾을 수 있는 곳에 숨어있지만, 어떤 친구는 정말 꼭꼭 숨어서 찾을 수가 없습니다. 하루는 숨바꼭질 놀이를 하는데 친구 한 명을 찾을 수가 없었습니다. 놀이를 멈추고 모두 모여 그 친구의 이름을 부르며 찾으러 다닌 적이 있습니다. 몇 시간 만에 겨우 찾았는데 그 친구는 벼 더미 속에서 자고 있었습니다.

어쩌면 누군가를 가르치는 사람은 숨바꼭질 놀이에서 술래의 역할과 비슷합니다. 술래가 찾기 쉬운 아이들이 있듯이 어떤 친구는 가르치는 사람의 조그마한 노력만 있어도 배움이 금방 일어납니다. 하지만 어떤 친구는 배움이 꼭꼭 숨어버려 어떻게 도움을 주어야 배움이 일어날지 정말 막막하기만 합니다.

　분명 아이들의 배움이 일어날 수 있는 동기가 그 아이의 내면 풍경 속 어딘가에 숨어있을 것입니다. 이 동기를 찾아 나서는 것이 우리 가르치는 사람들의 몫입니다. 하지만 가르침이 어려운 것은 아이들의 배움이 일어날 수 있는 결정적인 동기가 모두 다르다는 것입니다. 그 결정적인 동기는 어떤 아이에게는 칭찬일 수도 있고, 또 다른 아이에게는 무조건적인 믿음일 수 있습니다. 그 동기를 찾기 위해서는 우선 아이 마음의 빗장을 열고 내면 풍경의 모습을 천천히 들여다보아야 합니다.

　숨바꼭질 놀이에서 술래는 그 주변의 지형을 잘 알고 있어야 숨은 친구들을 잘 찾아낼 수 있습니다. 처음 방문한 동네에서 숨바꼭질 놀이를 한다면 친구들이 어디에 숨었는지 찾을 수 없습니다. 가르침을 잘 할 수 있는 술래가 되려면 어떻게 하면 배움이 잘 일어나는지 그 비밀의 문을 열고 들어갈 수 있어야 합니다. 보다 구체적인 사항은 제3부, '뇌가 알려주는 배움의 비밀'에서 자세히 말씀 드리겠습니다.

지쳐가는
학교 교실

•
•

아이들에게 미안한 선생님들

1학기 교육과정 평가회가 있는 날입니다. 평가회는 어느 여선생님의 '수고했어'라는 노래로 시작되었습니다.

> 세상 사람들 모두 정답을 알긴 할까
>
> 힘든 일은 왜 한 번에 일어날까
>
> 나에게 실망한 하루
>
> 눈물이 보이기 싫어 의미 없이 밤하늘만 바라봐
>
> 작게 열어둔 문틈 사이로
>
> 슬픔보다 더 큰 외로움이 다가와 더 날

수고했어 오늘도

아무도 너의 슬픔에 관심 없대도

난 늘 응원해, 수고했어 오늘도

빛이 있다고 분명 있다고

믿었던 길마저 흐릿해져 점점 더 날

(옥상달빛, 「수고했어, 오늘도」)

　이번 평가회는 어느 선생님의 제안으로 조금 색다른 방식으로 진행되었습니다. 업무 담당 선생님께서 여러 가지 그림이 그려진 카드를 선생님들에게 나누어 드렸습니다. 그 카드에는 철도가 그려져 있기도 하고, 자동차가 그려져 있기도 했습니다. 선생님들은 그 중에서 한 장을 선택하고, 그 그림을 선택한 이유에 대해서 돌아가며 이야기를 나누었습니다.

　처음으로 특수아가 포함된 통합반 담임을 하게 된 선생님께서는 세 사람이 어깨동무하는 카드를 골랐습니다. 선생님께서는 처음으로 특수아 통합반 담임을 맡게 되셨고, 학기 초 특수아의 행동을 보면서 어떻게 살아야 할지 막막했다고 말씀하셨습니다. 특수아를 돕기 위해서 반 아이들이 지혜를 만들어냈고, 그러한 과정에서 반 아이들의 배려, 협력하는 마음이 길러지게 되었고, 인간의 깊은 곳에는 누구나 천사가 숨어있다고 말씀하셨습니다.

선생님의 이야기는 크게 네 가지로 구분되었습니다. 우선은 대다수 선생님들이 아이들에게 미안한 마음을 가지고 있었습니다. "1학기 동안 우리 반 아이들에게 참 미안했습니다. 제가 담임이 되어서 아이들에게 많은 것을 해주지 못했어요. 2학기에는 아이들을 더 잘 가르칠 수 있도록 열심히 공부도 하고, 대화도 많이 하도록 하겠습니다." 선생님은 작년에 발령을 받은 새내기 선생님으로 저학년 담임을 맡으셨는데 어느 누구보다도 열정이 많으시고 아이들 앞에서 항상 미소가 떠나지 않는 선생님입니다. 여선생님이지만 운동장에서 아이들과 축구를 하시면서 열심히 뛰어다니십니다. 그러니 아이들과 학부모가 얼마나 좋아하겠습니까? 그런 선생님이 자기반 아이들에게 미안하다고 말씀하시는 걸 보면 대한민국 모든 선생님의 마음을 짐작하고도 남음이 있습니다.

두 번째로는 열정이 식어가고 있음을 안타까워하셨습니다. 어느 선생님은 절벽에서 다이빙하는 카드를 고르셨습니다. "학교에서 더 재미있게 살고 싶은데, 도전하는 삶이 사라지는 것 같습니다. 마음속에 열정을 키워보고 싶습니다." 우리 선생님의 이야기를 듣다 보니 선배로서 참 미안했습니다. 어느 선생님보다도 에너지 넘치는 분인데 학교에서 선생님의 열정을 채워줄 여러 가지 그릇이 부족했나 봅니다. 어쩌면 학교의 가장 불행한 일은 선생님들의 열정이 식어가는 것일지 모릅니다. 아이들은 선생님의 수업 기술이 아니라 열정으로 성장합니다. 하지만 아이들에게서 받은 상처, 특히 학부모에게서 받은 상처 등이 선생님들을 움츠리게 하고, 생계형 교사에 그치게 하지 않을까 하는 생각이 온종일 떠나지 않았습니다.

세 번째로 선생님들은 쉬고 싶다는 말씀을 많이 하셨습니다. 어떤 선생님은 강아지가 들판에서 신나게 달리는 그림으로 자기 마음을 표현했습니다. 강아지처럼 모든 것을 내려놓고 편하게 쉬고 싶다고 말씀하셨습니다. 3월이 지나면 아이들과 편하게 되리라 생각했는데, 방학이 내일모레인 지금까지 아이들과의 관계가 힘들다고 담담하게 털어놓으셨습니다. 어쩌면 당연한 일인지도 모르겠습니다. 사람들에게 직장에서 가장 어려운 점을 이야기해보라고 하면 대다수는 사람과 사람의 관계가 힘들다고 합니다. 이런 관점에서 본다면 선생님들이야 오죽하겠습니까? 하루 중 대부분을 아이들과 함께 지내기에 그들의 마음을 어루만지는 과정에서 관계의 힘듦을 항상 보듬고 살아야 합니다. 관계의 힘듦으로 인해 상처를 많이 받을 수밖에 없고, 그 힘듦의 감정이 어느 정도 마음속에 채워지면 쉬어야 하는 것이 인간입니다. 선생님들의 이야기를 들으며 참 미안했습니다.

마지막으로 선생님들은 이러한 힘듦에도 불구하고 희망을 이야기하셨습니다. 어떤 선생님은 다섯 손이 별 모양을 만들고 있는 카드를 고르셨습니다. "손가락 하나하나가 모여 별이 만들어집니다. 우리 아이들, 교직원, 학부모 공동체가 하나가 되어 예쁜 별을 만들면 좋겠습니다." 또 다른 선생님은 화려한 꽃다발이 그려진 카드를 고르셨습니다. 아이들 마음에, 선생님 마음에 여러 가지 색깔의 예쁜 꽃을 심도록 교육과정을 만들고, 수업에서 더 노력하는 교사가 되겠다고 다짐을 하셨습니다.

교육과정 평가회에서 선생님들의 이야기를 들으면서 아이들을 좋아하고 가르침을 사랑할수록 교직이라는 직업은 가슴 아픈 일로 다가오고 있음을 알게 되었습니다. 내가 좋아하는 아이들에게 더 큰 열정으로 다가가 그들의 가슴에 여러 가지 빛깔의 배움이라는 새싹들을 키우고 싶은데, 선생님들은 부족한 자신을 책망하며 미안해합니다. 보다 훌륭한 가르침을 주기 위하여 더 의미 있는 교육과정을 만들어 아이들에게 열과 성을 다하고 싶은데 그렇지 못해서 미안해합니다. 훌륭한 선생님은 아이들에 대한 미안함이 가슴에 가득 들어 있는 교사라는 것을 알 수 있었던 교육과정 평가회였습니다.

선생님의 한계를 넘는 아이들

교사가 가르침을 사랑하면 할수록 교직은 가슴 아픈 직업이 된다는 것은 요즘 아이들을 보면 분명히 드러납니다. 학교에서 교사가 가장 힘든 점은 내가 어떻게 할 수 없는 아이들을 만날 때입니다. 내가 아이들에게 어떤 가르침을 주었을 때, 아이들이 변화하고 성장하는 모습보다 교사에게 더 기쁜 일은 없습니다. 하지만 교사가 어떤 노력을 해도 아무런 답이 보이지 않을 때, '나는 왜 교사가 되었지?'라는 물음이 가슴 깊은 곳 울림이 되어 며칠을 따라다닙니다.

얼마 전 제가 속해 있는 연구회 선생님과 '요즘 아이들'이라는 주제로 우리 반에서 가장 지도하기 힘든 사례를 조사해보았습니다. 저희 연구회는 뇌와 창의성에 대하여 공부를 합니다. 한 달에 두 번씩 모여서 아이들에 대해 공부합니다. 힘들어도 연구회 모임에 빠지지 않는 이유는 회원들의 에너지 때문입니다. 연구회에 다녀오면 아이들을 향한 새로운 에너지를 얻을 수 있습니다. 작년에 연구회에 가입한 신규 선생님 한 분이 발표를 하셨습니다.

> 저희 반에 남자아이가 있습니다. 얼굴도 괜찮고 신체도 건강한 편이며 학습이해력도 양호합니다. 학기 초에 몸이 간지럽고 벌레가 있는 것 같다면서 많이 힘들어 하였으나 3월 말이 되면서 많이 좋아졌습니다. 대신 그 이후로는 입술을 손으로 자꾸 만지작만지작 합니다. 학습 활동이나 모둠 활동에 참여하지 않고 가만히 있고 급식 시간에도 밥도 안 먹고 가만히 앉아 있습니다. 제가 숟가락을 손에 쥐어 주면 먹는 척 하

다가 다시 먹지 않고 가만히 앉아 있습니다. 이럴 때 손으로 입술을 만지는 경우가 많습니다. 매사 의욕이 없이 아무것도 하지 않고 가만 앉아 있습니다. 특히 급식은 거의 먹지를 않고 앉아 있습니다. 줄 서거나, 쉬는 시간에는 친구들과 장난을 자주 합니다. 선생님이 하지 말라고 안내해도 장난을 자주 합니다. 부모님 말씀으로는 엄마가 어렸을 때부터 편찮으셔서(뇌종양 수술 및 치료) 엄마랑 떨어져 있는 경우가 많이 있다 보니 편식도 심하고 소극적인 성향으로 변한 것 같다고 합니다.

이어서 저와 대학 동기인 선생님이 발표합니다.

우리 반에서 키가 제일 작은 남자아이가 있습니다. 도화지에 그림을 주고 그리기를 하면 몇 시간이 지나도 연필 선 하나 긋지 못합니다. 답답하다 못해 교사가 이야기하고 '이렇게 그려보는 건 어때?'라고 가르쳐 주어도 시작하지 못합니다. 시작이 어려운가 싶어서 조금 그려주고 가면 그 이후에도 아무것도 하지 않습니다. 심지어는 물감 뿌리기, 불기, 실로 그리기 같은 시간에도 손에 아무것도 묻히려 하지 않습니다.

국어 시간! 가끔 간단한 발표를 하고 문제에 답을 쓰지만, 부탁하는 글, 자신의 의견과 까닭을 쓰라거나 조금이라도 빈 공간이 많은 글을 써야 한다면 시작을 하지 못합니다. 교사가 이야기해 보고 이렇게 써 보자며 옆에 가서 시작하는 말을 가르쳐 주어도 꿈쩍하지 않고 글을 쓰지 않습니다. 아이가 지능이나 기초학력에 문제가 있다고 생각되었으나 학기초 진단평가에서는 모두 높은 성적으로 통과하여 그런 문제는 없는 것으로 판단됩니다. 그렇다면 심리적인 뭔가가 문제이지 않을까 싶은데요. '못 그려도 된다'고 아무리 말을 해도, 이상하게 그린 친구의 그림을 보여주며 시작해 보자고 하여도 꿈쩍하지 않습니다. 습관으로 이어지면 좋지 않을 것 같아 남아서 그리게 했지만 혼자서 가만히 1시간을 있더군요. 그래서 친구의 작품이라도 보고 하라고 건네줬지만 그것도 따라 그리지 않습니다. 미술 시간만 되면 아무것도 하지 않으려는 아이 때문에 힘듭니다. 재미있는 미술 활동도 마찬가지입니다. 학기 초 상담을 할 때 어머님께서는 아이가 자신감이 부족해서 그렇다고 생각하고 계셨습니다. 뭔가 완벽하게 잘해야 시작하는 경향이 있다고 합니다. 심각성을 말씀드리고 정신과 상담을 권유해 드렸으나 정신과에 가기는 싫으시고 집 앞에 미술치료를 하는 곳이 있으니 그곳에서 치료를 한번 해 보겠다고 하십니다. 저는 약간의 우울증 또는 무기력증이 있어 보이는데 부모님은 심각하게 생각하지 않으시는 것 같습니다. 이런 아이 어떻게 지도해야 할까요?

공감 가는 내용이었습니다. 만약 제가 아이 담임이라면 어떻게 해야 할까요? 어쩌면 제가 담임이 아니어서 얼마나 다행인지 모릅니다. 이런 아이들에 대한 구체적인 해결책이 나오는 모임이 되길 기대해봅니다. 다른 선생님은 너무 힘드셨는지 약간 흥분하며 이야기하십니다.

이 아이는 우선 자신의 책상과 자리 밑이 온통 여러 물건과 쓰레기로 들어차서 정신이 하나도 없습니다. 치워놓으면 잠시뿐 금방 다시 지저분해집니다. 관심 없는 수업 시간에는 엎드려 있기 일쑤입니다. 또는 옆 친구와 장난을 치고 친구 물건이나 집에서 가져온 장난감을 가지고 놉니다. 친구 물건을 맘대로 가져가서 가지고 놀고 친구가 달라고 해도 잘 주지 않습니다. 쉬는 시간에 여자 친구들이 리코더 연습을 하자 자신도 리코더를 아무렇게나 뻭뻭 불고 혓바닥으로 빨고 돌아다닙니다. 친구들이 시끄럽다고 하니 쉬는 시간에는 괜찮다고 합니다. 또 여자 친구들도 하는데 왜 자신만 혼을 내냐고 합니다. 연필을 입으로 빨지 말라고 해도 계속 입에 넣었다 뺐다 하고 과학 시간에 쓴 풍선도 빨고 씹는 행동을 자주 합니다. 여자 친구들 뒤에서 악을 써서 놀라게 합니다. 친구들이 싫다고 하니 그냥 장난이었다고 합니다. 친구끼리 그런 장난도 못 받냐고 합니다. 아침 자습 시간에 책을 읽지 않으려 합니다. 반장이 책을 읽으라고 하면 책꽂이 있는 곳으로 책을 가지러 가는 척하다가 그 옆에 앉은 친구와 이야기합니다. 그래서 반장이 뭐라고 하면 왜 반장은 자기에게만 그러는 거냐며 화를 냅니다. 친구들이 뭐라고 하니 '내가 잘 참고 있는데 왜 그러는 거냐'며 '나한테 한번 맞아볼래?'라고 합니다. 이 아이는 성적으로 문제가 많습니다. 친구에게 중요 부위를 보여주면 자신의 장난감을 준다는 말을 하기도 했습니다. 또한 친구의 중요 부위를 장난으로 만진다거나 성적으로 이상한 농담을 하기도 합니다. 이 아이는 아빠가 자신을 욕하고 때린다고 저에게 불만을 털어놓습니다. 하지만 숙제나 공부는 항상 아빠가 챙겨 주시며 엄마도 교회에 다니시면서 아이에게 최선을 다하려고 노력하고 있습니다. 선생님 앞에서 불쌍한 아이처럼 보여서 관심을 받으려는 아이 같습니다. 도덕 시간에 '화목한 가정이란 무엇일까요?'라고 물으니 '때리는 가정'이라고 합니다. 자신의 집은 맨날 때리는 가정이라면서요. 시험 보는 날 시험을 보는 중간에 계속 지우개로 까딱거리고 연필로 소리 나게 긁적거리고 의자 속으로 들어가고 책상을 끄덕거리고 소리를 냅니다. 하지 말라고 해도 교사의 말을 한번에 듣지 않습니다. 교사가 하지 말라는 행동을 계속 한다거나 "그럼 때리세요", "싫어요"라는 말을 습관적으로 합니다. 이 아이 어떻게 해야 할까요?

앞의 일들은 교실에서 벌어지는 사례 중 몇 가지에 지나지 않을 것입니다. 아마 자세히 조사해 보면 교사가 수용할 수 있는 범위를 벗어나는 상황과 사건들이 매일 벌어지고 있는 곳이 학교일 것입니다. '임계치'는 어떤 물리적 상황이 다르게 나타날 수 있는 경계값입니다. 물은 섭씨 100도에서 끓게 됩니다. 그 이하의 온도에서는 물이 끓지 않습니다. 이러한 임계치는 사람에게도 적용됩니다. 피곤이 일정한 한계에 도달하면 잠을 자야 하고, 서운한 감정이 어느 정도 쌓이면 눈물이 나옵니다.

교사들에게도 임계치가 존재합니다. 교사의 마음이 수용하고 지도할 수 있는 경계를 넘어서는 아이들을 마주하기란 너무 쉬운 일입니다. 임계치를 넘어서는 이런 아이들을 만날 때 교사에게 나타나는 현상도 다른 사람들의 대처 방식과 크게 다르지 않습니다. 사람들이 어려운 일을 만나면 보이는 반응은 회피나 도전입니다. 이러한 본성은 인간보다 더 큰 동물들과 생존경쟁을 벌이면서 습득하게 된 자연스러운 현상입니다. 맹수를 만나면 도망을 가든지 아니면 싸워서 이겨야 생존할 수 있습니다. 교사들도 수용할 수 있는 임계치를 벗어나는 아이들을 만나면 회피하거나 도전하는 길밖에 없습니다. 만약 감당하기 어려운 아이들을 도전하지 않고 회피하게 되면 그때부터 교사에게는 또 다른 상처가 시작됩니다. 자신의 무능함에 교사로서의 자존감이 낮아지며, 거기서부터 교사의 열정이 식어가게 됩니다. 교사의 임계치를 넘어가는 아이들을 포함해 학교에서 우리가 가르치는 모든 아이들을 매 순간 진심을 이해하고 현명하게 대처하는 것은 모든 교사가 솔로몬보다 더 뛰어난 지혜를 가지고 있어야 할 만큼 어렵습니다.

브랜드에 멍들다

학교가 지쳐가는 근본적인 이유 중 또 다른 한 가지는 유행하는 교육브랜드입니다. 90년대 '열린교육'을 비롯해서 2017년 '혁신교육'까지 대한민국 현대 교육에서 학교 현장을 태풍처럼 휩쓸고 간 교육브랜드는 수없이 많았습니다. 저 같은 경우에 '열린교육'이 시작할 당시에 학교 발령을 받아 요즘 학교 현장에서 가장 큰 이슈로 대두하고 있는 '혁신교육'까지 모든 교육브랜드를 경험하고 실천해보았습니다.

그동안 학교 현장에서 이루어졌던 교육브랜드들을 몇 가지 살펴보면 '열린교육'은 1990년에 운현, 영훈초등학교를 시작으로 학생들이 학습속도, 관심 등의 차이를 고려하여 아이들 각자의 내재적 동기나 흥미에 의해 자율적으로 학습할 수 있게 하며, 학습의 주제, 교재 등 교육활동의 과정 전반을 유연하게 편성하여 운영하자는 취지로 출발하였습니다.

2009년에 넘어오면서 '창의·인성교육'이 유행하게 되었습니다. 당시 교육과학기술부 주관으로 미래 교육은 '집어넣는 교육'이 아니라 '끄집어내는 교육'이 중심이 되어야 하며, 학생들의 잠재력과 바람직한 가치관을 '찾고 키워주는' 교육의 핵심에 '창의성'과 '인성'이 존재한다고 보고 막대한 예산을 투자하여 창의 · 인성 모델학교 지정, 거점센터 지정 등 '창의 · 인성교육'이 또 한 번의 태풍이 되었습니다. 어디 이뿐이겠습니까. ICT교육, 스마트, 융합인재교육, 하브루타, 아이 눈으로 수업보기, 배움의 공동체, 거꾸로 교실, 미래핵심역량, 요즘 태풍의 눈으로 부상한 혁신교육 등 그 수는 헤아릴 수 없이 많습니다.

이러한 교육브랜드들의 특징은 그 수명이 매우 짧다는 데 있습니다. 길게는 10여 년, 짧게는 5년 정도의 수명을 가지고 학교 현장에 존재하였습니다. 이렇게 수명이 짧은 이유는 무엇일까요? 어떤 교육브랜드든지 처음에는 신선한 충격으로 현장에 다가왔으나, 실제 연수에 참여하거나 교실수업에 적용을 해보는 과정에서 과거의 교수 · 학습 방법과 차별성을 드러내지 못한다는 점입니다. 그동안 선생님들이 학교 현장에서 꾸준히 실천하고 있었던 교수 · 학습 방법인데, 어느 날 갑자기 새로운 이름으로 포장하여 학교 현장에 등장한 것 이상의 의미가 없다는 것입니다.

1970년대 ○○대학교 부설초등학교에서 만들어진 '학습방법의 학습'이라는 교육브랜드가 있습니다. 이 브랜드는 얼마 전까지도 학교 현장에서 수업의 정석 또는 지침서 역할을 수행하였습니다. '학습방법의 학습'이 장수하였던 비결은 무엇일까요? 우선 학습방법의 학습에서 주장했던 내용들은 그동안 수업현장에서 많은 선생님들이 협의회를 거치면서 공감했던 방법들을 모아서 하나의 브랜드로 만들었다는 점입니다. 요즘 유행하는 교육브랜드들은 대부분 외국의 수업사례 등을 일부 학자나 단체가 받아들여 학교 현장에 전파하는 형식을 밟고 있지만 '학습방법의 학습'은 학교 현장에서 오랫동안 수업경험을 쌓은 교원들에 의하여 만들어졌고, 그 내용도 새롭게 개발한 것이 아니라 우리 스스로 알게 모르게 실시해왔던 수업의 지혜들을 하나의 모델로 만들었다는 점입니다.

　요즘 유행하는 교육브랜드들을 생각하다 보니 고려장을 떠올리게 됩니다. 사실 고려장은 고려시대의 장례 풍습이 아니라고 합니다. 고려시대에는 부모상을 소홀히 하면 엄벌에 처하도록 법에 규정되어 있었습니다. 부모가 죽었는데 슬퍼하지 않고 잡된 놀이를 하는 자는 징역 1년, 상이 끝나기 전에 상복을 벗는 자는 징역 3년, 초상을 숨기고 치르지 않는 자는 귀양을 보냈다고 합니다. 고려장이 고려시대의 장례 풍습이 아닌데도 고려장이라 불리게 된 까닭은 설화가 사실로 혼동된 것이라고 합니다. 우리나라에 퍼져있는 고려장 이야기는 크게 두 가지로 구분되는데 하나는 중국의 『효자전』에 실려 있는 『원곡 이야기』이고 다른 하나는 『고려대장경』에 실려 있는 『기로국 설화』입니다. 원곡 이야기는 원곡의 아버지가 늙은 할아버지를 지게에 지고 산속에 버리고 돌아오다가 어린 원곡이 아버지가 늙으면 역시 이 지게로 갖다 버리겠다고 말하는 것을 듣고 뉘우쳤다는 설화이며, 기로국 이야기는 옛날 기로국에서 국법을 어기고 몰래 늙은 아버지를 봉양하던 대신이 아버지의 지혜를 빌어 까다로운 수수께끼를 풀어서 나라의 위기를 구하고 아버지도 편히 모셨다는 설화입니다.

현재 대한민국 학교 현장의 모습에서도 고려장은 없는지를 생각해보아야 합니다. 물론 새롭게 유행하는 교육브랜드는 학교 교육에 새로운 관점과 방법을 제시한다는 점에서 분명 유용한 측면이 있겠지만, 그동안 학교에서 현장 교사들의 부단한 노력으로 얻은 교육 노하우들이 소멸되고 있지는 않을까요? 몇 년 전만 해도 새 학년도가 시작되는 3월이 되면 2주 정도에 걸쳐서 아이들의 기초·기본 학습 방법을 익히기 위해 노력하던 시절이 있었습니다. 교과서 진도를 나가기보다 발표할 때의 요령, 학습장 정리의 방법, 들을 때의 태도, 복도에서 걷기의 연습 등이 더 중시되었습니다. 이를 위해 각 학교에서는 학교의 특색을 살린 기초·기본 학습 방법이 학교교육과정에 명문화되었고, 이를 지키기 위해 전 교직원이 노력하였습니다.

하지만 어느 날부터인가 학교교육과정에서 기초·기본 학습

방법이 사라지기 시작했습니다. 요즘 각 반 수업을 참관하다 보면 발표하는 방법도 참 다양합니다. 아이들이 칠판을 향해 정면으로 앉아있는 상태에서 어느 반은 아이들이 의자에 앉은 채로 발표를 합니다. 어느 반 아이들은 칠판을 보고 일어서서 발표를 합니다. 어느 반 아이들은 일어서서 친구들의 얼굴 모습을 살펴보면서 발표를 합니다. 이와 같은 현상이 발생하는 것은 학교의 통일된 기초 · 기본 학습 방법이 고려장이 되어 사라졌기 때문입니다.

기초 · 기본 학습 방법에 대해서 학교의 통일성을 지양하면 교사의 다양성을 존중할 수 있다는 장점도 물론 있습니다. 하지만 아이들의 입장에서 생각해 보면 교실에서 손을 들고 발표하는 방법만 하더라도 졸업할 때까지 여러가지겠지요. 아이들은 담임이 바뀔 때마다 새로운 방법에 적응해야 하는 불편함이 있을 것입니다. 선생님 입장에서도 아이들의 배움이 효과적으로 일어날 수 있는 방법을 고민하지 않고 지나칠 수 있습니다. 교실에서 아이들이 의자에 앉아서 잡담하듯이 발표를 하는 수업을 참관한 적이 있습니다. 선생님께서는 자기 생각을 가장 편하게 말할 수 있도록 자리에 앉아서 발표하게 한다고 하였습니다. 하지만 수업 중 학생들 간의 상호작용은 전혀 일어나지 않았습니다. 잡담하듯이 선생님과 친구들에게 이야기를 하므로 서로 간에 보지도 듣지도 않았습니다. 카페에 가 보면 다른 테이블에 앉은 손님의 이야기는 나에게 잘 들리지 않습니다. 내가 주의 (Attention)를 기울이지 않기 때문입니다. 아이들이 말을 하거나 들을 때 가장 기본적으로 고려해야 할 것은 주의를 기울일 수 있는 환경을 만드는 것입니다. 카페에서 친구가 나의 얼굴 표정을 살피면서 이야기를 하면 잘 들리는 이유는 친구가 나의 주의를 높여 주었기 때문입니다.

지금은 고려장처럼 없어졌지만 과거 학교교육과정에는 말하기 요령이 나옵니다. 자리에서 일어나 친구들의 얼굴을 살피고, 자기의 생각을 말합니다. 이러한 방법이 학교의 모든 교실에서 이루어졌습니다. 새롭게 유행하는 교육브랜드에 대한 관심도 물론 우리에게는 필요합니다. 하지만 오랜 시간 동안 교직의 선배님들이 시행착오를 거듭하면서 만들어주셨던 여러 가지 교육 노하우들을 이어받고 발전시켜나가는 길이 우리 아이들을 진심으로 사랑하는 길이 아닐까 생각합니다.

다시 **생각**하는
배움

'공부'에서 '배움'으로

  요즘 학교 현장에서 가장 많이 듣는 단어 중에 하나가 학생들의 '배움'입니다. 물론 TV 등 대중매체에서도 배움이라는 단어가 자주 등장합니다. 하지만 우리가 어렸을 때는 배움이라는 단어보다 '공부'라는 단어를 많이 사용했습니다. '공부'라는 말은 실제로 우리나라 사람들 대부분이 교육을 생각할 때 사용하는 단어입니다. 나의 자녀를 교육시킨다고 할 때 '공부시킨다'라고 합니다. 어른들의 자식 자랑 중에서도 가장 쉽게 듣는 이야기도 '공부를 잘 한다'입니다. 어쩌면 우리나라 사람들은 태어나서 죽을 때까지 가장 많이 듣는 소리 중의 하나일 것입니다. 선생님들의 이야기를 듣다 보면 아이들을 더 잘 가르치기 위해서는 '교사들도 공부를 열심히 해야 한다'고 말합니다. '공부', '공부'…
수없이 지겹게 듣던 이 낱말의 뜻은 무엇일까요?

우선 네이버 국어사전에서는 공부란 한자어로 원어는 '工夫'
이며 '학문이나 기술을 배우고 익힘'이라고 정의되어 있습니다.
우선 한자 사전을 통하여 '工夫'의 의미를 살펴보겠습니다. '工'
은 장인 공(匠人 工)입니다. 여기서 장인(匠人)은 물건 만드는 것
을 직업으로 하는 사람들을 말합니다. 다음은 '夫'입니다. '夫'는
지아비 즉 남편을 나타냅니다. 이렇게 '工'과 '夫' 두 글자의 뜻을
합쳐보면 무언가를 만드는 사람이라는 뜻이 되어 공부가 무슨
뜻인지 알 수가 없습니다. 국어사전에서는 '工夫'의 의미가 학문
과 기술을 배우고 익히는 것이라는데 한자어로는 도무지 이해가
되지 않습니다. 굳이 해석을 하자면 '工'은 노력과 수고의 의미
가 깃든 '功'이라는 글자에서 유래된 것으로 '성취하다'와 '돕다'
라는 뜻을 가지고 있습니다. 따라서 '工夫'를 해석하자면 '나와
남을 이롭게 하거나 돕는 일'이라고 할 수 있겠습니다.

이렇듯 '공부'의 진정한 의미는 어학사전에서 찾을 수가 없습
니다. 이러한 이유로 우리 스스로 '공부'의 의미를 해석하고 만
들어가야 합니다.

'공부'는 우리들에게 어떤 의미로 다가올까요? 우리가 어렸을
때부터 들었던 '공부'라는 단어에는 어떤 느낌이 묻어 있을까
요? 우선은 '힘들다'입니다. 이 글을 읽는 선생님이나 학부모님

께서 학창 시절 공부했던 경험을 뒤돌아보면 매우 고통스럽고 힘든 기억이 떠오를 것입니다. 그 당시 저를 가장 힘들게 했던 것은 수학의 미적분이었습니다. 지금 생각해보면 제가 생활하는 데 아무런 관련이 없는 그런 미적분을 왜 지겹게 공부하게 했을까? 하는 의문도 드는 것이 사실입니다. 하지만 '배움'이라는 단어가 주는 의미는 좀 다릅니다. 공부는 교과서, 선생님의 가르침 내용을 나의 일상생활과 아무런 상관없이 오직 성적을 높이기 위하여 하는 느낌이라면, 배움은 좀 더 학생들을 존중하는 의미가 담겨있다는 인상으로 다가옵니다. 이러한 배움의 뜻은 무엇일까요?

삶이 배움이다

우선 '배우다'라는 말은 '스며들거나 버릇이 되어 익숙해지다'라는 뜻의 '배다'와 어원이 같습니다. 사람들이 배우게 되면 새로운 지식, 기술, 교양을 얻게 되고, 남의 행동이나 태도를 본받아 따르게 되면 나중에 습관으로 형성됩니다. 다음으로 '배우다'라는 말은 '배 속에 아이나 새끼를 가지다 또는 식물의 줄기속에 이삭이 생기다' 등의 뜻을 가지고 있는 '배다'와도 뜻이 서로 통합니다. 우리가 배우게 되면 없던 지식이 나에게 생기고, 나중에는 그 배움이 모이고 모여서 지혜라는 싹이 움트기 때문입니다.

    사실 어원에서 '배움'이 무엇인지에 대하여 자세히 성찰해보지 않아도, 뇌를 관찰해 보면 배움은 가장 자연스러운 인간의 기본적인 욕구라는 것이 나타납니다. 뇌 과학자들에 따르면 1초에 사람의 오감을 통하여 들어오는 정보는 약 4000억 비트이고, 4000억 비트를 책으로 환산하면 약 60만 권 정도 된다고 합니다. 하지만 인간은 이런 엄청난 양의 정보를 의식 영역에서 처리하지 못합니다. 그래서 택한 방법이 취사선택입니다. 4000억 비트의 정보 중에서 내가 관심을 둘 만한 2000비트 정도의 정보만을 의식에서 받아들인다고 합니다. 한글이나 한자의 경우 한 글자는 2바이트이므로 16비트입니다. 따라서 1초에 들어오는 2000비트, 한글로 계산한다면 125자 정도 되는 양의 정보가 우리의 오감을 통하여 계속하여 들어오고 있습니다. 지금 이 순간 카페에서 따뜻한 차를 마시고 있다고 가정을 하면 의자의 딱딱한 느낌이 엉덩이를 통하여 뇌로 들어오고, 아름다운 음악이 귀를 통하여 뇌로 들어옵니다. 또한 혀끝으로 부드러운 차의 느낌이 전해져 옵니다. 어디 그뿐입니까? 옆 사람들의 잡담, 멀리 지나가는 기차 소리, 바람 소리, 탁자의 생김새, 눈앞의 그림 등 1초에 수많은 정보가 오감을 통하여 나의 뇌로 들어옵니다. 이렇듯 우리가 호흡하면서 살아있는 동안 의도하든 그렇지 않든, 정보는 나에게 들어오게 되어 있습니다. 정보가 나의 뇌에 들어온다는 의미는 곧 배움이 매 순간 일어나고 있다는 것입니다. 배움은 우리가 호흡하듯이 일어나는 인간의 본성입니다.

이러한 배움이라는 본성의 본질은 '무언가를 만나고, 익히고, 만들고, 해결하는 과정', 즉 일상의 삶이라고 정의해 볼 수 있습니다. 먼저 배움의 본성 중에서 **만남**'을 이야기해 보겠습니다. 책을 보면서 저자의 생각을 만나게 되고, 힘들 때 친구의 위로로 용기와 만나게 됩니다. 가슴 아픈 영화를 만나 가끔 눈물을 흘리기도 합니다. 골목길을 걸어가다가 가로등과 만나면서 옛 사랑이 떠오르기도 합니다. 이것뿐만이 아닙니다. 카페에서 커피와 만나 부드러움을 느낄 수 있습니다. 생각해보면 하루에도 내가 만난 것들이 수천 가지가 넘음을 알 수 있습니다.

다음은 '**익히기**'입니다. 아이들이 학교에 입학하면 제일 먼저 하는 일이 무엇일까요? 아마 학교의 여러 가지 모습부터 알아보기 시작할 것입니다. 도서관은 어디에 있고, 교장실은 어디에 있으며 화장실 사용은 어떻게 해야 하는지 담임 선생님의 설명도 듣고, 직접 살펴보기도 합니다. 이처럼 우리는 살아가기 위하여 수많은 것을 익혀야 합니다. 집에서는 젓가락 사용법부터 시작하여 새로 구입한 휴대폰의 기능을 익혀야 하고, 친구들과 어울리기 위하여 여러 가지 놀이법도 익혀야 합니다. 학교에 가도 마찬가지입니다. 한글부터 시작하여 수학, 영어, 한자 등 우리의 삶은 '익히기'의 연속입니다.

이어서 '**만들기**'에 대하여 이야기해보겠습니다. 우리의 삶은 끊임없이 무언가를 만들어 가는 과정입니다. 아침에 일어나서 엄마가 맛있는 음식을 만들어 주시고, 학교에 가면 아이들은 친구 만들기부터 시작하여 보고서 등 여러 가지 과제를 만들어 갑니다. 어른들도 마찬가지입니다. 직장에서 우리의 생활에 필요한 각종 물품을 만들어 갑니다.

또한 삶에서 빠질 수 없는 것은 '**해결하기**'입니다. 우리의 삶은 매일 내가 마주한 문제를 해결해가는 과정입니다. 아침 식사를 무엇으로 할 것인가로 시작하여, 아침에 무엇을 먹고 입을 것인가로 하루를 시작합니다. 우리들 교사 입장에서는 학교에 출근하면 아이들과의 문제를 어떻게 해결할 것인가 하는 생각으로 하루를 시작합니다. 요즘 아이들의 소란스러움이 더 커져 가는데 어떻게 할 것인지, 커피 한 잔을 마시면서 고민을 합니다. 우리 반의 남자아이들과 여자아이들의 다툼을 줄이기 위하여 무엇을 어떻게 할 것인가 고민합니다. 어디 이뿐이겠습니까? 분수 수업 중에 어떤 자료를 써야 우리 반 아이들이 행복한 수업을 하게 될 것인가? 곧 다가오는 체육대회에 우리 반 단체 경기는 무엇으로 해야 할까? 등 교사의 삶은 다가오는 문제들을 해결해 가는 과정입니다. 이처럼 삶이라는 것은 사람이나 사물을 만나고, 익히고, 만들고, 해결해 가는 과정의 연속입니다. 이러한 과정에서 배움은 자연스럽게 일어납니다. 즉 삶이 곧 배움입니다.

'주의(Attention)'가 배움을 만든다

얼마 전에 산림청과 구청의 도움으로 학교에 명상 숲을 만들었습니다. 예쁜 꽃들과 나무를 심고, 오솔길도 만들었습니다. 그 길의 이름을 '꿈知樂 오솔길'이라고 지었는데 그 뜻은 '꿈은 배움이(知) 즐거워야(樂) 이루어진다'라는 의미입니다. '꿈知樂'은 작년에 학교 선생님들과 100대 교육과정 발표회를 다녀오면서 우연히 어느 선생님의 제안으로 이루어졌습니다. 우리 학교도 브랜드가 있으면 좋겠다고 늘 생각해 왔는데 그 소망이 차 안에서 잡담을 나누던 중에 이루어진 것입니다. 먼 곳까지 출장을 간 보람이 있었고, '양이 질을 결정한다'라는 말을 실감할 수 있었습니다. 발표회에서 여러 학교의 브랜드를 접하면서 우리 학교와 어울리는 브랜드를 생각했었나 봅니다. 같이 참석해주신 선생님들이 너무 고마웠습니다.

학교 명상 숲에는 꽃과 나무뿐만 아니라 민속품 가게에서 돌구유, 맷돌 등을 사다 놓고 물 양귀비, 물 수선화 등 여러 가지 수생식물을 심었고, 숲 주위에는 나무로 만든 예쁜 상자를 사다가 일년생 화초들을 심었습니다. 숲은 아이들의 등하굣길 바로 옆에 만들었는데 처음에는 아이들이 숲길을 이용하지 않았지만 조금씩 시간이 지나면서 모든 아이들이 명상 숲길을 지나 등하교를 하고 있습니다. 등하교 하는 아이들의 모습을 바라보고 있노라면 아이들마다 여러 가지 다른 점을 발견할 수 있습니다.

우선 숲길을 아무런 관심 없이 뛰어오는 아이들이 있습니다. 반갑게 맞이해주는 예쁜 꽃들에게 인사라도 해주면 좋으련만 그냥 아무런 느낌이 없다는 듯 친구들과 잡담하면서 뛰어옵니다. 이런 아이들을 보면 약간 서운하기도 하지만 '곧 예쁜 꽃들과 친구가 될 거야'라고 기대를 해봅니다. 다음은 쭈그리고 앉아 꽃송이 하나를 자세히 살피는 친구들이 있습니다. 무엇이 신기한지 서서도 보고, 앉아서도 살펴봅니다. 곧 수업이 시작되는데 담임 선생님에게 꾸중을 들으면 어쩌나 하는 걱정도 되지만, 이런 아이를 발견한 날 아침은 그동안 명상 숲을 만들기 위하여 이런저런 고생을 했던 기억들이 사라집니다. 참 행복한 아침 시간입니다.

똑같은 꽃을 보아도 이처럼 아이들이 서로 다른 반응을 보이는 모습을 보면서 '인간은 스스로 듣고 싶은 것만 듣고, 보고 싶은 것만 본다'라는 말을 실감합니다. 숲길을 보는 아이들의 다양한 반응을 보면서 '배움'이라는 단어를 생각해 봅니다. 결국 아이들의 '주의(Attention)'에 따라 배움이 다르게 일어남을 발견할 수 있습니다. 어떤 아이들은 물수선화의 수술이 어떻게 생겼는지, 꽃잎이 몇 장인지, 언제 피고 언제 지는지, 빛에 따라 꽃잎의 색깔은 어떻게 변해 가는지 자세히 알 수 있을 것입니다. 어떤 아이들은 6년 동안 물수선화를 매일 보면서도 꽃잎이 몇 장인지도 모르고 졸업을 할 것입니다. 내가 어떤 대상에 '주의' 하느냐에 따라 나의 마음도 달라집니다. 예쁜 꽃에 '주의'하는 아이들은 마음이라는 밭에 여러 가지 꽃들이 자라게 되며, 그러한 과정에서 식물의 소중함, 자연의 아름다움을 느끼게 됩니다. 즉 우리 인간은 '주의'하지 않으면 기억할 수 없고, '주의'를 기울이면 기억하게 됩니다. 그 기억이 그 사람의 배움을 만들어 갑니다.

배움은 가르침으로부터

수업이라는 것이 결국 교사의 가르침과 학생의 배움 행위의 상호작용이라고 이야기를 한다면 가르침과 배움은 동전의 양면과 같습니다. 하지만 현장에서 '배움'이 강조되다 보니 가르침에 대한 성찰은 소홀히 여기는 요즘 시대가 아닌가 싶어 안타까움이 있습니다.

교사의 삶은 가르침을 떠나 존재할 수 없습니다. 어찌 되었든 교사는 가르치는 사람이고, 교사의 행복도 가르치는 일에서 시작합니다. 그래서 중국 춘추전국시대의 철학자 맹자는 군자의 세 가지 즐거움 중에 하나가 가르침에 있다고 이야기하였습니다. 과거의 교육현장에서 학생의 배움보다 교사의 가르침을 중시했던 것은 사실입니다. 객관적인 지식이 존재하고, 교사는 그 객관적인 지식의 권위자이며 전달자이기 때문에 학생은 교사의 가르침을 받아야 하는 대상으로 존재했습니다. 그러다 보니 '어떻게 하면 아이들을 잘 가르칠 수 있는가'라는 주제로 현장에 접근하였습니다. 아마 선생님들은 과거의 수업협의회와 오늘날 수업협의회가 많은 차이가 있는 것을 알고 있을 것입니다. 과거에는 수업의 성공 여부를 선생님의 발문, 자료, 학생에 대한 피드백 등 교사의 가르침 행위에 중점을 두고 살피는 것이 주된 협의회 내용이었습니다.

하지만 오늘날 수업협의회는 과거와는 많이 달라졌습니다. 교사의 가르침보다는 학생이 수업 시간에 무엇을 배웠는가에 초점이 맞추어져 있습니다. 즉 수업의 성공 여부는 교사의 가르침에 있는 것이 아니라 학생의 배움에 있다는 이야기입니다. 이런 이유로 수업협의회에서는 학생의 반응, 기록 등을 살펴보면서 학생의 배움이 어디에서 일어났고, 어디에서 일어나지 않았는지를 이야기합니다. 하지만 배움을 지나치게 강조하다 보면 생각의 오류에 직면하게 됩니다. 아이들이 교사와 수업을 하면서 다양한 배움이 일어납니다. 교사가 제시한 학습목표와 관련하여 배움이 일어날 수도 있고, 학습목표와 관련이 없는 전혀 다른 배움이 일어날 수도 있습니다. 어떤 학생은 오늘 학습목표인

진분수와 진분수의 덧셈에 대하여 배움이 일어나고, 다른 학생은 교사가 입고 온 노란색 드레스를 보면서 새로운 드레스를 디자인하기도 합니다. 학습목표와 관련이 있는 배움을 의도한 배움이라고 하고, 학습목표와 관련이 없는 경우를 의도하지 않은 배움이라고 합니다.

하지만 의도하지 않은 배움은 학생에게 있어 좋은 배움도 있고 나쁜 배움도 있습니다. '인생의 행복에서 가장 필요한 것'이라는 수업을 할 경우에 의도한 배움은 '사랑'입니다. 하지만 어떤 아이는 '인생의 행복은 사랑이 아니라 돈이야'라고 생각할 수 있습니다. 이런 의미에서 학교에서의 배움이라는 것은 의도하지 않은 배움보다 의도한 배움이 잘 일어나고 있는지를 관찰하고 확인하는 일입니다. 특히 수업에서 의도한 배움이라는 것은 국가 수준에서 제시하고 있는 성취기준, 교사의 단위시간 학습목표를 이야기할 수 있습니다. 학생들이 성취기준, 단위시간의 학습목표를 잘 달성하고 있는지를 관찰하고 확인하는 일이 학교 수업에서의 배움입니다. 물론 수업에서 의도하지 않은 배움을 무시하는 것이 아니라 교사가 학습목표에서 의도한 대로 학생들의 배움이 잘 일어나고 있는지에 항상 관심을 가지고 수업을 진행해야 한다는 의미입니다. 그러므로 수업에서는 가르침과 배움 둘 다 중시해야 합니다. 학교 수업에서 가르침과 배움은 동전의 양면과 같아서 분리할 수 없는 것입니다. 특히 아동기에 해당하는 유치원이나 초등학교에서는 학생의 배움보다는 교사의 가르침이 중시될 수 있습니다. 성인의 경우에 누가 가르친다고 배움이 일어나지 않습니다. 하지만 아동기의 경우 교사의 가르침 한마디 한마디에 아이들이 대단한 영향을 받기 때문에, 청소년이나 성인에 비하여 가르침이 더욱 중시될 수 있습니다.

'알다'라는 배움

이렇게 배움에 대하여 이야기를 하다 보니 배움이라는 것이 수업 시간에 어떻게 나타나는지 궁금합니다. 물론 수업 시간의 학생들의 배움도 학습목표와 관련하여 의도한 배움과 그렇지 않은 배움으로 구분할 수 있습니다. 하지만 위에서 이야기했듯이 학교 교육에서 배움은 학습목표와 관련 있는 배움이 중심이 되어야 하므로 교사가 의도한 배움을 중심으로 수업에서 배움 현상을 이야기해 보겠습니다.

우선 교실 수업에서 이루어지는 첫 번째 배움 현상은 사물이나 사건에 대한 '알다'라는 배움 현상입니다. 아이들은 수업 시간 중에 교사가 의도한 학습과제에 대하여 교재를 살펴보거나, 선생님이나 친구들의 이야기를 듣고, 조작하는 행위 등을 통하여 수많은 정보 들을 접하게 됩니다. 그러한 여러 가지 정보 중에서 교사가 의도한 지적 영역에서 학습목표에 도달하는 측면을 이야기합니다. 사전에서 '알다'의 뜻을 찾아보면 특정한 물건이나 사람, 혹은 추상적인 어떠한 것을 이해할 수 있거나 그에 대한 지식이 있다는 것을 의미합니다. 그러므로 '알다'는 '이해'와 '지식'으로 구분해 설명할 수 있습니다.

학습목표의 지적인 영역에서 우리 아이들에게 '알다'라는 배움 현상이 만들어지기 위해서 선행되어야 할 조건은 '이해'입니다. 교사나 학부모가 배움과 관련하여 가장 많이 하는 질문 중의 하나는 '이해'입니다. 수업 중에 '이해되나요?'라고 질문을 던지면 고개를 끄덕이면서 '네'라고 대답하는 아이들이 있는 반면에 잘 알지 못해서 답답하다는 표정을 지어 보이는 아이들이 있습니다. 이때 고개를 끄덕이면서 '이해'가 되었다는 것은 수업 중에 사람, 사물, 상황이나 메시지와 같은 추상적이거나 물리적인 개체에 대하여 이유, 원인, 의미를 올바르게 알아내는 것을 가리킵니다. 이때 고개를 끄덕이는 것은 '이해'라는 배움의 첫 번째 현상에 도달한 것입니다. 하지만 오늘 이해가 되었다고 해서 내일도 이해되는 것은 아닙니다. 어제 수업 시간에 진분수÷진분수의 원리를 알아보았습니다. 수업 시간에는 곧잘 대답을 했는데, 오늘 다시 질문해보니 설명을 못 하는 친구들이 많이 있습니다. 이때 학생들은 "어제는 알 것 같았는데, 오늘은 모르겠어요."라고 대답을 합니다. 교사는 진분수÷진분수의 원리에 대하여 다시 살펴보면서 학생들의 '이해'를 돕습니다. 이러한 이해가 여러 번 반복되다 보면 학생들의 '이해'라는 배움의 현상이 '지식'이라는 배움의 현상으로 발전하게 됩니다.

'지식'이라는 배움의 현상은 학생들이 여러 번의 이해를 통하여 사물이나 사건의 이유, 의미에 대하여 다른 학생에게 설명할 수 있고, 글이나 이미지로 표현할 수 있으며, 평가를 통하여 확인할 수 있을 때에 가능합니다. 예를 들어 오늘 사회 시간 학습 목표가 '산지촌의 자연환경과 생활모습을 알 수 있다'라고 했을 때 학생들은 산지촌은 주변에 산이 많으므로 산에서 주로 나물이나 약초를 캐며, 목장에서 소나 양 등을 기른다는 것을 이해하게 됩니다. 이렇게 이해한 내용을 구조화시켜서 친구나 선생님에게 말이나 글로서 설명할 수 있어야 '지식'으로 획득된 것입니다. 즉 이해한 내용을 기억할 수 있는 것이 '지식'입니다. 이처럼 '알다'라는 배움 현상은 학교에서 의도한 교육과정에 근거하여 학생들이 이해를 통하여 지식을 획득해가는 과정을 이야기합니다.

'태도, 습관'이라는 배움

이른 아침 교문에서 아이들 등교 모습을 보면 얼굴의 모양만큼 마음도 다르다는 것을 엿볼 수 있습니다. 저를 보는 순간 손을 배꼽에 가지런히 모으고 "감사합니다. 사랑합니다."라는 예쁜 인사말과 함께 그 아이가 가지고 있는 마음의 행복을 저에게 전해줍니다. "감사합니다. 사랑합니다."는 예쁜 것을 많이 보고 들으면 아이들의 인성은 바르게 성장할 수 있다는 믿음으로 3월 초에 선정한 우리 학교 교육공동체의 인사말입니다. 어떤 선생님은 하루에도 수십 번 아이들로부터 "감사합니다. 사랑합니다."를 듣다 보니 학교가 치유의 장소로 변하는 것 같다는 말씀도 해주셨습니다. 반면에 교문에 들어오면서 모자를 눌러쓰고, 손을 주머니에 넣은 상태로 고개만 간단히 숙이면서 인사하는 아이들이 있습니다. 그 아이에게 "손을 주머니에서 빼고 인사하면 좋겠네?"라고 이야기하면 "네. 알았어요." 하면서 퉁명스럽게 지나갑니다. 이럴 때는 '아침에 화나는 일이 있었을 거야'라고 위안을 하지만 그 아이의 인사 태도가 교육을 하는 저의 마음을 우울하게 만듭니다.

학교에서 배움의 두 번째 현상은 '태도'입니다. 요즘에 학교에서 일어나는 배움 중에 '알다'라는 배움보다도 더 중요시하고 있는 것이 '태도'라는 배움입니다. '태도'는 사전적으로 어떤 일이나 상황 따위를 대하는 마음가짐이나 그 마음가짐이 드러난 자세를 말합니다. 조금 더 쉽게 이야기하면 세상을 바라보는 마음 모양이고, 그 모양이 나타난 행동양식이라고 볼 수 있습니다. 어떤 사람은 마음의 모양이 호수같이 넓어서 웬만한 외부의 자극쯤은 그냥 허허 웃어넘깁니다. 반면에 어떤 사람들은 종지같이 마음의 모양이 작아서 작은 일에도 크게 화를 내면서 씩씩거립니다.

학교 교육에서 '태도'라는 배움의 현상은 배려, 나눔, 협력, 규칙준수, 예의, 성실 등의 마음의 모양을 크고 깊게 만드는 일입니다. 특히 뇌 과학자들은 기본적인 태도는 일반적으로 3세 정도에 결정되지만 12세까지의 초등학교 시기에는 외부의 노력에 의하여 좋은 태도를 만들 수 있다고 보고 있으며, 초등학교 이후에 태도가 바뀌기 위해서는 큰 깨달음이나 이변이 필요하다고 이야기하고 있습니다. 이런 이유로 초등학교 교육은 다른 어떤 배움보다도 좋은 태도를 만들기 위하여 노력하는 시기입니다.

태도와 관련하여 비슷한 배움의 현상으로 '습관'이 있습니다. 엄밀한 의미에서 태도와 습관은 다릅니다. 두 개념 모두 학습되는 것이며 지속성이 있으나 '습관'은 규칙화된 행동 패턴을 나타내는 배움 현상이며, '태도'는 그 자체가 행동을 나타내는 것은 아니라는 차이가 있습니다. 우리가 흔히 사용하는 말 중에 '성실하다, 겸손하다, 따뜻하다, 배려심이 많다' 등은 그 사람의 태도를 말하고 있습니다. 반면에 말을 할 때 다리를 떤다거나 손을 만지는 등의 행위는 그 사람의 습관을 이야기하고 있습니다. 캐나다 온타리오 주에 있는 과학센터에서는 여섯 살부터 성인이 될 때까지 한 사람의 얼굴을 사진 찍은 다음 그 사람의 생활습관이나 식습관을 입력하면 76세까지 그 사람의 얼굴이 변해 가는 모습을 알아볼 수 있는 프로그램을 개발하였습니다. 예를 들어 왼쪽 턱을 고이는 사람들은 얼굴이 비대칭으로 만들어지고, 한쪽으로 기대어 앉는 습관이 있는 사람은 척추측만증이 생깁니다. 이러한 습관이 만들어지는 원인은 자신이 좋아하는 것을 반복하려는 심리와 익숙한 것에서 벗어나기 싫어하는 심리가 작용하기 때문입니다. 처음에는 자신이 습관을 만들어 가지만, 갈수록 얼굴 모양 등 물리적인 모습조차 습관이 자신을 만들어 가게 됩니다. 즉 '습관, 태도'라는 배움이 우리 아이들의 미래를 결정한다고 해도 절대로 틀린 말이 아닙니다.

'할 수 있게 됨'이라는 배움

학교 교육에서 세 번째로 나타나는 배움 현상은 '할 수 있게 됨'이라는 배움입니다. 이전에는 할 수 없었거나 서툴던 일들이 수업을 통해서 '잘 할 수 있게 됨'이라는 현상으로 바뀌는 것을 이야기합니다. 이러한 '할 수 있게 됨'이라는 배움이 가장 잘 보이는 현상은 운동이나 악기 연주 실력 향상입니다. 요즘 아침에 출근하여 운동장을 바라보면 여학생들이 열심히 축구 연습을 하고 있습니다. 곧 있을 스포츠클럽 전국대회를 준비하고 있습니다. 금년에 새롭게 오신 남자 선생님이 여자 축구 스포츠클럽을 조직하신다고 말씀하셨을 때 우리 아이들이 시·도 대표가 되리라고는 생각하지 못했습니다. 처음에는 공이 아이들을 다루는지, 아이들이 공을 다루는지 분간을 하지 못했습니다. 그렇게 아침마다 공과 놀더니 패스는 기본이며 어느 날부터는 공을 띄우기도 하고 감아 차기도 합니다. 3월 초만 하더라도 발 안쪽으로 공을 패스하라고 시키면 깔깔거리며 헛발질을 해대던 아이들이 몇 개월 사이에 발 안쪽과 바깥쪽 모두를 자유자재로 사용합니다. '할 수 있게 됨'의 배움 현상을 보여주는 또 하나는 각 교과에서 달성해야 하는 기능의 숙달입니다. 예를 들면 측정하기, 조사하기, 분류하기, 그래프로 나타내기, 모빌 만들기, 저울 만들기, 실험하기, 화산 모형 만들기 등 이전에는 능숙하게 하지 못했으나 수업을 통하여 아이들이 잘 할 수 있게 되는 경우를 이야기합니다. 얼마 전에 금년에 발령을 받으신 신규 선생님의 수업을 참관했습니다. 선생님의 수업 주제는 방위고도에 따른 집 만들기입니다. 아이들은 방위고도를 생각하면서 창문, 테라스, 벽, 지붕 등을 도화지를 이용하여 만들었습니다. 수업 마지막에는 모둠별로 만든 집을 관찰하고, 잘 만들었다고 생각하는 집에 스티커를 붙여 주었습니다. 가장 스티커를 많이 받은 모둠의 발표가 있었습니다. "우리 모둠은 지붕을 닫고 열 수 있는 집을 만들었습니다. 낮에는 지붕이 열리며, 밤에나 날씨가 좋지 않을 때는 지붕이 닫힙니다."라는 아이의 말을 듣고서 현실에서도 충분히 구현해 볼 수 있는 아이디어라는 생각이 들었습니다.

'새로운 생각'과 '실천'이라는 배움

배움의 네 번째 현상은 '새로운 생각'이라는 배움입니다. 앞선 글에서 한 모둠의 학생들이 방위와 고도를 생각하여 지붕이 열고 닫히는 집을 구상하였다고 이야기했을 때 우리 아이들이 '새로운 생각'을 하였다고 이야기할 수 있을까요? 또, '새로운 생각'은 창의성과 같은 의미일까요? 바로 이 점이 학교 현장에서 많이 혼란스러워하는 점인 것 같습니다. A라는 모둠의 학생들이 태양의 고도를 고려한 집 만들기라는 학습 주제로 도화지, 모눈종이 등을 이용하여 지붕을 열고 닫을 수 있는 집을 만들었습니다. 이 점은 분명히 반의 다른 친구들이 생각하지 못한 '새로운 생각'을 하게 된 것입니다. A라는 모둠의 학생들이 자동차 지붕이 열리고 닫히는 것에서 아이디어를 얻어 낮에 지붕을 열고 밤이나 날씨가 좋지 못한 때에 지붕이 닫히는 집을 구상했다면 그것은 '새로운 생각'이며 발상이 좋은 것입니다. 하지만 '새로운 생각'이 창의성으로 연결되는 것은 아닙니다. 예를 들어 이순신 장군이 '철로 만든 배를 만들면 왜군과의 전쟁에서 이길 수 있다'고 생각을 했다면 A라는 모둠의 친구들처럼 발상이 좋은 것입니다. 창의성은 발상에 실행력을 더하여 가치가 높아져야 합니다. 이순신 장군은 철로 만든 배를 만들기 위해서 나대용 장군과 함께 연구에 연구를 거듭한 끝에 기존의 판옥선을 개조하여 판옥선의 갑판 위 바깥쪽 선체에 나무판으로 덮개를 씌웠습니다. 그리고 이 나무판에 송곳과 칼을 촘촘히 꽂아 적이 배에 오르지 못하도록 했습니다. 선수에는 거북머리, 선미에는 꼬리를 세워 화포를 쏠 수 있도록 하였습니다. 즉 이순신 장군은 '철로 배를 만들 수는 없을까'라는 '발상'을 시작하여 그 생각을 '실행'에 옮겼고, 수많은 왜군을 바다에 수장시켜서, 침략으로 위태로운 조선을 구한 커다란 '가치'를 세울 수 있었습니다. 이처럼 창의성은 발상에 실행과 가치가 더해져야 합니다. 앞선 글에서 A라는 모둠의 학생들이 지붕을 열고 닫는 집을 구상했다면 단순히 발상력이 좋은 것입니다. 그 아이디어가 수많은 난관을 뚫고 실행으로 옮겨져야 하고, 가치가 인정받아야 창의성이 높은 아이들이라고 할 수 있습니다.

이런 이유로 학교에서 학생들이 가지게 되는 '새로운 생각'은 창의성의 극히 일부입니다. 아이디어보다 더 중요한 것은 그 아이디어를 실천하려는 실행력입니다. 얼마 전에 우리 학교 5학년 아이들이 학교 밖 파손된 도로를 복구해서 주민들의 칭찬을 받은 사례가 있습니다. 사회 수업 시간에 우리 고장의 문제점을 이야기하던 중 학교 인근 도로가 많이 파손되었다는 사실을 알게 되었습니다. '시장님께 편지 쓰기' 등 파손된 도로를 복구하기 위한 여러 가지 아이디어가 나왔지만 아이들은 직접 도로를 복구하기로 의견을 모았습니다. 학교의 화단에서 흙을 파서 손수레로 파손된 도로까지 실어 날랐습니다. 이 흙들을 파손된 도로에 밀어 넣고 발로 밟았습니다. 어쩌면 창의성이라는 것은 발상보다는 실행력이 중요합니다. 10개의 아이디어가 있는 사람보다는 1개의 아이디어를 실천하는 사람들로 성장시키는 것이 학교 교육에서 가장 중요한 배움입니다.

part 2

배움과
뇌 과학의 만남

뇌 과학으로 본
배움

뇌의 시대가 열리다

　요즘 서점을 가 보거나 신문을 읽다 보면 눈에 띄는 중요한 화두 중의 하나가 '인간의 뇌'입니다. 뇌 과학에 관련된 지식들이 봇물처럼 우리의 삶에 다가오고 있습니다. 교육의 분야에서도 '뇌기반학습', '신경교육학' 등 여러 가지 이름으로 학교의 문을 두드리고 있습니다. 우리나라에서도 2002년부터 뇌 주간 행사를 실시하여 일상생활, 질병, 언어, 교육 분야 등에서 뇌 과학 지식을 어떻게 활용할 것인가를 고민해오고 있습니다. 이처럼 인간 뇌에 대한 연구가 과학의 영역에만 머무르지 않고 교육을 비롯한 우리 일상생활에 성큼 다가온 것은 뇌 과학이 만들어내는 가치가 생각보다 훨씬 높기 때문입니다. 뇌의 작동 원리를 이용하여 교육, 질병 등 우리의 생활을 근본적으로 바꾸고 있습니다. 이러한 이유로 오바마 전 미국 대통령은 혁신적인 신경기술연구인 'BRAIN'을 발표하고 뇌 연구에 1억 달러를 투입한다고 발표했고, 유럽연합, 중국, 일본 등 모든 선진국에서 뇌의 신비에 대한 연구에 박차를 가하고 있습니다. 뇌에 대한 연구는 국가뿐만 아니라 단체, 기업 등에서 이루어지고 있습니다. 한 가지 예로 2016년에 미국의 미식축구협회에서는 400만 달러를 뇌 질환 연구에 사용하겠다는 뜻을 밝혔습니다. 미식축구 선수들은 머리에 물리적으로 가해지는 힘 때문에 '뇌진탕'이 자주 발생합니다. 이러한 이유로 선수들이 다양한 뇌의 질환에 노출되는데, 이를 해결하는 방법으로 미식축구협회에서는 뇌 연구를 선택한 것입니다.

뇌를 알면 배움이 보인다

뇌와 교육의 만남을 이해하기 위해서 역사적으로 뇌 연구가 어떻게 이루어졌는지를 잠깐 살펴보겠습니다. 우선 고대 이집트 시대에는 뇌를 중요하게 생각하지 않았습니다. 인간의 생각은 심장에서 만들어진다고 생각하여 심장을 제외한 나머지 내장과 뇌를 꺼내서 버리고 미라를 만들었습니다. 로마 시대에 들어와서야 뇌가 신체와 마음을 지배하는 장기로 인식되기 시작했습니다. 그들은 뇌에서 뻗어 나온 신경관을 통하여 어떤 액체가 지나가고, 이 액체가 근육을 신장하거나 수축한다고 생각하였습니다. 특히 의학의 아버지인 히포크라테스는 뇌가 감각이나 정서를 담당하는 기관이며 모든 지능의 기반은 뇌라고 주장하였습니다.

이후 천 년 동안 뇌에 대한 연구는 큰 진척이 없다가 1500년경 레오나르도 다 빈치에 의하여 본격적인 조사가 시작되었습니다. 위대한 예술가이자 과학자였던 다 빈치는 사람의 뇌, 근육, 골격 등을 해부학적으로 세밀하게 파악하여 훌륭한 예술작품을 그리기 위하여 100여 회 해부 과정에 참여하였습니다. 그는 끊임없는 관찰과 노력으로 의학적으로 가치가 높은 해부도를 여러 편 그렸는데 특히 인간의 뇌실이 상상, 추리, 기억을 담당한다고 생각하였습니다.

1875년 리차드 캐튼(Richard Caton)은 동물의 뇌에서 전류현상을 최초로 발견하였고, 신경을 지나가는 것이 동물 정기와 같은 액체가 아니라 전기임을 입증하였습니다. 즉 전기펄스가 신경을 통하여 전달되어 근육이 움직인다는 것을 발견한 것입니다. 이후 뇌를 해부하여 상당한 정도의 뇌 과학 지식이 축적되었고, 20세기 초에 인간은 천억 개의 뉴런으로 구성되어 있다는 것을 알아내게 되었습니다.

이후 1990년을 전후하여 미국을 중심으로 뇌에 대한 관심이 증폭되었습니다. 하루가 멀다 하고 뇌에 관련한 지식이 과학 잡지에 실리고 우리나라에서도 「뇌연구 촉진법」을 제정하여 많은 예산 지원과 함께 연구자들을 발굴하고 있습니다. 주요 국가와 많은 사람들이 이처럼 뇌에 관심을 갖게 된 이유는 무엇일까요?

첫째는 뇌가 우리 몸의 핵심이기 때문입니다. 뇌는 척수와 함께 1000억 개의 뉴런과 100조의 시냅스를 가지고 있습니다. 뉴런들의 하모니를 통하여 뇌는 심장박동, 호흡 등 우리의 생명과 직결되는 활동을 비롯하여 사고, 지능, 학습 등 고도의 정신기능을 총괄하고 있습니다. 뇌는 생명, 정신활동 기능을 총괄하는 본부이기 때문에 각 국가에서는 뇌 연구에 사활을 걸고 있습니다.

둘째는 삶의 질과 관련되어 있습니다. 삶의 질을 판단하는 여러 기준이 있으나 그중 가장 중요한 것은 건강입니다. 특히 치매 등 여러 가지 뇌 질환으로 인하여 사람들의 건강이 심각하게 위협받고 있습니다. 또한 현대인들은 우울증, 스트레스 등 다양한 정신적인 질환에 노출되어 있습니다. 과거에는 심리적인 치료가 중심이었으나 이제는 뇌의 작용과 상호적인 관계에서 파악하여 보다 과학적으로 치료할 수 있는 길을 만들어 내게 되었습니다.

셋째는 인간 이해입니다. 인간에 대한 연구는 철학을 중심으로 발달해 왔습니다. 그 후 심리학, 교육학 등을 통하여 인간을 이해하고자 노력하였고, 최근에는 뇌 과학과 심리학, 교육학의 만남을 통하여 인간 이해가 이루어지고 있습니다. 뇌를 연구하는 이유는 인간의 생명 현상만을 이해하는 것이 아니라 생각, 감정, 행동 등 정신 현상을 규명하여 보다 과학적으로 인간을 이해하고자 하는 이유에서입니다. 많은 과학자들이 인간 이해의 중심을 '뇌'로 보고 있습니다. 여기에서 뇌 과학과 교육의 만남이 시작됩니다.

1998년 미국교육연구협회에서는 뇌 과학과 인지과학, 교육을 통합한 연구를 본격적으로 시작했으며, 1999년 교육혁신센터에서는 미국, 일본, 영국이 주축이 되어 '학습과학과 뇌 연구'라는 프로젝트를 수행하였습니다. 교육과 뇌 과학의 만남이 이루어진 지 채 20여 년이 되지 않습니다. 따라서 다양한 뇌 과학적 지식을 교육에 접목한다는 것은 조심하고 또 조심해야 합니다. 하지만 최근의 뇌 연구의 결과들은 학교에서 학생들의 마음과 행동을 이해하는 데 많은 영감을 주는 근거들을 제시하고 있습니다.

배움은 뇌의 기억이다

교육계의 역사를 뒤돌아보면 교사들은 학생들을 가르칠 때 어떤 전략을 사용해야 하며, 그것들을 어떻게 적용해야 하는

지를 경험을 통해 터득해 왔습니다. 이러한 결과로 '좋은 수업' 이란 무엇인가? '수업 기술의 법칙' 등 다양한 전략을 고민하였고 그 결과가 학교 현장에 일반화되었습니다. 하지만 지금까지는 특정한 수업 전략이 어떤 경우에는 효과적이고 어떤 경우에는 그렇지 않은지 그 이유를 알지 못했습니다. 이렇게 가르치면 학생의 배움이 잘 일어나고 저렇게 가르치면 배움이 잘 일어나지 못한다는 식이었습니다. 하지만 이제 뇌 과학의 도움으로 '왜 그럴까?' 하는 고민이 조금씩 해결되기 시작했습니다. 만약 교사가 '왜 그럴까?'에 대한 답을 이해한다면 학생들의 배움이 보다 잘 일어날 수 있는 효과적인 전략과 환경을 만들 수 있을 것입니다.

뇌 과학에서의 배움을 이야기하기 전에 이전 글에서 알아본, 수업에서 나타나는 학생들의 배움 현상을 정리해보도록 하겠습니다.

첫째, '알다'라는 배움입니다. 텍스트, 사진, 그림 등 여러 가지 학습 자료를 통하여 제시된 학습과제를 '아하! 이렇구나!'라고 깨닫게 되고, 그 내용을 나중에 인출하여 사용할 수 있도록 기억하는 것입니다.

둘째, '태도와 습관'입니다. 오늘 선생님과의 배움을 통하여 얻게 되는 마음의 자세라고 할 수 있습니다. 전에는 교실에서 무심코 쓰레기를 버리곤 했었는데, 수업 시간에 환경에 대하여 토론을 거치고 난 뒤 '환경 문제가 심각하구나! 내가 버리는 쓰레기 하나가 지구를 오염시키고 있어. 다시는 쓰레기를 버리지 말자'라고 갖게 되는 마음 자세를 이야기합니다. 또한 여러 번의 학습을 통하여 '어떤 '습관'을 갖는 것입니다. A라는 학급은 환경 문제를 해결하는 방법에 대하여 토론 결과 '쓰레기 버리지 않기 실천 표'를 만들어 지키기로 이야기가 모아졌습니다. 이 경우 학생들이 수업에서 약속한 것을 실천하면서 얻게 되는 '습관'을 이야기합니다.

셋째, '무엇인가 할 수 있는 것'입니다. 이전에는 내가 할 수 없었는데 오늘 학습을 통하여 새롭게 할 수 있게 되는 것을 이야기합니다. 전에는 이단 줄넘기를 못 했었는데 오늘 체육 시간에 선생님과 함께 그 방법을 알고 연습을 해 봄으로써 새로운 것을 할 수 있게 되는 힘을 이야기합니다.

넷째, '새로운 생각'을 하게 되는 경우입니다. 수업 시간에 환경 문제에 대하여 토론을 마치고 난 후 어떤 학생이 '교실에서 쓰레기를 줄이기 위해서는 각자 책상에 작고 예쁜 쓰레기 상자를 준비하면 어떨까?'라고 갖게 되는 생각을 말합니다.

그렇다면 뇌 과학에서는 '배움'을 어떻게 바라볼까요? 사실 뇌 과학에서는 '배움'이라는 용어를 사용하지 않습니다. 대신 '기억'이라는 단어를 사용합니다. '배움'과 '기억'은 무엇이 다를까요? 수업현장에서 일어나고 있는 배움의 다섯 가지 현상과 기억을 관련시켜 이야기를 해보도록 하겠습니다.

먼저 '이해'입니다. 수업을 통하여 '아하! 그렇구나!'라고 깨닫게 되었다는 것은 기억과 어떤 관련이 있을까요? 우리가 지금까지 살아오면서 일상적인 경험, 학교에서의 배움 등을 통하여 얻어낸 경험이나 지식들이 뇌 신경에 수많은 망을 이루고 있습니다. 이것을 뇌 과학자들은 '기억'이라고 말합니다. 수업에서 '알다'라는 것은 새롭게 하나의 뇌 신경망을 만드는 것을 말합니다. 지금까지 애완용 동물은 강아지밖에 모르던 아이가 수업을 통하여 고양이, 돼지, 토끼 등을 기르는 가정을 알게 되고, 애완용 동물은 강아지, 토끼, 돼지 등 다양하다는 생각을 뇌 속에 하나의 신경망을 만듭니다. 즉 '알다'라는 것은 '기억이다'라고 이야기할 수 있습니다.

배움의 두 번째 현상인 '태도와 습관'도 마찬가지입니다. 태도라는 것은 어떤 사실에 대하여 사람들이 갖게 되는 '감정의 기억'이라고 할 수 있습니다. 곰곰이 생각해보면 모든 사실에는 감정이 접착제처럼 달라붙어 있습니다. 감정의 강도에 따라 그 사실이 기억되기도 하고, 그렇지 못하기도 합니다. 예를 들어 철수는 환경 문제를 공부하면서 날씨도 환경 문제에 영향을 받는다는 사실을 알게 되었습니다. 그에 대한 결과로 여름 날씨가 더워지고, 우리나라가 아열대 기후를 닮아간다는 사실에 안타까웠습니다. 그래서 앞으로 친구들과 환경을 보호하는 데 앞장

서겠다는 태도를 갖게 되었습니다. 철수가 환경 문제에 대하여 갖게 되는 안타까움, 자연을 보호해야겠다는 다짐 등은 감정기억으로 남아 앞으로 일상생활을 하는 데 있어서 누구보다도 자연을 사랑하는 마음을 갖게 될 것입니다. 이렇게 자연을 사랑하는 마음을 철수가 오랫동안 갖게 되었다고 가정해 보면 수업에서 이러한 마음을 품게 되는 것도 기억이겠지요.

한발 더 나아가 습관도 마찬가지입니다. 저는 개인적으로 테니스를 좋아합니다. 그런데 테니스 경기에서 승률이 높은 동호인들을 보면 한 가지 공통점이 있습니다. 상대방 테니스 습관을 잘 읽는다는 것입니다. 그 사람들은 상대방이 공을 치는 순간 어느새 공이 날아가는 방향에 가서 서 있습니다. 상대방의 공을 치는 습관을 잘 알기 때문일 것입니다. 공이 왼쪽으로 강하게 왔을 때 저는 대부분 상대방 머리 위로 공을 띄우고(로브), 반대로 공이 왼쪽으로 천천히 오면 백핸드 스트로크로 공을 상대방에게 보냅니다. 공이 천천히 올 때 로브를 할 수도 있고, 빠르게 와도 백핸드 스트로크로 공을 칠 수도 있습니다. 하지만 어느 순간 경기에 집중하다 보면 빠른 공은 항상 로브를 하고, 느린 공은 스트로크를 하는 습관이 몸에 배어 버립니다. 즉 습관도 하나의 기억입니다.

'무엇인가 할 수 있는 것'도 마찬가지입니다. 이단 줄넘기를 못 하던 아이가 많은 연습 끝에 드디어 할 수 있게 되었습니다.

줄넘기를 하면서 다리의 움직임, 손의 움직임 등 이단 줄넘기를 가능하게 만드는 여러 가지 정보들이 근육의 말초신경, 척수의 중추신경을 통하여 뇌로 들어가게 됩니다. 그렇게 입수된 정보는 뇌에 기억이 되고, 기존에 가지고 있던 정보와 통합하여 줄넘기를 할 수 있는 하나의 신경망이 완성됩니다. 이렇게 완성된 신경망은 이 학생이 다음에 줄넘기를 하게 될 경우 '뇌'에서 꼭 필요한 운동 명령을 척수, 근육을 통하여 관절에 전달하게 되고, 다음에도 이단 줄넘기를 할 수 있게 되는 것입니다. 즉 '무엇인가 할 수 있는 것'도 사실 뇌에서 보면 기억이라고 할 수 있습니다.

마지막으로 배움의 네 번째 현상인 '새로운 생각'에 대하여 말씀드리겠습니다. 수업 시간에 환경 문제에 대하여 토론을 마치고 난 후 어떤 학생이 '교실에서 쓰레기를 줄이기 위해서는 각자 책상에 포켓몬을 닮은 예쁜 쓰레기 상자를 준비하자'라는 생각을 했다는 것은 이 학생의 뇌에 '교실 쓰레기'라는 기억과 '컵을 닮은 예쁜 상자'라는 기억이 존재하여야 가능합니다. 즉 이학생은 교실 쓰레기라는 기억과 포켓몬, 컵이라는 기억을 연결하여 새로운 생각을 만들었던 것입니다. 즉, 새로운 생각도 기억의 연결입니다. 뒷장에서 설명드리겠지만 결국 창의성이라는 것도 정보의 양, 즉 기억의 양에 달려있습니다. 해당 분야의 기억의 양이 많을 경우에 보다 새로운 생각을 하게 될 가능성이

크겠지요.

　결론적으로 교육현장에서 '배움'이라는 현상은 뇌 과학의 입장에서 보면 '기억'이라고 할 수 있습니다. 2000년에 '기억'을 연구하여 노벨 생리의학상을 받은 에릭 캔델(Eric R. Kandel)은 기억을 서술기억과 비(非)서술기억으로 구분하였습니다. 서술기억은 사실이나 사건들에 대하여 언어로 표현할 수 있거나 이미지로 떠올릴 수 있는 기억을 말합니다. 수업 중에 이루어지는 배움 현상 '알다, 할 수 있는 것, 새로운 생각'이 해당되겠지요. 비서술기억은 서술기억과 마찬가지로 경험에서 출발하지만 회상으로 표출되는 것이 아니라 행동으로 표출이 됩니다. 이를 교실 수업현상과 관련하여 이야기하자면 '태도, 습관'이 해당된다고 할 수 있습니다. 학교에서 일어나는 '배움'은 뇌 과학의 입장에서 보면 곧 '기억'입니다.

2

배움은 뇌가 연주하는 협주곡

•
•

주의를 기울이면 배움이 시작된다

학생들이 수업 중에 보고, 듣고, 느끼고, 생각하는 것들은 뇌 속에서 어떤 과정을 거쳐서 저장될까요? 지금부터 뇌에서 배움이 일어나는 과정을 추적해보도록 하겠습니다. 우선 학생들의 오감을 통하여 단 1초에도 수많은 정보가 들어오고 있습니다. 1초에 4000억 비트, 책으로 환산하면 60만 권 정도의 정보가 오감을 통하여 들어오고 있다고 과학자들은 이야기합니다. 나의 내장에서 척수를 통하여 끊임없이 나의 몸 상태에 대한 정보를 뇌로 보내고, 피부를 통하여 옷의 느낌, 의자의 편안함 등의 정보를 뇌로 보내고 있습니다. 어디 그뿐입니까? 버스, 매미, 바람 소리 등 수많은 정보가 쉼 없이 나의 청각을 통하여 뇌로 들어가고 있고, 나의 시각을 통해서 앞에 놓인 찻잔부터 시작하여 눈에 보이는 모든 정보들이 나의 뇌로 들어가고 있습니다.

그러한 정보 중에서 뇌 속 깊은 곳까지 도달하는 정보는 우리가 주의(Attention)를 기울인 정보들입니다. 우리의 뇌는 처리할 수 있는 능력이 제한적이어서 오감으로 들어오는 모든 정보를 동시에 받아들이고 처리할 수 없습니다. 그러므로 들어오는 정보 중에서 중요한 것을 선택하여 처리합니다. 딸이 초등학교 다닐 때의 이야기입니다. 밤에 운동장에서 축제를 한다고 해서 가본 적이 있습니다. 많은 아이들이 무대에서 현대 무용을 하고 있었습니다. 60여 명이 무대에서 공연을 했지만 저의 눈에 들어오는 것은 환하게 미소 짓고 있는 우리 딸의 얼굴이었습니다. 그 아이가 보여주는 손동작, 다리동작의 작은 부분도 잘 관찰할 수 있었습니다. 무대에는 제가 알고 있는 딸의 친구들도 있었지만 딸의 모습만 커다란 눈덩이 같았습니다. 무대에서 아이들이 무용을 하고 있을 때 배경, 아이들, 입고 있는 옷, 음악, 선생님의 지도 모습 등 여러 가지 정보가 동시에 오감으로 들어오지만 나에게 가장 중요한 딸의 모습만 눈에 들어왔습니다. 이처럼 주의라는 것은 나에게 중요한 정보를 말합니다. 그게 생존의 문제일 수도 있고, 관심일 수도 있습니다. 이처럼 아이들에게 무엇인가 배움이 일어나기 위해서는 그들이 주의를 기울여야 합니다. 어제 아이들에게 열심히 하나의 문제에 대하여 설명을 하였습니다. 오늘 아이들에게 어제 배운 내용에 대하여 질문을 했더니 대답하는 아이들이 서너 명뿐이었습니다. 이럴 땐 차가움이 썰물이 되어 제 마음을 덮어버립니다. '내가 어제 도대체 무엇을 했을까?' 하면서 저의 지도 방법에 대하여 자책을 합니다. 결론은 우리 아이들이 주의를 기울일 수 있도록 도와주지 못했기 때문입니다.

배움은 전기신호로 전달된다

일단 주의를 기울인 정보는 전기신호(Pulse)로 변환이 되어 뉴런으로 들어갑니다. 선생님 말씀, 텍스트, 친구 이야기, 손으로 만져본 조작자료 등 아이들이 주의를 기울인 정보들은 전기신호로 변환되어 뉴런으로 들어갑니다. 신기한 점은 청각에서 뉴런으로 전달되는 자극이나 시각에서 전달되는 자극, 피부에서 전달되는 자극 모두 똑같은 전기신호로 변환된다는 것입니다. 우리가 눈을 깜박일 때도 뇌에서는 전기신호가 일어나고, 지금 책을 읽고 있는 순간에도 책 속의 내용이 전기신호로 변환되어 우리 뇌를 흐르고 있습니다. 이러한 전기신호를 누가 만들까요? 바로 신경세포입니다. 학생들이 질문하고, 학습하는 내용들은 신경세포에서 전기신호로 변환됩니다. 이러한 전기신호를 '활동전위'(action potential)라고 합니다. 전기신호의 변환 과정을

보다 자세히 알아보기 위하여 뉴런의 기본 구조에 대하여 알아
보도록 하겠습니다.

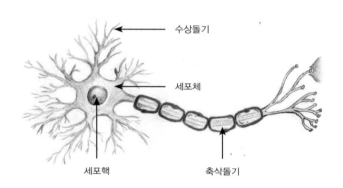

〈뉴런의 구조〉

뉴런의 구조	설명
세포체	뉴런의 크고 둥근 부분을 말한다. 세포체에는 세포핵과 그밖에 여러 가지 작은 소기관으로 구분이 된다. 배움의 결정적 요소 단백질 합성이 이루어지는 곳이다.
수상돌기	세포체에서 뻗어 나가는 여러 가지 작은 줄기이다. 다른 세포로부터 오는 신호를 받아들이고, 수상돌기 가지 모양은 뉴런들을 분류하는 데 사용한다.
축삭돌기	수상돌기가 정보를 받아들이는 수단이라면 축삭돌기는 정보를 내보내는 수단이다. 수상돌기보다 가지가 길며 성인의 경우 어떤 축삭돌기는 1미터까지 길어지기도 한다.

학생들이 선생님 말씀을 주의해서 듣거나 책을 읽게 되면 그 정보는 시각이 되었든 청각이 되었든 전기신호로 변환됩니다. 학생들이 지금 책을 펴고 '꽃'이라는 시를 읽고 있다고 가정하고 뇌의 변화 과정을 설명드려 보겠습니다. '내가 그의 이름을 불러주기 전에는 / 그는 다만 / 하나의 몸짓에 지나지 않았다.'라는 텍스트는 학생들의 눈을 통과하여 수정체에서 망막으로 영상을 비춥니다. 아마 대부분 고등학교 생물 시간에 배웠던 내용일 것입니다. 망막에 영상이 비치면 망막에 있는 신경세포들의 수상돌기가 이 영상을 탐지하게 됩니다. 수상돌기들이 탐지한 영상은 전기신호로 바뀌어 세포핵으로 이동하게 되고, 다시 축삭돌기를 따라 다음 신경세포로 이동하게 됩니다. 뇌 과학자들은 수상돌기나 세포체를 따라 흐르는 전기신호를 차등성 전위라 하고 축삭돌기에서 이동하는 전기신호를 활동전위라고 이야기합니다.

전기신호가 시냅스를 건너다

축삭돌기를 따라 이동해온 활동전위는 축삭돌기의 끝에 다다릅니다. 여기서 잠깐 축삭돌기의 모양에 대하여 알아보도록 하겠습니다.

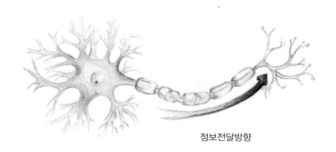

정보전달방향

* 축삭돌기를 통하여 정보가 전달된다

축삭은 기다란 돌기 모양으로 활동전위를 먼 곳까지 배달할 수 있도록 구조화되어 있습니다. 수상돌기나 세포체에서 오는 신호를 활동전위로 바꾸어 먼 거리까지 배달합니다. 대부분의 뉴런에는 수상돌기가 많이 있지만 축삭돌기는 하나만 있습니다. 축삭돌기의 끝은 여러 개의 가지로 갈라지고 매듭같이 생긴 말단을 형성하게 됩니다. 축삭돌기는 미엘린 수초로 감싸여 있습니다. 이 수초는 많은 척추동물의 뉴런에서 발견되며 수초와 수초에는 작은 공간이 있는데 그 공간을 랑비에 결절이라고 합니다.

활동전위가 축삭돌기 말단에 도달하면 다른 쪽 세포의 수상돌기나 세포체를 만나 전기신호를 보내주어야 합니다. 우리가 매일 사용하는 전기신호와 신경세포 신호의 전달 방법은 같지 않습니다. 우리가 집에서 드라이 기계를 사용할 때의 과정을 생각해봅시다. 전기는 발전소에서 변전소로, 변전소에서 변압기, 변압기에서 일명 두꺼비집이라고 부르는 계량기를 거쳐 나의 방 콘센트에서 사용할 수 있습니다. 발전소에서 나의 방 콘센트까지는 하나의 선으로 길게 연결되어 있습니다. 하지만 신경세포의 연결방법은 다릅니다. 신경세포와 신경세포 사이에는 하나의 강이 있습니다. 그 강의 이름을 흔히 '시냅스'라고 합니다. 크기는 20나노미터로 박테리아 편모 크기 정도 될 것입니다.

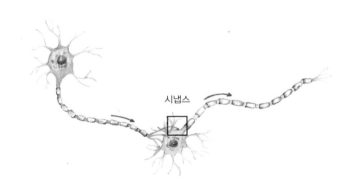

시냅스

* 세포와 세포의 만남은 시냅스를 통하여 이루어진다

'내가 그의 이름을 불러주기 전에는 / 그는 다만 / 하나의 몸 짓에 지나지 않았다.'라는 전기신호가 A라는 세포의 축삭돌기 말단에 도착했다고 가정을 해봅시다. 축삭돌기 말단에는 여러 가지 신경전달물질이 들어있는 소포체가 있습니다. 신경전달물질에 대해서는 많이 들어 보셨을 것입니다. 흔히 도파민, 세로토닌, 아세틸콜린 등의 화학물질을 말합니다. 과학자들은 대충 100여 가지의 신경전달물질이 있다고 이야기하고 있습니다.

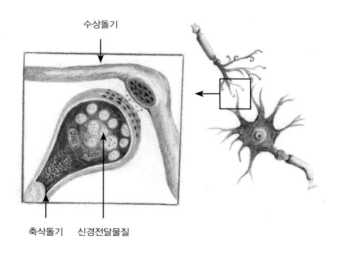

수상돌기

축삭돌기   신경전달물질

* 시냅스라는 강에 신경전달물질이 뿌려진다

'내가 그의 이름을 불러주기 전에는 / 그는 다만 / 하나의 몸 짓에 지나지 않았다.'라는 텍스트가 망막에 비치면서 전기신호로 만들어지고, 그 전기신호가 축삭돌기 말단에 도착하면 신경전달물질을 담고 있는 소포체가 세포막으로 이동하여 도파민, 아세틸콜린 같은 신경전달물질을 시냅스라는 강에 뿌려줍니다. A라는 세포에서 시냅스라는 강에 뿌려진 신경전달물질은 다시 B라는 세포의 세포막에 있는 수용체(Receptor)에 달라붙게 됩니다. 수용체에 관련해서는 뒷장에서 자세히 설명하겠습니다. 이렇게 해서 B라는 세포에 활동전위가 만들어지고 똑같은 방법으로 C라는 세포, D라는 세포로 활동전위가 이동하게 됩니다.

배움의 유전자를 켜다

학생들이 배우는 활동이 A라는 세포에서 전기신호가 되어, 즉 활동전위가 축삭돌기 말단의 막에 도착하면 신경전달물질을 담은 소포체가 세포막으로 이동합니다. 소포체의 신경전달물질이 세포막에 도착하면 시냅스라는 강에 다음 그림처럼 신경전달물질을 뿌리게 됩니다.

모든 뉴런은 수용체(receptor)를 가지고 있습니다. 수용체(receptor)는 세포 외부에서 화학적 신호를 받아들입니다. 전기

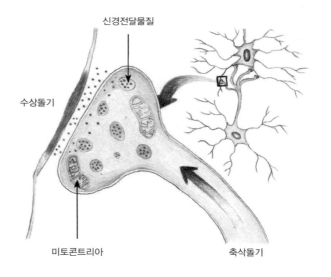

신경전달물질

수상돌기

미토콘트리아   축삭돌기

* 신경전달물질이 수용체에 달라붙는다

신호가 다음 세포로 이동하는 데 있어서 신경전달물질이 열쇠
라면 수용체는 자물쇠라고 할 수 있습니다. 즉 신경전달물질
이라는 열쇠로 수용체라는 자물쇠를 열면 다음 신경세포에 정
보가 전달될 수 있는 것입니다. A라는 세포에서 방출한 신경
전달물질은 B라는 세포의 두 가지 수용체 AMPA(α-amino-
3-hydroxy-5-methyl-4-isoxazolepropionic acid), NMDA(N-
Methyl-D-Aspartate)를 활성화시킵니다. A라는 세포에서 방출
한 신경전달물질이 AMPA 수용체에 붙으면 다음 그림에서 보는
것처럼 수용체의 뚜껑이 열리고, 이 구멍을 통하여 신경세포 외

부에 있던 나트륨 이온이 B세포로 들어가게 됩니다.

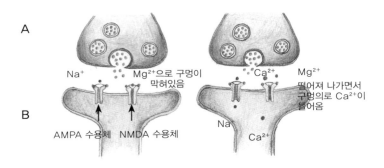

* 나트륨이온이 들어오면 세포가 흥분한다

이렇게 B라는 세포에 나트륨 이온이 들어가면 어떻게 될까요? B세포가 흥분을 하게 되고 전위는 높아지게 됩니다. 구체적으로 평상시 신경세포는 −50 ∼ −70mV 음전하를 띠고 있습니다. 나트륨이나 칼슘 같은 양이온이 세포 안에 들어오면 세포는 양전하가 켜져 흥분하게 되면서 전하가 높아지고, 반대로 염소 이온 같은 음이온이 세포 안에 들어오면 음전하가 켜져 신경세포의 흥분이 억제되고 전하가 낮아지게 됩니다. 따라서 세포막의 전위는 낮아지게 됩니다. 세포 안의 전위가 높고 세포막의 전위가 낮아지면서 NMDA 수용체의 통로를 막고 있는 Mg^{2+}이 떨어져 나가게 됩니다. 이 통로를 통하여 세포막 바깥쪽에 있던 칼슘 이온들이 다량으로 유입됩니다. 칼슘 이온이 B세포에 유입되면 크게 두 가지 현상이 나타납니다. 그 하나는 AMPA 수용체의 개수를 늘리는 일입니다. AMPA 수용체는 세포막에도 존재하지만, 세포 안쪽에도 존재합니다. 세포 안의 전위가 높아지면서 세포 안쪽의 AMPA 수용체를 세포막으로 밀어 올려 세포막에 더욱 많은 AMPA 수용체가 만들어 집니다. 이렇게 되면 더 많은 나트륨이온이 세포 안으로 유입되어 세포 안의 활동전위는 더욱 높아집니다. 세포 안의 활동전위가 더욱 높아지면서 cAMP(cyclic adenosine monophosphate) 등 2차 전달분자들의 농도를 높여줍니다. 2차 전달분자는 신경전달물질이 세포막에서 형성한 정보를 수상돌기나 세포핵으로 옮겨주는 역할을 합니다.

조금 내용이 어렵겠지만 에릭 캔델이 『기억의 비밀』에서 설명한, 배움의 본질인 단백질 합성 과정을 설명드려 보겠습니다. 캔델의 연구에 의하면 활동전위를 운반해주는 2차 전달분자들은 칼모듈린의존 단백질 키나아제II(칼모듈린키나아제II), cAMP(cyclic adenosine monophosphate), cAMP의존 단백질 키나아제(줄여서 PKA라고 함), 미토켄활성화 단백질 키나아제(MPKA) 등 여러 개가 존재한다고 합니다. 다음 그림에서 보는 것처럼 B세포로 다량 유입된 칼슘이온은 칼모듈린키나아제II 분

〈2차 전달물질의 이동경로〉

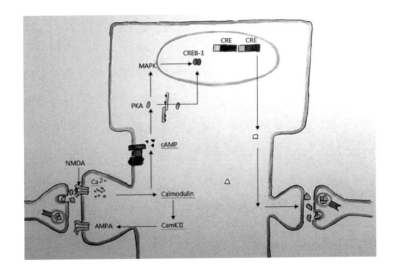

자를 활성화시킵니다. 활성화된 칼모듈린카나아제Ⅱ에 의하여
cAMP분자가 활성화되고, cAMP는 PKA를 활성화시켜 세포핵으
로 이동하게 합니다. 세포핵으로 이동한 PKA는 CREB-1(cAMP
반응요소 단백질-1)을 인산화시킵니다. 인산화된 CREB-1은 배
움에 필요한 유전자들을 '켜게' 됩니다. 이어서 이 단백질들이
DNA에 결합하여 새로운 단백질을 합성하는 것이 배움의 본질입
니다. 새로운 단백질이 합성되면 그 정보를 그 이후의 세포로 전
달하기 위하여 새로운 시냅스 과정을 밟게 되는 것입니다.

유전자가 켜지면 배움이 일어난다

지금까지 학생들의 배움이 일어나기 위한 유전자가 '켜지는' 과정을 에릭 캔델의 이론으로 설명드렸습니다. 사실 이 과정을 보다 정확히 이해하기 위해서는 생물학적 지식이 많이 필요합니다. 보다 자세히 설명하고 싶으나 저의 생물학적 지식이 부족하고, 우리는 생물학자가 아니고 교사이기 때문에 우선은 배움이 만들어지는 개요 정도만 설명드렸습니다.

요약하자면 우리가 보고 들었던 배움이 감각기관에서 활동전위로 바뀌어 A라는 신경세포 축삭돌기 세포막에 도착하면 B라는 신경세포와의 사이에 있는 시냅스라는 강에 신경전달물질이 뿌려집니다. 신경전달물질이 시냅스라는 강에 뿌려지면 B라는 신경세포의 세포막에 있는 수용체에 신경전달물질이 달라붙게 되면 A, B신경세포의 세포막 바깥쪽에 있던 나트륨 이온이나 칼슘이온이 B신경세포에 유입이 되면서 B신경세포의 전하를 높입니다. 그렇게 되면 B신경세포의 내에 있는 2차 전달물질들을 활성화시키고, 2차 전달분자 중 CREB-1은 DNA에서 새로운 단백질 합성을 만들어 냅니다. 이와 같은 방법으로 A라는 세포에서 B라는 세포로, B라는 세포에서 C라는 세포로 우리가 보고 들었던 내용이 활동전위로 바뀌어 우리 뇌로 보내지고 배움이 일어나는 것입니다.

지금부터는 세포핵에서 단백질 합성이 어떻게 일어나

는지 그 과정에 대하여 설명드리겠습니다. 세포핵에서 CREB-1이 켜지면 DNA에서 단백질 합성이 일어납니다. DNA(Deoxyribonucleic acid)는 생물 시간에 배웠던 것처럼 세포의 핵 안에서 생물의 유전 정보를 저장하는 물질이며, 유전자는 DNA의 일부 구간으로 단백질을 합성하는 특정한 부분을 이야기합니다. 유전자는 자신을 복제할 수 있으며, 생명의 모든 현상에 관련된 단백질을 만들 수 있는 정보를 코드화하여 보관하고 있습니다.

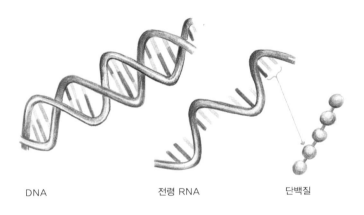

DNA   전령 RNA   단백질

* 단백질 합성 여부가 배움의 결정적 요소이다

벽돌 하나하나가 모여 집을 만들듯이 우리 몸은 여러 종류의

세포들의 연합입니다. 세포의 종류가 무엇이든지 하나의 세포에는 약 25,000개의 유전정보가 똑같이 담겨져 있다고 과학자들은 이야기합니다. 우리가 심장, 신장, 신경세포 등으로 구분할 수 있는 것은 각각의 세포에서 발현시키는 유전자의 특징 때문입니다. 한 세포에서 발현하는 유전자의 대부분은 핵에서 '전령 RNA'라는 분자로 전사되며, 전령 RNA 분자는 핵 바깥의 세포질로 운반되고 거기에서 단백질 합성장치인 리보솜에 의해 단백질로 번역됩니다. 즉 전령 RNA에 의해 특정 단백질 합성에 관한 정보가 핵 속 유전자에서 세포질 리보솜으로 운반되어 단백질 합성이 일어나는 것입니다. 좀 더 쉽게 배움을 설명하면 시냅스라는 강을 건너온 배움이 시냅스후(後)세포의 세포핵에서 단백질 합성이라는 형식으로 복사되어 그 다음 신경세포로 전달되는 과정이라고 할 수 있습니다.

사라지는 배움과 기억되는 배움

그런데 여기서 궁금한 점이 한 가지 있습니다. 며칠 전 우리 반 아이들에게 '단백질의 성질'에 대하여 자세하게 설명해 주었습니다. 오늘 아이들에게 질문을 해 보니 몇 명을 제외하고 대답하는 친구들이 거의 없었습니다. 어제 수업시간에는 대부분 친구들이 고개를 끄덕이며 이해한 것처럼 보였습니다. 왜 이런 현상이 일어날까요? 아이들의 이런 모습을 볼 때마다 교사들은 넘어서기 힘든 벽을 만납니다. '나는 교사로서 정말 재능이 있는 것일까'라는 회의감이 거대한 파도가 되어 다가옵니다.

뇌 과학자들은 위의 현상을 단기기억, 장기기억이라는 용어를 사용하여 설명하고 있습니다. 학생들은 선생님의 설명을 듣고 있는 순간에는 분명히 단백질의 성질을 이해하였을 것입니다. 하지만 며칠이 지나고 나서 단백질의 성질에 대하여 생각해보려고 하면 하나도 기억나는 것이 없습니다. 선생님이 설명해주시는 몇 초에서 몇 분간 기억하는 것을 단기기억이라 합니다. 하지만 몇 명의 학생은 몇 달이 지나도 선생님이 말씀하신 단백질의 성질을 기억하고 있습니다. 이런 경우를 장기기억이라고 합니다. 교사의 입장에서 어떤 아이들은 배운 것을 금방 잊어버리고, 다른 아이들은 몇 달이 지나도 배운 내용을 고스란히 품고 있습니다. 왜 이런 차이가 일어나는 걸까요?

우선 단기기억과 장기기억의 세포 수준의 화학적 변화에 대하여 알아보도록 하겠습니다. 아이들이 선생님의 설명을 들을 때 단기기억과 장기기억 모든 정보가 시각, 청각 등 오감의 신경세포를 통하여 전기신호로 변환되어 뇌에 들어오게 됩니다. 하지만 전기신호의 세기는 학생마다 다릅니다. 어떤 학생은 선생님의 설명을 주의를 기울여서 듣는 아이도 있고, 그렇지 않은 아이도 있습니다. 두 아이의 사례를 가지고 이야기를 해보겠습니다. A라는 학생은 선생님이 말씀하실 때 고개를 끄덕거리면서 손에 든 연필로 열심히 노트에 요약하여 적어도 봅니다. 이 아이의 머릿속을 들여다보면 어떨까요? 아마 선생님 설명과 관련하여 수많은 상상을 하며 배우는 기쁨을 누리고 있을 것입니다. 반면 B라는 학생은 선생님의 수업이 별로 재미가 없습니다. 선생님이 지금 하시는 말씀을 이해는 할 것 같은데 운동장에서 신나게 뛰노는 아이들의 목소리가 들립니다. 나도 운동장에 나가서 신나게 뛰어놀고 싶습니다.

A라는 학생의 뇌에서는 어떤 현상이 일어날까요? 우선 정보에 주의하는 양이 B학생보다 높습니다. 또한 노트에 필기를 하면서 선생님의 말씀을 듣기 때문에 오감의 사용량 또한 B 학생보다 높습니다. 이런 차이로 인하여 A학생은 B학생보다 더 잘 기억할 수 있다는 것이 지금까지의 교실에서 선생님들의 이야기였습니다. 이것을 좀 더 과학적으로 설명을 해보겠습니다. 정보에 주의하는 양이 많다는 것은 어떤 의미일까요? 바로 신경세포의 전기신호 세기, 즉 전류의 세기가 크다는 것입니다. 이전 설명에서 정보는 전기신호로 변환되어 신경세포를 흐른다는 말씀을 드렸습니다. 전기신호의 세기가 크다 보니 시냅스라는 강에서 신경전달물질이 많이 분비됩니다. 많은 신경전달물질은 시냅스후세포의 전류의 세기를 증가시킵니다. 이러한 결과로 시냅스후세포에서 CREB-1이 새롭게 단백질을 만들고 그 다음 세

포로 정보를 전달할 수 있는 것입니다.

반면에 선생님의 설명을 주의해서 듣지 않는 아이들의 경우는 어떠할까요? 전류의 세기가 약하기 때문에 시냅스에서 많은 신경전달물질이 방출되지 않습니다. 이런 이유로 시냅스후세포도 전류가 높아지지 않습니다. 약간의 농도 변화만이 존재합니다. 그런 이유로 cAMP 등 세포 내 2차 전달물질을 활성화시키지 못합니다. 따라서 배움의 핵심인 단백질 합성이 일어나지 않는 것입니다.

우리는 여기서 배움의 중요한 비밀 한 가지를 발견할 수 있습니다. 학생들의 배움이 일어나기 위해서는 새롭게 단백질을 합성해야 한다는 점입니다. 새롭게 단백질을 합성하기 위해서 가장 중요한 것은 주의의 양이 높아야 한다는 것입니다. 이 말을 교실 수업과 관련하여 설명해 보면 잘 듣고, 잘 보아야 학생들의 배움이 일어난다는 것입니다. 이와 관련해서는 뒷장에서 자세하게 이야기하도록 하겠습니다.

배움은 이해와 기억에서 출발한다

이전 글에서 배움이 일어나는 신경세포의 전기적, 화학적 현상에 대하여 알아보았습니다. 뇌 과학에서 배움의 현상을 공부하기 위해서는 세포 하나에 집중하여야 합니다. 그 부분이 이해가 되어야 배움이 저장되는 경로를 추적할 수 있습니다. 보다 자세한 공부를 위하여 제가 추천해 드리고 싶은 도서는 2000년 노벨상을 받은 에릭 캔델의 『기억의 비밀』입니다. 이 책은 훔쳐 서라도 읽어야 한다는 서평이 보여주듯이 인간의 기억에 관하여 군소(바다에 사는 연체동물) 실험 등을 근거로 자세하게 다루고 있습니다. 신경세포 하나에서 벌어지는 전기적, 화학적 현상을 이해하고 나면 다음은 배움이 만들어지는 과정을 추적해보는 것입니다. 배움이 만들어지는 과정이라는 것은 뇌의 특정 부위들이 시냅스를 통하여 계속 연결되어 가는 모습이라고 말할 수 있습니다. 이 모습들을 이해하기 위해서는 뇌의 구조에 대한 기초적인 지식이 있어야 가능합니다. 뇌 과학에 관한 기초적인 지식을 담은 책으로는 박문호 교수의 『뇌과학의 모든 것』을 추천해드립니다. 뇌 과학의 방대한 연구들을 그물 엮듯이 구조적으로 잘 연결한 책입니다.

지금부터는 배움이 어떻게 뇌의 특정 경로를 따라 저장되는지 알아보겠습니다. 우선 교실 수업의 배움 현상을 '이해, 무엇인가 할 수 있는 것, 태도, 습관, 새로운 생각'으로 정리하였습니다. 이러한 배움의 현상을 뇌 과학자들이 사용하는 용어로 재분류해보면 서술기억으로는 이해, 새로운 생각이 있겠고, 비서술기억에는 태도, 습관, 무엇인가 할 수 있는 것이 해당됩니다. 하지만 곰곰이 생각해보면 학교에서 이루어지는 배움 현상은 무엇이든지 처음에는 이해를 출발로 하고 있습니다. 아이들에게 오른쪽 복도 통행을 습관화시키기 위하여 교실에서 선생님이 수업을 한다고 가정을 할 경우 우선 오른쪽 통행이 왜 좋은지, 어떻게 하는지에 대하여 아이들과 의논을 할 것입니다. 그 다음에 복도로 나가 교실에서 배운 자세를 유지하면서 오른쪽 통행을 하다 보면 어느 순간 아이들의 몸에 배어 습관으로 정착이 됩니다. 학교에서 일어나는 배움 현상은 우선 이해에서 출발하여 '할 수 있는 것'이 되고 습관이 될 수 있습니다. 그러므로 먼저 이해, 즉 서술기억이 우리 뇌에서 어떤 과정을 거쳐 일어나는지에 대해 탐색하고, 다음은 이해와 함께 이루어지는 비서술기억에 대하여 탐구하도록 하겠습니다.

뇌가 배움을 링크한다

아이들의 배움 현상 중 정보를 이해하고 기억하는 경로에 대하여 알아보도록 하겠습니다. 우선 아이들이 '아 그렇구나!'라고 깨닫는 현상에 대하여 이야기하겠습니다. 뇌 과학에서는 배움과 관련하여 '링크'라는 용어를 사용합니다. 가령 며칠 전에 식물의 뿌리에 대하여 알아보았고 오늘은 식물의 줄기에 대하여 알아볼 시간입니다. 이때, 오늘 알아본 식물의 줄기는 며칠 전에 학습한 식물의 뿌리에 링크되어 이해되고 기억된다는 의미입니다. 뇌에 정보가 입력되면 전두엽에서는 탐색기를 사용하여 과거의 경험이나 지식과 같은 것, 또는 비슷한 것이 있는지 검색을 시작합니다. 우리가 컴퓨터에서 찾기 기능을 이용하여 파일을 검색하는 원리와 비슷합니다. 과거에 비슷한 경험이 있다면 어떻게 될까요? 오늘 배웠던 식물의 줄기는 며칠 전에 배운 식물의 뿌리에 링크되어 하나의 구조화를 이룹니다. 뇌 과학자들은 이런 과정을 신경망의 형성이라고 이야기합니다. 하지만 과거의 경험이나 지식이 뇌에 저장되지 않았다면 어떻게 될까요? 매우 즐겁고 흥미로운 학습이어서 신경세포에서 새로운 단백질을 형성하였다면 뇌에 장기적으로 저장이 되고, 이후에 이와 비슷한 경험이나 지식을 연결하여 하나의 신경망을 형성하게 됩니다. 만약 아이들의 호기심도 자극하지 못하고 재미없는 정보였다면 뇌에서는 어떻게 될까요? 몇 분 또는 하루 이틀 기억하다 뇌에서 사라지는 기억이 될 것입니다.

이런 이유로 아이들의 뇌에 저장된 정보의 양이 이후의 학습에 매우 중요합니다. 뇌에서 검색을 했는데 과거에 비슷한 정보가 있으면 링크되어 하나의 신경망을 형성하지만 처음 보는 정보는 뇌에서 살아남을 가능성이 그만큼 희박합니다. 초등학교 시기에 독서가 강조되는 이유도 여기에 있습니다. 독서를 통하여 다양한 정보를 뇌에 저장해 두면 수업 시간에 배운 교과서 내용과 잘 링크시킬 것입니다. 그러면 이해하기도 쉽고, 그 내용을 오랫동안 기억하기도 쉽습니다.

우리 주변에서 아이들을 잘 키운 부모님들과 이야기를 해보면 한 가지 공통점이 꼭 나옵니다. 아이가 어릴 때부터 책을 무척 좋아했다고 말을 합니다. 즉 이 아이는 책을 많이 읽어서 뇌에 다양한 정보가 저장되어 있습니다. 이후 학교생활에서 다른 친구들보다 선생님과 함께 배운 내용을 링크하기가 매우 쉬울 것입니다. 중고등학교 시절 열심히 공부는 하는데 성적이 생각만큼 오르지 않는 이유도 여기에 있습니다. 새롭게 공부는 열심히 하지만 나의 뇌에 저장된 정보의 양이 적어 링크를 잘 하지 못하고 기억에서 쉽게 사라지기 때문입니다.

감각이 저장되고 출력된다

지금부터는 본격적으로 학교에서 배운 정보가 뇌의 어떤 경로를 거쳐서 저장이 되고, 인출이 되는지에 대하여 알아보도록 하겠습니다. 우리 아이들의 배움은 시각, 청각 등 감각기관을 통하여 뇌로 전달이 됩니다. 여기서는 시각으로 들어온 정보가 뇌에서 어떻게 처리되는지의 과정을 말씀드리겠습니다.

시각으로 들어온 정보는 망막의 시신경을 통하여 시상(Thalamus)으로 보내집니다. 시상(Thalamus)은 인체의 모든 감

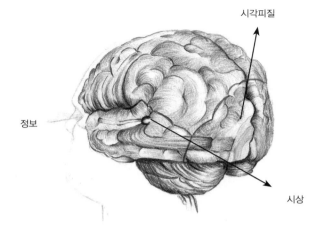

시각피질

정보

시상

* 모든 정보는 시상을 통과한다

각이 모여드는 톨게이트에 비유할 수 있습니다. 지방에서 서울을 방문하기 위해서는 서울 톨게이트에 도착해야 합니다. 부산에서 왔건 광주에서 왔건 모두 서울 톨게이트로 모여듭니다. 이처럼 인체의 내장에서 올라오는 정보, 시각, 청각, 체감각 등에서 올라오는 모든 정보들이 시상을 통과하게 됩니다. 시각의 정보는 시상에 보내진 뒤 두뇌 뒤쪽에 있는 시각피질로 이동하게 됩니다. 보다 구체적으로 말씀 드리면 시상의 외측슬상핵을 통과한 정보는 두뇌 뒤쪽의 시각피질(Visual cortex)로 이동합니다. 1차 시각피질은 V1영역이라 말하고 2차 시각피질 V2가 감싸고 있습니다. 2차 시각피질을 3차 시각 피질 V3가 감싸고 있고, V3는 V4가 감싸고 있습니다. 시상의 외측슬상핵을 통과한 시각정보는 맨 먼저 1차 시각피질로 보내집니다.

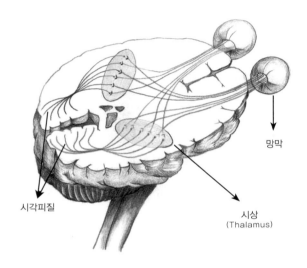

망막

시각피질

시상
(Thalamus)

* 시각정보는 시상을 통과하여 시각피질로 향한다

1차 시각피질은 색깔, 선, 질감 등 물체의 전체적인 윤곽을 인식하고, 2차 시각피질에서는 물체의 선과 경계, 모서리를 구분하게 됩니다. 3차 시각피질은 전체적인 형태, 4차 시각피질은 형태와 색채를 담당합니다. 4차 시각피질이 손상을 입게 되면 색맹이 되겠지요. 5차 시각피질에서는 운동감각을 담당합니다. 만약 5차 시각피질이 손상된 환자가 야구 경기 중 홈런을 치는 장면을 관람하면 어떤 일이 벌어질까요? 날아가는 야구공이 뚝뚝 끊어진 정지화면으로 보일 것입니다.

이러한 과정을 거친 다음에 정보는 시각피질 옆에 있는 시각연합영역으로 이동하게 됩니다. 연합영역이라는 의미에서 바로 알 수 있듯이 색, 질감, 운동, 방향을 받아 연합하여 의미 있는 이미지로 조립해냅니다. 1차부터 5차까지의 시각피질들은 서로 분업의 형태로 일을 하다가 시각연합영역에 정보가 도착하면 하나의 완성된 이미지로 출력이 됩니다. 우리가 단순히 보는 이미지 하나도 이렇게 복잡한 과정을 거쳐서 만들어집니다.

지금까지 우리 눈의 망막을 통과한 정보가 시각연합영역에 도착하여 하나의 완성된 이미지가 만들어지기까지의 과정에 대하여 알아보았습니다. 전에는 백문이 불여일견이라는 말이 마음에 중요하게 와 닿지 않았습니다. 뇌 과학을 공부하면서 배움의 최우선은 보는 것이라는 것을 실감합니다. 우리의 감각피질을 보면 시각 피질이 전체 피질의 1/4을 차지하고 있습니다. 따라서 우리 아이들의 배움이 잘 일어나려면 자세히 보는 습관이 우선적으로 필요하다고 하겠습니다.

시각연합영역에 도착한 정보는 완성된 이미지로 출력되어 과거의 경험과 비교하게 됩니다. 시각연합영역의 정보들은 다시 다중감각연합영역으로 보내지게 됩니다. 다중감각연합영역은 시상을 통과한 모든 감각정보가 모이는 곳입니다. 시각 정보 하나를 가지고 배움에 대하여 설명하였지만 청각정보도 시상을 통하여 청각피질로 향하고 이어서 청각감각연합영역에 모이게 됩니다. 청각감각연합영역에서 완성된 소리로 출력되어 다중감각연합영역으로 모입니다. 체감각도 청각영역과 마찬가지로 다중감각연합영역으로 모든 정보가 모여듭니다.

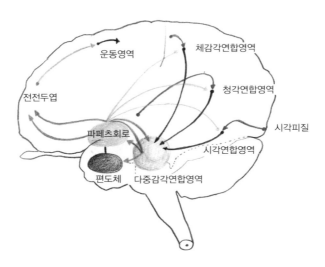

* 모든 정보는 다중감각연합영역으로 모여든다

감각연합영역에 도착한 정보는 두 가지의 길로 나누어지게 됩니다. 하나는 전전두엽이고, 다른 하나는 해마로 이동하게 됩니다. 우선 전전두엽으로 가는 정보는 내가 이미 알고 있는 정보입니다. 나태주시인의 '풀꽃'이라는 시를 접해 본 학생에게 선생님이 그 시를 들려주었을 때는 전전두엽이 명령을 내려서 그 학생의 뇌에 저장되어있는 '풀꽃'을 이미지나 텍스트로 인출할 수 있을 것입니다. 해마로 가는 정보는 처음 접한 정보입니다. '풀꽃'을 처음 접한 학생들의 경우라면 해마로 '풀꽃'이라는 정보가 이동하게 됩니다. 해마의 치상핵을 거쳐 다시 몇 군데 경로를 거친 다음에 연합영역이나 다중감감연합영역에 '풀꽃'이라는 시가 배움이라는 이름으로 저장될 것입니다.

배움은 어디에서 만들어질까

뇌 수술로 밝혀진 배움의 신비

새로운 배움, 즉 새로운 기억이 측두엽의 해마에서 만들어진다는 것은 뇌수술 환자의 관찰을 통하여 알게 되었습니다. H. M.이라는 환자는 어렸을 때 자전거에 치여 머리에 심한 부상을 당하였습니다. 사고 후유증으로 그는 간질을 앓게 되었고, 나이가 먹어감에 따라 그 정도가 매우 심해져 결국은 수술로 측두엽의 해마를 제거하기에 이르렀습니다. 수술 후 간질 치료는 매우 성공적이었고, 성격, IQ도 정상이었습니다. 하지만 수술 후 심한 부작용이 한 가지 생겼는데, H. M.이 새로운 것을 기억하지 못한다는 것이었습니다. 수술받기 이전의 기억은 모두 정상이었지만 새로운 것을 기억하지 못하였습니다. 예를 들어 환자의 치료를 위해서 방문했던 간호사가 5분 후 다시 병실에 들어오면 처음 본 사람처럼 "처음 뵙겠습니다."라고 인사를 하였습니다. 다만 그는 간호사가 병실을 방문해서 인사를 하고 진찰을 하는 약 20초 동안은 그 간호사를 기억할 수 있었습니다. 즉 단기기억에는 전혀 문제가 없었습니다.

H. M.의 사례는 뇌 과학자들의 기억 연구에 새로운 지평을 열었습니다. 우선 뇌에서 새로운 배움, 즉 기억을 담당하고 있는 영역은 측두엽의 해마라는 사실입니다. 해마 제거 이후 H. M.은 처음 만난 사람 얼굴이나 이름을 기억할 수 없었습니다. 하지만 사람을 처음 만났다 하더라도 그 사람과 대화를 짧게 할 수 있는 등의 사실로 보아 단기기억에는 해마가 관련이 없다는 사실도 알 수 있었습니다. H. M.의 사례에서 또 하나의 획기적인 발견은 우리 배움이 기억되는 장소가 측두엽의 해마가 아니라는 사실입니다. 해마를 제거했지만 H. M.은 어린 시절의 사건 등을 잘 기억해냈습니다. H. M.이라는 환자의 관찰로 알아낸 지식으로 많은 뇌 과학자들은 해마를 비롯한 뇌에 대한 연구에 더욱 박차를 가하게 되었고, 21세기의 마지막 과제라는 '인간의 뇌'의 신비가 조금씩 벗겨지고 있습니다.

지금부터 본격적으로 새로운 배움이 만들어지는 해마와 관련된 이야기들을 해보도록 하겠습니다. 다중감각연합영역에 모인 정보들은 두 갈래로 나누어집니다. 내가 이미 알고 있는 정보들은 전전두엽으로 이동하여 과거의 경험을 떠올리게 됩니다. 오랜만에 카페에서 내가 가장 좋아하는 철수라는 친구를 만났다고 가정을 해봅시다. 철수가 카페에 나타나는 순간, 망막, 시상, 시각피질을 통과하여 철수라는 이미지가 시각연합영역에서 만들어집니다. 이 이미지는 다중감각연합영역으로 이동하여 나의 '뇌'에 저장되어 있는 철수라는 이미지를 검색하도록 전전두엽이 명령을 합니다. 이런 과정을 통하여 카페에 철수가 들어서는 순간 나의 가장 친한 친구 철수임을 내가 알 수 있는 것입니다.

그런데 오늘 철수와 만나는 카페는 내가 처음 가보는 카페였습니다. 카페의 유리창 쪽 탁자에 앉아 내부 시설을 둘러보았습니다. 예쁜 인형, 조화롭게 배치된 의자들, 화분에서 잘 자라고 있는 식물들이 보였고, 벽에는 자전거를 닮은 시계가 걸려 있었습니다. 가끔씩 이 카페에 와서 책을 읽어야겠다는 생각이 들었습니다. 내가 이 카페를 둘러보고 있는 이 순간 나의 뇌에서 새롭게 방문한 카페에 관련된 내용들이 기억됩니다. 즉 오늘 친구와 만나게 되는 카페에 대한 배움이 새롭게 일어난 것입니다. 이 과정을 뇌의 경로 측면에서 다시 말씀드리겠습니다.

먼저 내가 카페에 들어서는 순간 보이는 카페의 모습이 나의 망막으로 들어갑니다. 그 중 나의 주의를 끄는 카페의 모습에 망막, 시상, 시각연합영역, 다중감각연합영역으로 끊임없이 정보가 전달되고 있습니다. 전달된 정보들을 전두엽이 검색해 보지만 검색이 되지 않습니다. 왜냐하면 처음 접해본 정보들이기 때문입니다. 청각의 영역도 마찬가지입니다. 카페의 문을 여는 순간 사람의 목소리며, 음악이 흘러나오고 있습니다. 이 정보들도 다중감각영역에 모여들게 되며 시각의 정보와 합쳐지게 됩니다. 또한 내가 손으로 카페 문을 여는 순간 체감각도 다중감각연합영역으로 모여서 카페에 관한 하나의 정보를 형성하게 됩니다. 처음 접하는 정보는 뇌의 어느 부분으로 향하게 될까요?

해마, 배움을 만드는 곳

다중감각연합영역에 있던, 카페에 관한 정보들이 바로 해마로 향하지는 않습니다. 중간에 거치는 몇 개의 길이 있는데 그 중 하나가 내후각피질(Entorhinal cortex)입니다. 내후각피질은 카페에 관한 정보를 해마로 실시간으로 계속 보내게 됩니다. 해마는 많은 뇌 과학자들이 관심을 가지고 있는 연구 분야입니다. 해마는 해마체(Hippocampal formation) 또는 해마(Hippocampus)라고 부르며 5센티미터 정도로 길고 지름은 1센티미터 정도 된다고 합니다. 내후각피질(Entorhinal cortex)로부터 입력된 정보는 해마의 입구에 있는 치상핵(Dentate gyrus) 영역으로 이동합니다. 치상핵에 존재하는 세포를 과립세포라고 부르는데 요즘 뇌 과학자들의 연구에 의하면 세포가 새롭게 만들어지는 유일한 구역이라고 합니다.

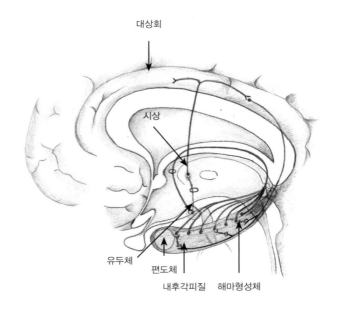

* 해마는 배움을 만드는 곳이다

해마의 치상핵에 도달한 정보들은 그림처럼 CA3, CA1을 지나 다시 내후각피질로 향하게 됩니다. 내후각피질에서 또 몇 개의 경로를 지나 감각연합영역이나 다중감각연합영역으로 이동하여 기억이 저장된다고 뇌 과학자들은 설명하고 있습니다.

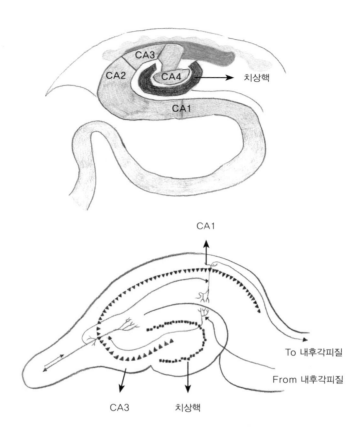

CA3

CA2

CA4 → 치상핵

CA1

CA1

To 내후각피질

From 내후각피질

CA3   치상핵

* 내후각피질에 들어온 정보는 치상핵에 시냅스하고,
 CA3, CA1을 지나 다시 내후각피질로 이동한다

　이런 과정을 거쳐 친구와 처음 가 본 카페가 나의 뇌에 저장이
되고, 다시 이 카페를 방문했을 때 알아볼 수 있는 것입니다. 학

생들이 수업시간에 배우는 내용도 마찬가지일 것입니다. 오늘 수업 주제가 '나비의 한살이'라고 가정을 하고 학생들의 머릿속 풍경을 살펴보도록 하겠습니다. 먼저 어려서부터 곤충에 관심이 많았던 A라는 학생입니다. 이 학생은 나비의 한살이라는 주제를 듣자마자 머릿속에서 나비가 알을 낳고, 애벌레, 번데기의 과정을 거쳐서 다시 나비가 된다는 이미지가 그려집니다. 과거에 책에서 보았던 나비의 한살이 과정이 연합영역에 저장되어, 선생님이 학습주제를 제시했을 때 '나비의 한살이가 무엇일까?'라고 전두엽이 검색하자 연합영역에 저장되어 있던 기억이 바로 답을 한 경우입니다. 다음은 B학생입니다. B학생은 나비의 한살이가 학습 주제로 제시되었을 때 A라는 학생과 똑같이 전두엽에서 검색을 시작합니다. 하지만 과거에 나비의 한살이를 보거나 들었던 경험이 없습니다. 이런 이유로 수업이 진행되면서 위에서 이야기했던 해마의 기억 경로를 따라 나비의 한살이가 그 학생의 뇌에 저장되는 것입니다.

가르치는 사람이 뇌 과학을 알아야 할까?

지금까지 배움은 신경세포와 신경세포 사이의 시냅스에서 만들어진다는 것과, 배움이라는 정보가 기억되기 위한 과정을 해마를 중심으로 살펴보았습니다. 요약하여 말씀드리면 시각, 청각 등 오감을 통하여 지금 이 순간에도 수많은 정보가 뇌에 입력되고 있습니다. 그 중 내가 관심을 갖는 정보가 나의 신경세포로 들어가 전기신호로 변환됩니다. 그 전기신호를 활동전위라고 하는데 세포에서 활동전위가 발생하면 세포막에서 신경전달물질이 방출됩니다. 그 신경전달물질은 시냅스라는 강을 건너 다음 신경세포 문을 열게 됩니다. 문이 열리면 세포막 바깥쪽에 있던 나트륨, 칼륨 이온이 시냅스후세포로 유입이 됩니다. 나트륨, 칼륨 이온의 유입으로 인하여 시냅스후세포가 흥분을 하게 되고, 그 흥분을 전달하는 2차 전달분자를 활성화시킵니다. 2차 전달분자 중 CREB-1은 유전자를 켜게 되며, 그에 따라 새로운 단백질이 형성됩니다. 새로운 단백질은 다시 전기신호로 변환되어 다른 뉴런의 수상돌기와 새로운 시냅스를 하게 됩니다.

이러한 과정은 뇌의 특정 경로를 따라 이루어집니다. 시각, 청각 등 정보가 입력되는 오감의 신경 경로는 모두 다릅니다. 이 책에서는 주로 시각을 중심으로 설명을 드렸습니다. 시각으로 들어온 정보는 망막을 지나 시상의 외측슬상핵세포의 수상돌기에 도달합니다. 시상을 지난 정보는 시각피질을 지나 시각 연합영역에서 완성된 이미지로 출력이 되며, 다중감각연합영역으로 이동하게 됩니다. 다중감각영역으로 들어온 정보는 과거의 정보와 비교 검색하게 되고, 과거의 경험에 없는 정보는 해마로 보내줍니다. 보내준 정보는 해마의 치상핵 등 몇 개의 경로를 거친 다음에 다시 연합영역이나 다중연합영역으로 보내져 기억을 하게 됩니다. 이러한 내용은 뇌 과학에 비추어 보았을 때 기억이라는 극히 일부의 영역에 지나지 않습니다. 사실 배움이라는 거대한 주제를 이해하기 위해서는 뇌 전반을 모두 이해하여야 합니다. 예를 들어 일부 사람들의 경우 몸을 움직이면서 책을 읽으면 배움이 더 잘 일어나는 경우가 있습니다. 우리 관절, 근육, 내장에서도 시각, 청각 등 오감과 마찬가지로 끊임없는 정보를 뇌로 보내고 있습니다. 말초신경을 지나 척수로, 뇌간을 통하여 시상으로 보내지는 정보들입니다. 몸에서 보내는 정보들에 시각을 통하여 보내 온 정보를 다중감각영역에서 통합합니다. 즉 몸 상태가 좋을 경우 배움이 잘 일어나는 경우가 이에 해당합니다. 그래서 학생들을 가르치는 사람은 배우는 사람들의 얼굴을 살펴보아야 합니다. 내장에서 뇌로 가는 정보가 정상적인지, 지금 현재의 감정 상태는 어떠한지에 따라 학생들의 배움은 달라집니다.

흔히들 뇌를 소우주라고 합니다. 처음에는 뇌 과학을 공부한다는 것은 '우주를 공부하는 것'이라는 생각을 못했지만, 요즘에는 그 말이 실감 납니다. 교육이라는 것도 우주 속의 작은 파도 중 하나입니다. 그 파도를 이해하기 위해서 우리는 무엇을 알아야 할까요? 바로 우주의 생성, 자연, 바다, 물 등 근본적인 물음을 던져야 해답이 나오겠지요. 어느 날 연수 시간에 어떤 선생님이 저에게 이런 질문을 했습니다. "선생님, 교사가 뇌를 꼭 알아야 하나요? 몰라도 가르치는 데는 문제가 없잖아요." 그 선생님의 말씀을 듣고 '우리 선생님들이 뇌를 꼭 공부해야할까?'라는 질문이 저를 사로잡았습니다. 그러면서 저는 왜 뇌 과학 공부를 시작했는지 뒤를 돌아보았습니다.

　뇌를 공부해야겠다고 생각을 한 것은 '창의성' 때문이었습니다. 창의성이라는 것이 결국 인간의 뇌에서 일어나기 때문에 창의성의 본질을 이해하기 위해서는 뇌 과학을 공부해야 한다고 생각했습니다. 이런 계기로 학위에 도전하게 되었고, 연구 모임을 조직하여 '뇌기반창의성연구회'라는 이름으로 지금까지 뇌에 기반을 둔 교육방법에 대하여 고민해오고 있습니다. 선생님의 질문을 듣고 한참을 망설였습니다. 그때 선생님에게 드렸던 이야기가 있습니다. "선생님, 요즘 부모님들은 많은 연수에 참석합니다. 그런데 대부분의 강사들이 뇌를 중심으로 학생들의 심리나 재능에 관하여 이야기를 합니다. 혹시 학부모님이 선생님에게 자녀의 교육문제에 있어 뇌를 가지고 이야기를 시작하면 당황스럽지 않겠습니까?" 물론 틀린 이야기는 아니지만 저의 짧은 지식으로 강의를 했으니 지금도 얼굴이 화끈하게 달아오릅니다.

　가르치는 사람이 뇌 과학을 알아야 하는 첫 번째 이유는 우리 아이들이 보여주는 말과 행동을 정확하게 이해하기 위함입니다. 요즘 뇌 과학에서 알려주는 기억, 감정의 지식들을 활용하면 아이들이 수업 중이나 관계에서 보여주는 말과 행동의 이면을 잘 이해할 수 있습니다. 요즘 부모님이나 선생님의 가장 큰 걱정은 아이들의 산만함입니다. 초등학교 저학년의 경우 교실 수업을 참관하다 보면 잠시도 의자에 엉덩이를 붙이고 있지 못하는 아이들이 있습니다. 이리저리 몸을 흔들다가 옆 짝꿍을 손으로 툭 건드려 봅니다. 친구가 아무런 반응을 보여주지 않으면 다시 앞에 앉아 있는 친구의 등에 손으로 그림을 그리기 시작합니다. 대개 이런 아이들의 경우 음악, 체육 시간에 실시하는 율동이나 체조 등 몸으로 움직이는 수업은 잘 따라 하지만 수학 시간처럼 의자에 오래 붙어 있어야 하는 수업에서는 참지 못하고 교실을 돌아다니거나 친구들의 수업을 방해합니다. 뇌 과학의 입장에서 이 아이들은 주변의 자극에 대하여 다른 아이들보다 더 잘 반응하는 아이들입니다. 아이들은 실시간으로 눈과 귀 등 오감을 통하여 수많은 자극을 접하게 됩니다. 이 자극 중에서 나에게 필요한 적절한 자극에만 반응을 해야 하는데, 산만한 아이들은 주변의 모든 자극에 반응하는 아이들입니다. 이러다 보니 운동장에 바람 소리가 나면 창밖을 바라보아야 하고, 친구가 하는 일을 간섭하게 됩니다.

이 아이들의 마음과 행동의 상태를 보다 쉽게 접근하여 보면, 선생님이 수업 시간에 발문, 학습 자료 등을 통하여 보내주는 자극보다 친구, 창밖 등 외부에서 들어오는 자극에 더 흥미가 있어서 감정에 새로운 변화가 일어나 행동으로 표출되는 것이라고 말할 수 있습니다. 이때 교사가 할 일은 학생이 보여주는 모습을 문제행동으로 바라보지 않고, 무엇인가 수업 방식에 변화가 필요한 시간임을 인식하는 것입니다. 이러한 인식이 있다면 아이들을 모두 일어나게 하여 체조를 하거나 간단한 게임을 해봄으로서 산만한 아이들을 다시 수업에 집중하게 할 수 있을 것입니다. 이처럼 가르치는 사람이 뇌 과학을 앎으로써 학생들의 뇌를 이해하고, 그들이 보여주는 말과 행동의 원인이 되는 감정의 상태를 진정으로 이해하게 될 때 학생들과 소통이 잘 이루어지고 관계가 보다 돈독하게 발전될 것입니다.

다음으로 뇌 과학은 교사들의 잘못된 교육방법으로부터 우리 아이들을 보호할 수 있습니다. 요즘 학교 현장에는 그 수를 헤아릴 수 없을 만큼 많은 교육 내용이나 방법들이 우후죽순으로 밀려들어오고 있습니다. 특히 뇌 과학이 발전하면서 집중력 향상을 위한 뇌파 활용, 창의력 향상을 위한 우뇌학습 등 뇌의 특정 부위를 활성화시켜서 학생들의 학습능력을 향상시키고자 하는 여러 가지 시도들이 존재하고 있습니다. 또한 첫 장에서 말씀드렸지만 새로운 교육방법이라는 이름으로 수많은 교육방법들이 교육 현장을 누비고 있습니다. '이래서 해야한다'라고 우리는 수많은 연수에서 새로운 교수법 강의를 듣고 있지만 막상 교실에서 적용해보면 '어 이상하다, 그게 그거네' 하며 선생님들은 고개를 갸우뚱합니다. 교실에 적용을 해보아도 아이들은 별로 관심을 보이거나 별로 달라지지 않습니다. 설령 관심을 보였다

하더라도 며칠 가지 않습니다. 우리 교육현장의 수많은 교육방법들이 이런 과정을 반복하여 왔습니다.

사실 교육이라는 것은 날마다 학생들의 뇌를 변화시키는 과정입니다. 학생들의 뇌가 시각, 촉각, 체감각 등 감각기관에서 주어진 정보를 어떻게 받아들이고, 기존에 가지고 있던 정보와 잘 연결하느냐에 따라 배움의 질이 결정됩니다. 이런 이유로 가르치는 사람이 뇌 과학을 잘 알게 되면 어떻게 잘 보게 하고, 잘 듣게 할 것이며, 기존의 정보와 잘 연결하게 할 것인가에 대한 정답을 쉽게 찾을 수 있습니다. 가르치는 사람이 뇌를 잘 알고 가르친다는 것은 자동차의 원리를 잘 알고 운전하는 것과 비슷합니다. 아침에 출근을 하려는데 자동차 시동이 잘 걸리지 않았습니다. 이때 자동차의 원리를 잘 아는 사람은 고장 부분을 잘 찾아서 쉽게 대처를 합니다. 하지만 자동차 원리를 잘 모르는 사람은 여러 가지로 어려움에 처하겠죠. 아이들과 교실에서 수업을 하다 보면 여러 가지 상황이 발생합니다. 아이들끼리 싸우기도 하고, 교사의 마음에 상처를 주는 아이도 있습니다. 이때 아이들의 뇌를 잘 아는 교사는 적절한 방법을 찾아서 대처하기가 쉽습니다. 하지만 뇌에 대한 지식이 부족한 교사는 아이들의 잘못된 행동을 부모의 탓으로 돌리거나 적극적인 지도를 회피하게 됩니다. 아이들의 뇌의 구조에 대하여 자세히 안다는 것은 교사가 교육전문가로서 살아가는 지름길입니다.

part 3

뇌가 알려주는
배움의 비밀

지금까지 배움이 어떻게 일어나는 것인지 수업에서 학생들을 관찰하면서 나타나는 현상과 뇌 과학자들이 말하는 배움이란 무엇인가에 대하여 개략적으로 살펴보았습니다. 부모이건 교사이건 가르치는 사람이 인간이 어떻게 배우게 되는가의 과정에 대하여 자세히 알게 되면 어떻게 가르칠 것인가에 대한 대답이 쉽게 나올 수 있습니다. 자동차 수리공이 자동차의 작동 원리를 모르고 고객이 맡긴 자동차 수리를 어떻게 할 수 있겠습니까? 지금까지의 내용은 자동차를 운전하는 데 있어서 엔진과 바퀴의 모양을 살펴보고 굴러가는 원리를 알아보는 시간이었습니다. 즉 배움과 관련하여 신경세포의 모양, 시냅스라는 연결 원리에 대하여 살펴보았습니다. 이어서 뇌에서 어떤 경로를 거쳐 배움이 일어나는지에 대하여 알아보았습니다. 이러한 과정에는 '어떻게 하면 잘 배울 수 있는가' 하는 물음에 답하는 비밀이 담겨 있습니다. 자동차의 구조와 원리를 알고 운전을 더 잘하는 방법을 탐색하는 것과 비슷합니다. 다행히 최근의 뇌 과학은 배움의 비밀에 대해 여러 가지 대답을 제시합니다. 지금부터는 그 비밀들을 풀어보도록 하겠습니다.

배움의 스위치가 켜지려면

얼마 전에 저희 학교 선생님 수업을 참관할 기회가 생겼는데 과학 수업으로 특이한 환경에서 사는 동물의 생김새를 알아보는 시간이었습니다. 선생님은 동물이 사는 곳에 따라 생김새와 생활방식이 어떻게 다른지 낙타의 사진 자료를 이용하여 추리해보는 활동을 하였습니다. 낙타의 발은 왜… 왜 그럴까? 낙타의 눈썹은 다른 동물과 달리 매우 긴데 왜 그럴까? 같은 선생님의 질문에 아이들은 사막의 환경에 적응하기 위한 것이라고 대답하였습니다. 낙타의 등에 붙은 혹, 콧구멍, 귓가의 털 등 낙타의 생김새에 대해 관심이 없었던 저로서는 참 재미있는 배움이 일어났던 시간이었습니다. 선생님은 발전학습으로 '만약 이 낙타가 남극에서 살아간다면 생김새는 또 어떻게 달라질까요?'라는 주제로 수업을 이어가셨습니다. 아이들은 사막에서는 발이 빠지지 않기 위해 넓은데, 남극에서는 발 모양이 작고 뾰족하게 생겼을 거라고 이야기하였습니다.

아이들의 이야기를 들으면서 배움이라는 것도 낙타의 기후 적응 과정과 닮았다는 생각을 해보았습니다. 요즘 학교현장에서 유행하고 있는 교육방법 중의 하나가 '하브루타' 교육입니다. 전문가들은 유대인들이 세계 곳곳에서 리더 자리를 놓치지 않는 이유가 그들 특유의 교육방식인 하브루타에 있다고 이야기합니다. 하브루타는 짝을 지어 토론하고 대화하고 논쟁하는 공부법입니다. 유대인들은 철저히 가족 중심의 문화를 이루고 있고, 가족 간의 대화를 매우 중시합니다. 그런 가족 간의 대화가 하브루타이며, 안식일이면 식탁에서 세 시간 이상 대화하는 등 하브루타를 통하여 가족의 행복을 만들어갑니다.

어떠한 환경적인 요인으로 하브루타라는 교육방법이 만들어졌을까요? 마치 낙타가 사막에서 적응하기 위하여 발 모양이 넓어지듯이 특별한 이유가 있었으리라 생각합니다. 2013년 KBS에서 '공부하는 인간'이라는 5부작 다큐멘터리를 방영한 적이 있습니다. 미국 하버드대학교 학생 4명이 세계 각국의 공부 문화를 살펴보는 여정을 담은 프로그램입니다. 이 프로그램에서는 나라별로 학습 방법이 다르다는 것을 이야기하고 있습니다. 문화가 다르면 배움을 바라보는 시각도 다르고 그에 따라 학습 방법이 달라진다는 것입니다. 유대인이 '질문과 토론'이라는 배움의 방식을 택한 이유는 2000년 동안 핍박받으며 떠돌아다니던 역사 속에서 지식의 효용성을 중시했기 때문이라는 것입니다. 효용성 있는 지식이란 오래 남아 자신들을 지켜줄 수 있는 지식인데, 유대인들은 질문에 답하는 토론 과정에서 지식을 자신의 것으로 만들 수 있는 효용성을 발견했고, 그러한 배경이 오늘날의 하브루타로 이어졌던 것입니다.

우리나라 교육의 경우 1970년대부터 사회과 탐구학습에서 토론학습이 유행하였습니다. 특히 가치갈등 수업의 경우 하나의 상반된 가치갈등의 주제를 두고 토론 수업을 많이 했던 시절이 있었습니다. 예를 들어 '휴대폰을 학교에 가지고 다녀도 좋을까?'라는 주제로 찬성하는 입장과 반대하는 입장의 이야기를 들어보고 자신의 가치를 선택하는 것입니다. 그런데 오늘날 선생님들의 토론 수업을 참관하다 보면 1990년대 제가 가치갈등 수업을 하던 시절과 같은 점이 한 가지 있습니다. 아이들이 토론에 몰입하다 보면 학생들 상호 간에 쉽게 흥분하여 이야기를 한다는 점입니다. 특히 자신의 의견에 반대되는 입장을 친구들이 갖게 되면 쉽게 흥분하고, 자신이 좋아하는 친구의 이야기에는 반대를 하지 않습니다. 이러한 사례는 아이들만의 경우가 아닙니다. 우리나라 최고의 지도자를 뽑는 대선 토론회에서도 마찬가지입니다. 상대방 후보가 자신의 의견에 반대 의견을 말하면 쉽게 흥분하는 것은 아이들이나 대통령후보나 마찬가지입니다. 우리나라 사람들이 누군가 자신의 의견을 반대하면 쉽게 흥분하고 토론을 잘 못하는 이유는 여러 가지에서 찾을 수 있겠지요. 그중에 하나가 농경 공동체 문화입니다. '이웃사촌'이라는 단어가 의미하듯이 우리 민족은 예로부터 이웃과 가족처럼 매우 가깝게 지내왔습니다. 먼 옛날 농경 사회의 모습을 생각해보면 가뭄, 도적들의 침입, 질병 등이 중대한 문제였습니다. 풍년이나 흉년은 생존과 직결되는 문제였기 때문에 가뭄을 해결하기 위하여 공동체 구성원 모두의 힘을 모아 둑을 쌓고 저수지를 만들었을 것입니다. 도적들의 침입도 마찬가지였을 것입니다. 먹을 것을 뺏기지 않기 위하여 공동체 구성원이 단결하여 마을을 지켜야 했습니다. 이러한 과정을 거치면서 자연스럽게 개인보다는 공동체의 이익을 우선시하게 되면서 다른 사람의 감정을 먼저 살피는 문화가 만들어졌습니다. 공동체를 이루어 살아야 생존할 수 있었으므로 구성원들의 눈치를 살필 수밖에 없었으며 자연스럽게 다른 사람의 감정을 상하게 하는 말을 피하게 되었습니다.

우리 민족은 이렇게 오랜 시간 동안 생존해 오면서 유대인들과는 다르게 토의나 토론을 통하여 문제를 해결하기보다는 지도자를 중심으로 서로의 감정을 존중하고 양보하면서 일치단결하여 문제를 해결하였습니다. 즉 우리나라 사람들은 유대인이나 서구인처럼 토의나 토론을 잘할 수 있는 유전자를 물려받지 못했습니다. 하지만 두레나 품앗이 등에서 볼 수 있듯이 협력하여 문제를 해결하는 유전자가 우리들에게는 존재합니다. 토의나 토론을 통하여 문제를 해결하기보다 구성원들 간의 협력을 통하여 문제를 더욱 잘 해결할 수 있는 유전자를 가지고 있는 사람들이 바로 우리입니다.

우리가 무엇인가 잘 할 수 있기 위해서는 유전자의 스위치가 켜져야 합니다. 이전 장에서 배움이 일어나려면 단백질이 합성되어야 한다는 이야기를 드렸습니다. 단백질 합성을 위해서는 2차 전달분자의 자극에 의하여 유전자가 켜져야 합니다. 창의적인 문제 해결을 위해서 유대인들은 토의나 토론이 유전자를 켜는 방법이고, 우리나라 사람의 경우 협력하여 문제를 해결할 때 유전자가 잘 켜집니다. 우리들은 이것을 본성이라고 합니다. 이처럼 민족에 따라 배움의 유전자 스위치가 다릅니다. 우리 아이들은 협력, 도전할 때 아이들의 배움 유전자가 잘 켜집니다. 배움의 비밀이라는 것은 나라마다, 민족마다 아이들에게 배움이 잘 일어날 수 있는 본성이 다름을 인정하고, 우리 아이들에게 배움이 보다 잘 일어날 수 있는 적합한 교육의 방법을 찾아보자는 것입니다. 이 장에서는 우선 배움이 일어났을 때 우리 뇌 속에서 어떤 형태로 존재하는가를 유추해 보고, 구체적인 배움의 방법들을 찾아보도록 하겠습니다.

다만 여기에서부터 실린 글의 상당 부분은 학교 SNS를 활용하여 학부모님과 선생님께 편지의 형식으로 저의 생각을 적은 내용입니다. 2년여에 걸쳐 배움에 관련된 저의 생각들을 SNS에 올렸습니다. 많은 학부모님과 선생님들의 응원이 있었고, 그 힘으로 지금 이 글을 쓰고 있다고 생각합니다. 저의 순수하고 솔직한 심정을 독자들에게 전달하기 위하여 재편집하지 않고 SNS의 원문 그대로 올리도록 하겠습니다.

배움은 링크로 만든 그물망이다

🔒_ 비밀 1

배움의 첫 번째 비밀 이야기를 해보겠습니다. 배움의 첫 번째 비밀은 우리가 배운 내용들이 뇌 속으로 들어가면 어떤 모양으로 존재할까에 대한 생각입니다. 제목에서 알 수 있듯이 우리가 배운 내용 내용들은 과거의 경험에 링크되어 존재합니다. 보다 구체적인 모습을 아래의 편지글을 통하여 알아보도록 하겠습니다.

배움은 그물망이다

벌써 가을이 온 걸까요? 요즘 하늘을 보면 '파란 빛이란 이런 거구나' 하고 실감이 납니다. 가지각색 구름들이 파란 호수를 벗 삼아 노닐고 있는 모습이 가을이 옆에 성큼 다가왔음을 제일 먼저 알려주고 있습니다. 그동안 저의 교육에 대한 생각들을 성찰해보는 시간이었습니다. '우리 아이들의 배움이 어떻게 일어날까'라는 주제로 이야기를 이어가 보겠습니다.

그 첫 번째 이야기로 배움의 기본 단위에 대하여 말씀드리도록 하겠습니다. 고등학교 시절 독서실에서 친구와 함께 열심히 시험 준비를 하였습니다. 그런데 친구는 시험을 잘 보았고 나는 망친 사례를 한 번 떠올려보시기 바랍니다. 친구와 똑같이 공부했는데 왜 나만 시험을 망쳤던 걸까요? 친구의 기억력이 좋아서일까요? 아니면 수업시간에 친구는 선생님의 말씀을 잘 듣고 나는 놀아서일까요? 만약 시험 준비 시간의 양, 주의집중, 기억력에 전혀 차이가 없는데 내가 시험을 망쳤다면 그 이유는 무엇일까요?

아마 이 물음에 대한 답이 초등학교 교육이 강조해야 할 우선순위를 결정하는 데 있어서 중요한 요소라고 생각합니다. 먼저 정답을 말씀드리고 이야기를 이어가겠습니다. 정답은 '정보의 양'입니다. 과거에 체험, 독서 등 여러 가지 배움을 통하여 저의 뇌에 기억된 정보의 양이 친구보다 적어서 시험을 망칠 수밖에 없었습니다. 이 말은 가볍게 읽어보면 쉽게 여겨지지만 자세히 생각해보면 엄청난 비밀을 담고 있습니다. 그 비밀을 지금부터 이야기해보겠습니다.

우리는 오늘도 나의 시각, 청각, 체감각 등 오감을 통하여 무엇인가 계속 배우고 있습니다. 원격 연수로 바리스타 교육을 받고 있고, 친구들과 카페에서 아이들의 바른 성장에 대하여 토론도 벌이고 있습니다. 무엇인가 배움이 시작되면, 시각이나 청각 등 오감으로 들어오는 정보가 뇌 속에 입력이 되면 제일 먼저 우리 뇌의 전전두엽이 오늘 새로 들어온 배움이 과거에도 있었나 하고 샅샅이 검색을 시작합니다. 영어회화를 스마트폰으로 공부하기 위하여 애플리케이션을 찾는 것과 마찬가지입니다.

전전두엽이 감각에 새로 들어온 정보와 관련하여 찾기 기능을 수행하면 목록이 보이겠죠. 그 목록에 새로 들어온 정보를 추가하게 됩니다. '당신이 가장 좋아하는 꽃은 무엇일까?'라는 질문이 뇌에 입력이 되면 과거에 보았던 꽃들의 목록이 펼쳐지고 그 중에 나의 느낌이 좋았던 꽃의 이름을 나는 답하게 되는 것입니다. 우리 뇌와 스마트폰 검색도구의 목록의 결정적인 차이는 연결입니다. 스마트폰 목록을 클릭하면 해당 분야로만 이동을 합니다. 즉 A를 누르면 B가 나옵니다. 하지만 우리 뇌의 연결은 그물처럼 되어 있습니다. A가 B에 연결되어 있고, A가 E에도 연결되어 있습니다.

어렸을 때 제가 살던 집 근처에는 커다란 냇가가 있었습니다. 비만 오면 그물을 가지고 나가서 고기를 잡곤 했습니다. 고기를 잡을 때의 추억 중 하나는 부러웠던 친구의 그물이었습니다. 매우 튼튼하고 제가 가진 것보다 면적이 훨씬 넓은 그물이었습니다. 당연히 친구가 고기를 더 많이 잡았겠죠. 배움도 마찬가지입니다. 과거에 체험, 독서 등으로 많은 정보를 가진 사람은 새로운 정보가 들어가면 바로 연결이 되어 보다 더 큰 새로운 그물망을 형성합니다. 반대로 그물이 작거나 없다면 제가 어렸을 때 가진 그물처럼 새로 배운 지식을 뇌가 연결하지 못하고 사라져버릴 것입니다.

결국 배움이라는 것도 빈익빈 부익부입니다. 가난한 사람은 더욱 가난하게 되고 부자는 더욱 부자가 된다는 이야기입니다. 튼튼하고 커다란 그물을 가진 사람은 학습에 많은 시간 투자를 하지 않아도 시험성적이 좋고, 회사에 입사해서는 누구보다도 창의적인 프로젝트를 잘 만들 수 있습니다. 제가 학교에서 독서를 강조한 이유가 여기 있습니다. 어렸을 때 독서를 많이 하면 튼튼한 그물망을 만들 수 있습니다. 아이들이 성장하면서 새롭게 배우게 되는 지식들이 그 튼튼한 그물에 걸려 도망가지 않고, 아이들의 지혜로 자라 훌륭한 인재가 되는 밑거름이 되리라 생각합니다.

오늘은 '우리가 배운 내용은 과거 비슷한 경험에 거미줄처럼 연결되어 존재한다'는 말씀을 드렸습니다. 다음 시간에는 그림을 통하여 배움의 그물망 모양을 자세히 알아보도록 하겠습니다.

배움 그물망의 모양과 크기

여름방학 중에 학교 도서관을 열심히 찾아 준 친구들에게 상장을 주었습니다. 그중에 1학년 1명, 3학년 1명, 4학년 1명은 도서관을 매일 찾아주었다고 합니다. 특히 그 친구들 중에서 1학년 아이의 얼굴을 찬찬히 들여다보았습니다. "도서실에 오면 좋아요?"라고 질문을 했더니 입가에 옅은 미소가 흐르면서 고개를 끄덕였습니다. 참 예뻐 보였습니다. 이 친구의 먼 미래가 기대됩니다.

지난번 '배움은 그물망과 같다'라는 주제로 이야기를 드렸습니다. 오늘은 구체적으로 배움 그물망의 모양에 대해서 알아보도록 하겠습니다. 현대 뇌 과학은 첨단 장비의 도움을 받아 실시간으로 뇌 스캔을 할 수 있습니다. TV를 보면 머리에 전극을 붙이고 FMRI 등으로 사진을 촬영하는 장면이 나옵니다. 즉 우리가 무엇인가 배우고 있을 때 뇌를 촬영하여 실시간으로 나의 머릿속 풍경을 감상할 수 있는 시대에 돌입했습니다. 뇌 과학자들이 이런 방법으로 배움이 뇌에서 일어나는 과정을 연구하고 있습니다.

우선 배움은 그물망이라는 표현을 했는데, 정확히 표현하면 신경망의 재구성입니다. 우리가 기차라는 단어를 떠올리면 무궁화호 열차, 고속전철, 기차에서의 친구와 경험, 친척을 방문했던 일이 거미줄처럼 연결되어 이미지로 떠오릅니다. 바로 그 연결이 신경망이며 배움의 단위라고 할 수 있습니다. 가족과 함께 기차 여행을 한다면 기차라는 신경망 단위에 여행을 하면서 얻은 경험들이 연결되는 것입니다. 이와 같이 기차에 대하여 책을 읽거나 기차를 타본 경험이 많은 학생들은 '기차'라는 신경망 단위가 매우 클 것이고, 기차를 보거나 타본 적이 전혀 없는 아이들이 선생님에게 '기차'를 배운다면 어떻게 될까요? 그 아이의 뇌에 작은 단위의 신경망이 만들어집니다. 신경망이 작으면 곧 기억에서 사라져버릴 가능성이 매우 큽니다. 위의 내용을 아래의 그림을 보면서 좀 더 자세히 설명 드려 보겠습니다.

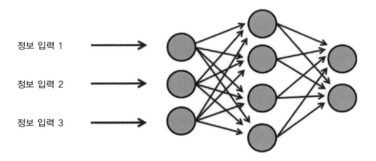

* 정보가 입력되면 신경세포들이 시냅스라는 연결을 통하여 그물망을 형성한다

A라는 친구가 처음으로 책에서 기차를 보았다고 가정을 하면

책에서 보았던 기차 관련 내용이 입력 1이 되어 하나의 신경망을 구성하게 됩니다. 다음에 고속전철에서 친구와의 경험은 입력 2가 되어 입력 1에서 만든 신경망에 연결됩니다. 카페에서 친구가 기차 여행 경험을 들려주면 그 이야기는 입력 3이 되어 기차라는 신경망에 추가가 됩니다. 이런 과정을 거쳐 아이들에게 배움의 단위가 만들어지게 되는 것입니다. 이런 이유로 사람에게는 배움의 큰 단위와 작은 단위들이 혼재하여 존재하고 있습니다. 다만 특정 영역에 경험이 많으면 그 분야의 배움의 단위는 커지게 되는 것입니다. 그렇기 때문에 한 분야에서 오랫동안 전문적인 지식과 기술을 익히면 전문가가 되는 것입니다.

'티핑 포인트'로 유명한 작가 맬컴 글래드웰(Malcolm Gladwell)은 2008년 펴낸 저서 『아웃라이어』에서 '1만 시간의 법칙(10,000-Hour Rule)'을 소개했습니다. 10년, 즉 1만 시간 동안 꾸준히 연습하면 최고에 다다를 수 있다는 내용입니다. 물론 비판도 있지만 꾸준한 연습과 노력은 특정 분야의 전문가가 되게 하는 지름길이라 생각합니다.

초등교육과 관련하여 배움의 단위, 즉 신경망의 형성에서 얻을 수 있는 시사점은 무엇일까요? 초등학교 단계에서 배움의 큰 단위를 이루기는 어려울 것입니다. 다만 작은 배움의 단위를 누가 얼마나 많이 만들 수 있는가가 중요합니다. 생활체육 동호회에서 운동을 잘하는 사람을 보면 한 가지 공통점이 있습니다.

저는 테니스를 좋아하는데 테니스도 마찬가지입니다. 우리 동호회에 테니스 실력이 아주 좋은 사람이 있는데 과거의 경험을 물었더니 초등학교 다니면서 6개월 동안 테니스를 배웠다고 합니다. 초등학교 시기 테니스의 작은 배움의 단위가 성인이 되어 테니스를 시작하자 큰 배움의 단위로 도약할 수 있는 계기가 되었던 것입니다. 이처럼 초등학교 시기에는 독서 등 여러 가지 경험을 통하여 작은 배움의 단위들을 최대한 많이 만들어 놓아야 합니다. 그 작은 배움의 단위가 성인이 되면서 조금씩 커다란 배움의 단위가 되어 이 사회를 아름답게 만들 인재가 탄생하리라 생각합니다. 다음 시간에는 배움의 그물망이 원양어선처럼 매우 컸던 다산 선생님의 이야기를 통하여 배움에 대해서 더 깊이 들어가 보겠습니다.

배움 그물망이 큰 사람들

배움의 단위에 대하여 생각을 하다 보니 우리 조상 중에 다산 정약용 선생님이 떠오릅니다. 다산 선생님은 18세기 실학사상을 집대성한 한국 최고의 실학자로 알려져 있습니다. 특히 선생님을 떠올리면 강진에서의 귀양살이가 생각나지 않을 수 없습니다. 귀양살이가 본인에게는 좌절이었겠지만 사실 최고의 실학자가 되는 밑바탕이었다고 생각합니다. 그는 정치, 경제, 사회,

문화, 의학 등 다양한 분야에서 508권의 책을 집필하였습니다. 그의 책들을 종합하면 백과사전이라 할 만큼 다양한 영역에서 저술활동을 하였습니다.

　다양한 분야에서 이렇게 많은 책들을 저술할 수 있다니 참으로 놀랍습니다. 물론 뛰어난 재능을 가진 분이라는 사실을 인정하면서도 다산의 그 많은 저술 활동을 가능하게 했던 배움의 구체적인 방법이 궁금했습니다. 다음의 그림들을 보면서 다산의 배움에 대하여 생각해 보겠습니다.

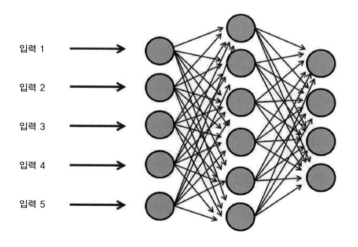

* 많은 정보가 입력되면 큰 그물망이 만들어진다

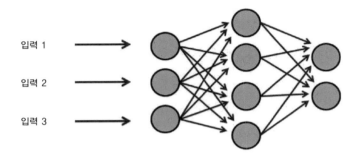

    첫 번째 그림의 경우는 어릴 때부터 책을 즐겨 읽어 많은 정보가 입력되었던 다산의 뇌가 아닐까 생각합니다. 다산은 1762년 6월 16일, 진주 목사를 지낸 아버지 정재원과 고산 윤선도의 손녀인 어머니 해남 윤씨 사이에서 4남 2녀 중 4남으로 태어났습니다. 어린 시절 다산이 책을 즐겨 읽었다는 사실은 다음 예화에 나타나 있습니다. (예화는 이수광 작가의 『공부에 미친 16인의 조선 선비들』의 내용을 약간 수정하여 사용하였습니다.)

    4대 실학자라고 불리는 이서구가 대궐로 돌아가는 길에 한 소년을 만났습니다. 소년은 책을 당나귀에 잔뜩 싣고 북한사(北漢寺)로 올라가고 있었습니다. 이서구는 10일 후에 고향으로 내려

가다가 그 소년을 다시 만났습니다. 소년은 당나귀에 책을 잔뜩 싣고 북한사에서 내려오고 있었습니다.

"너는 무엇을 하는 소년인데 당나귀에 책만 싣고 돌아다니느냐?"

"책을 읽고 절에서 내려오는 길입니다."

"그래 무슨 책을 읽었느냐?"

"강목(剛目)입니다."

강목은 송나라 때 사마천이 집필한 자치통감을 주희가 번역하고 해석한 책입니다.

"강목(剛目)을 열흘 만에 어찌 다 읽을 수 있단 말이냐?"

"읽은 것이 아니라 외웠습니다."

다산의 뇌는 어린 시절부터 수많은 책을 즐겨 읽었습니다. 그래서 입력된 배움들이 서로 연합하고, 부딪히면서 새로운 정보를 만들어내고 그 많은 저술활동을 할 수 있었습니다. 반면에 위의 두 번째 그림은 어떻습니까? 첫 번째 그림에서와 달리 입력된 정보가 첫 번째 그림보다 현저하게 적어 연결의 개수가 적음을 나타내고 있습니다. 결국, 많은 배움이 저장된 다산과 같은 뇌에서 새로운 생각이 나올 수 있고, 창조적인 작업이 가능합니다.

오늘은 조선의 실학을 집대성한 정약용 선생님의 사례를 통하여 배움의 큰 그물이 만들어지는 과정에 대하여 말씀을 드렸습니다. 가끔 학교 명상 숲에서 프로젝트를 하고, 독서를 하는 우리 아이들을 보고 있으면 어느새 내 마음도 꽃구름으로 가득함을 발견하곤 합니다. 이렇게 책을 좋아하는 우리 아이들이 배움의 큰 그물을 만들어 미래의 다산 선생님이 되리라 확신합니다.

작은 그물망이 많아야 한다

얼마 전 학교 명상 숲에서 교장 선생님과 함께하는 꿈知樂 프로젝트를 열심히 하고 있는 1학년 아이를 만날 수 있었습니다. 그 아이는 꽃잎 한 장을 크게 확대해서 색연필로 색칠하고 있었습니다.

"무엇을 그리고 있니?"

"물수선화 꽃잎 한 장을 그리고 있어요."

"꽃잎에는 몇 가지 색깔이 보이니?"

"처음에는 흰색이었는데, 한 장만 놓고 보면 노란색도 있고, 보라색도 섞여 있어요."

이 친구에게서 관찰의 방법에 대한 그물망이 조금씩 만들어지고 있는 모습이 보였습니다. 여기서 잠깐 꿈知樂 프로젝트를 소개하면서 오늘 이야기를 시작하겠습니다. 꿈知樂 프로젝트는 어떻게 하면 아이들이 관찰을 잘 할 수 있을까 하는 고민으로 시작했습니다. 저학년 과정은 아이들이 꽃의 모양을 자세히 살펴보는 14차시 프로그램으로 구성되어 있습니다. 고학년 과정은 정점 관찰 프로그램으로 구성되어 있는데, 아이들이 한 가지 식물을 정하여 일주일 간격으로 같은 시간, 같은 장소에서 변화 과정을 살펴보는 프로그램으로 구성하였습니다. 많은 우리 아이들의 참여를 바라 봅니다.

이전 글에서 다산 정약용 선생님의 큰 배움의 그물망에 대하여 말씀드렸습니다. 500여 권의 저술이 가능할 수 있었던 이유는 어린 시절 독서습관이라는 말씀을 드렸습니다. 오늘은 배움의 작은 그물망 중의 하나가 재능이라는 이야기를 해보도록 하겠습니다. 우선 다음 그림을 보면서 배움의 작은 그물망이 무엇인가에 대해서 알아보도록 하겠습니다.

아이들이 학교에서, 일상생활에서 경험한 내용들은 배움의 작은 그물망이 됩니다. 다만 다음 그림에서 보는 것처럼 A라는 학생은 작은 그물망을 많이 가지고 있고, B라는 학생은 그물망의 개수가 A의 학생에 비해서 현저하게 적습니다.

A학생

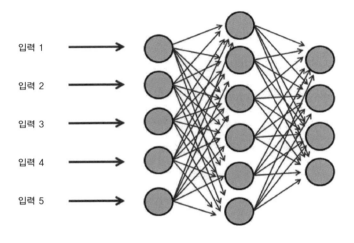

입력 1 →
입력 2 →
입력 3 →
입력 4 →
입력 5 →

B학생

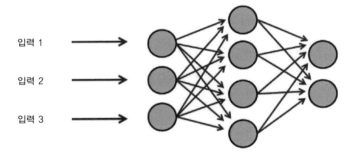

입력 1 →
입력 2 →
입력 3 →

이와 같이 작은 그물망을 많이 만들다 보면 내가 좋아하는 것을 발견하게 됩니다. 좀 더 과학적으로 이야기를 하자면, 나의 재능과 관련된 유전자가 켜지게 됩니다. 유전자에는 부모로부터 물려받은 정보, 재능 등 모든 것이 담겨져 있습니다. 작은 그물망이 나의 재능 유전자와 만나게 되었을 때, 드디어 내가 잘하는 분야가 만들어지고, 정약용 선생님처럼 그 분야에 노력이 더해지면 전문가로 성장하게 됩니다.

하지만 배움의 작은 그물 개수가 적으면 어떻게 될까요? 운이 좋아 나의 재능 유전자와 만날 수도 있지만 그럴 확률은 매우 낮습니다. 유전적 재능 중 바이올린에 천부적인 소질을 가지고 태어났다 해도 초등학교 시절 작은 그물이 만들어져 유전자와 만나지 않는다면 그런 재능이 존재하는지도 모르고 생을 마치게 됩니다. 이런 이유로 초등학교 교육에서는 여러 분야의 다양한 경험을 통하여 작은 그물을 많이 만들어 보아야 합니다.

작은 그물을 많이 만드는 방법에는 여러 가지가 있을 것입니다. 부모님과 여행, 학교에서 체험활동을 통하여 만들 수도 있습니다. 하지만 수많은 경험을 언제 다 하겠습니까? 가장 좋은 방법은 간접경험이겠죠. 이런 이유로 독서는 작은 그물을 많이 만들 수 있는 가장 효과적인 방법입니다. 지금 글을 쓰고 있는 이 순간에 토요일 독서몰입교실에 참여하고 있는 아이들 모습이 SNS에 올라왔습니다. 좀 더 많은 학생의 참여를 바라 봅니다. 책을 읽는 모습 중에 가장 아름다운 모습은 부모님과 함께 읽는 모습입니다. 우리 아이들에게 책을 읽으라고 강요하기보다는 1주일에 한 번이라도 책상에 서로 마주앉아 독서 여행을 떠나보면 어떨까요? 다음 시간에는 작은 배움의 그물이 큰 그물이 되기 위한 배움의 임계치가 존재한다는 주제로 이야기를 이어가겠습니다.

큰 그물망이 만들어지려면

새벽에 산책을 하다 보면 계절의 변화를 가장 빠르게 느낍니다. 벌써 가을이 다가왔는지, 엊그제만 해도 분주하며 습했던 바람이었는데 고운 새벽 햇살과 함께 간지러운 바람이 되어 온몸 구석구석에 다가옵니다. 이렇게 가을이 되면 우리 아이들이 교정에서 국화 향기를 찾아서 이곳저곳 뛰어다니고, 가지에 열린 가을 열매에 이름을 지어주는 아름다운 학교를 꿈꾸어 봅니다.

이전 글에서는 배움의 작은 신경망을 많이 만들다 보면 자기 재능을 발견할 수 있다는 이야기를 전해드렸습니다. 오늘은 배움의 '임계치'가 존재할까에 대해서 고민해보고자 합니다. 물리학에서 어떠한 현상이 나타나는 경계의 값을 말할 때 임계치라는 용어를 사용합니다. 슬픈 드라마나 영화를 보면 가끔 눈물이 나는 경우가 있습니다. 눈물 나기 전 바로 그 순간을 임계치라

합니다. 슬픈 영화를 보면 감정이 쌓이게 되고, 그 감정이 임계치를 넘게 되면 눈물이나 울음으로 변하게 되는 것입니다.

우리의 생활 속에서도 임계치는 다양하게 존재합니다. 이 가을이 지나면 곧 겨울이 오겠지요. 겨울에 내리는 눈을 생각하면 임계치가 쉽게 이해가 됩니다. 나뭇가지에 송이송이 눈들이 계속 쌓이면 가지는 점점 휘어지겠지요. 마침내 가지가 부러지려면 한 송이 눈이 더 내려 주어야 합니다. 주전자에 물을 끓이면 95도에서는 절대로 끓는 물을 얻을 수가 없습니다. 5도가 더해져 100도가 되었을 때 물이 끓기 시작합니다. 그 5도가 임계치입니다.

우리의 모든 생활에 임계치가 존재하듯 배움에도 임계치가 존재합니다. 이전 글에서 작은 배움을 여러 개 만들다 보면 나의 유전자정보와 부합하는 배움의 작은 그물망을 만들 수 있다는 말씀을 드렸습니다. 그 작은 배움의 그물망을 큰 배움의 그물망으로 만들기 위해서는 자기의 임계치를 극복해 내야 합니다. 그림을 보면서 더 자세히 이야기해보도록 하겠습니다.

다음 그림은 배움의 큰 그물을 어떻게 형성하는가를 잘 보여줍니다. 일단 사각의 그림을 배움의 작은 단위라 생각하고, 가운데 원의 그림을 배움의 큰 단위라고 가정을 해보겠습니다. 작은 배움의 단위들이 어느 순간 연합하여 지식의 빅뱅이 일어나는 순간이 있습니다. 임계치란 바로 그 순간을 의미합니다. 해당 분야에서 큰 배움을 이루고 싶다면 작은 배움의 단위들이 연합하는 그 순간까지 노력하고 또 노력해야 합니다.

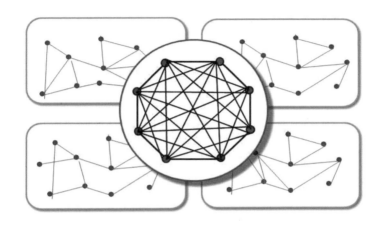

* 배움의 작은 단위가 많아야 큰 단위의 배움도 만들어질 수 있다

교육도 마찬가지입니다. 우리 선생님들은 모두가 교육 전문가라는 큰 배움을 꿈꾸며 오늘도 연수도 받고, 교육과정도 살펴봅니다. 혹자는 어느 한 분야에 10년을 근무하면 전문가가 된다고 이야기를 하지만 현실은 그렇게 단순하지 않습니다. 학교생활을 하다 보면 일주일에 책 몇 줄 읽기도 대단히 힘이 듭니다. 우리들이 하는 일은 사람과 사람의 관계를 맺는 일입니다.

그 관계의 기초 위에 수업이라는 현상이 존재합니다. 사람과 사람의 관계에 많은 시간을 보내야 하는 직업은 감정을 많이 사용하게 됩니다. 그러므로 에너지를 빨리 소진하게 됩니다. 이렇게 소진된 에너지를 다시 회복하기 위한 답도 아이들과의 관계에 있습니다. 아이들의 마음속 풍경을 들여다보고 싶은 열망, 그 마음속 풍경에 조그마한 불씨를 만들고자 하는 나의 비전이 소진된 에너지를 극복하고, 신규교사 시절의 교육 열정을 다시 찾아줄 수 있는 길이 아닌가 생각합니다.

아이들 마음을 들여다보고 열정을 다시 찾고 싶다면 독서만이 해답입니다. 어떤 사람은 교육 분야의 전문서적 500권, 1000권 이상을 읽으면 교육의 현상에 대한 종합적인 그림이 보인다는 이야기들을 합니다. 즉 전문가가 된다는 것입니다. 하지만 저는 독서의 양도 중요하지만 어떻게 읽느냐가 문제라고 생각합니다. 5년 전 연구회 선생님들 몇 분이서 책 읽기 모임을 만들었습니다. 일주일에 2권씩 읽고, 요약하여 발표하는 모임이었습니다. 이 모임을 1년 정도 하면서 저의 독서법에 변화가 생겼습니다. 책을 읽고 저에게 감동을 준 문장들을 원문 그대로 적어 보는 독서법이었습니다. 일명 정약용 선생님의 초서 방법입니다. 정약용 선생님은 책을 읽고 중요한 내용을 원문 그대로 적어 보고, 자기의 생각을 비교하여 각주 형식으로 달아 보는 독서법을 사용했습니다. 저도 이 방법으로 독서를 하면서 어떤 책은 A4용지 50여 장을 기록하기도 하였습니다. 지금도 가끔 학교생활이 어려울 때는 파커 J. 파머 교수의『가르칠 수 있는 용기』를 꺼내서 다시 읽어보곤 합니다. '가르친다는 것은 내 영혼에 거울을 들이대는 행위이다'라는 문장이 어느새 저의 교직생활의 등대로 자리 잡아 제가 어디로 가야 할 것인가를 알려 주고 있습니다.

오늘은 큰 배움이 일어나기 위해서는 '임계치'를 넘어야 한다는 이야기를 전해드렸습니다. 결국 전문가와 범인의 차이는 종이 한 장의 차이입니다. 그 종이 한 장의 임계치를 넘기 위해서는 어느 분야든지 열정과 노력이 뒷받침되어야 합니다.

감정이 배움을
색칠한다

•

•

🔒_ **비밀 2**

배움의 임계치를 극복하기 위해서는 어떻게 해야 할까요? 배움의 비밀 2에서는 그 해답이 감정에 있음을 이야기하고자 합니다. 배움의 비밀 1에서 배움의 모양에 대해서 말씀드렸습니다. 배움의 모양에는 작은 단위와 큰 단위가 있습니다. 작은 단위가 모여서 큰 단위를 만드는데, 그 결정적인 조건은 임계치를 뛰어넘는 것입니다. 임계치를 뛰어넘기 위해서는 감정을 잘 조절하는 힘이 절실히 필요합니다. 이 장에서는 감정의 모양을 살펴보고, 감정 조절을 잘 하기 위한 방법들을 살펴보겠습니다.

감정과 배움의 실시간 연결

오늘은 여자 스포츠클럽 축구 대회에 다녀왔습니다. 금년에 스포츠에 대단한 열정을 갖고 계신 선생님이 오셨습니다. 그 선생님은 운동을 통해 인성과 창의성이 길러진다는 확신을 갖고 계십니다. 언젠가 4교시에 선생님이 교장실을 방문했는데 점심시간도 잊고 운동, 놀이의 교육적 효과에 대하여 이야기한 적이 있습니다. 선생님이 오셔서 가장 달라진 것은 운동장 풍경입니다. 아침에 출근해서 운동장을 바라보면 여자 친구들이 축구를 하고 있습니다. 중간놀이 시간에는 남자 친구들과 족구를 하고 계십니다. 자투리 시간에 틈틈이 익힌 재주로 학교대항 스포츠클럽대회에 참여하십니다. 오늘 여자 축구는 그 선생님의 열정으로 우리 아이들이 참여하게 되었습니다.

이웃 학교와의 경기를 관전하면서 응원하러 오신 학교 선생님과 아이들의 변화 모습에 대하여 여러 가지 이야기를 나누었습니다. 그중에 우리의 눈을 유난히 사로잡는 아이가 한 명 있었습니다. 경기를 하면서 친구들을 격려하는 목소리가 응원석까지 들립니다. 그러던 중 상대편 친구의 반칙으로 그 아이가 넘어졌습니다. 한참 동안 일어서지 못했습니다. 안타까운 마음으로 보고 있었는데 울면서 일어나는 것이었습니다. 경기를 포기하고 밖으로 나올 법한데 울면서 끝까지 뛰는 모습을 보고 저도 가슴이 울컥해졌습니다. 사실 그 아이는 우리 학교 선생님들이 가장 많이 힘들어했던 아이였습니다. 부모님은 이혼하고 오빠와 단둘이 살고, 가끔 엄마가 보살피러 집에 오신다는 이야기를 담임 선생님께 들을 수 있었습니다. 아침에 챙겨주는 보호자가 없어서 지각이나 결석을 자주 하는 아이였습니다. 그런 아이가 아침 8시면 학교 운동장에서 신나게 뛰고 있는 모습을 보면서 우리 아이들을 달라지게 만드는 결정적인 힘은 '선생님의 열정'임을 또다시 깨닫게 됩니다. 아마 저의 가슴 속에 지워지지 않는 추억으로 남을 아이와 선생님이라 생각합니다. 저에게 있어 오늘 스포츠클럽 축구대회는 선생님에 대한 감사함, 아이에 대한 미안함이 뒤범벅이 되어 제가 그들과 한 가족임이 자랑스러웠고, 조금씩 쉬어가고 싶은 저의 마음을 가다듬는 시간이었습니다.

오늘은 축구경기를 보면서 아이들이 자랑스럽고, 선생님께 고마운 저의 감정을 사례로 이 장의 주제인 배움이 감정에 의해 실시간으로 색칠되고 있는 모습을 그려보고자 합니다. 여러 아이들이 축구경기를 하는데 특별히 위에서 언급한 ○○ 어린이가 경기하는 모습에서 제가 눈을 떼지 못했던 이유는 무엇일까요? 이전 글에서 언급했지만 저의 주의(Attention) 속에 그 아이의 존재가 크게 자리 잡고 있어서입니다. 그 아이가 학교생활에서 힘들어하던 모습이 떠올라 저의 주의를 계속 잡아두고 있었을 것입니다. 다음 그림을 보면서 구체적인 설명을 이어가겠습니다.

A

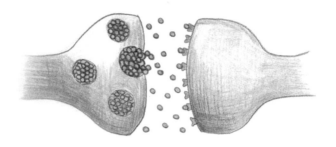

B

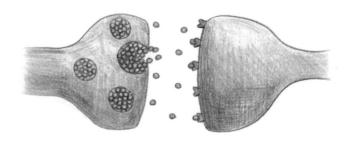

* 신경전달물질 양이 배움을 결정한다

그림 A와 그림 B를 비교해보면 그림 A에서 많은 양의 신경전
달물질이 방출되었습니다. 실시간으로 우리의 오감을 통하여

들어오는 정보의 종류는 수없이 많지만, 정보에 따라 A처럼 신경전달물질이 많이 방출되는 신경세포도 있고, 그림 B처럼 작은 양의 신경전달물질이 방출되는 신경세포가 존재합니다. 오늘 축구경기에서라면 그림 A는 ○○가 넘어져 다친 일이나 골을 넣었던 장면이겠지요. 나머지 축구경기의 작은 사건들은 그림 B라고 생각합니다. 그림 B의 내용들은 단기기억으로 곧 배움에서 사라질 것이고, 그림 A의 내용만 오랫동안 저의 배움에 남아 있을 것입니다. 이처럼 감정은 신경전달물질의 양을 증가시켜 나에게 배움으로 남을 것인가, 아니면 사라질 것인가의 실질적인 열쇠를 가지고 있다고 보아야 합니다.

감정이 배움에 실시간으로 연결된다는 것을 다음 그림을 보면 보다 명확하게 알 수 있습니다. 일반적으로 뇌 과학자들은 편도체(Amygdala)에 의해 감정이 만들어진다고 이야기합니다. 편도체는 해마의 끝부분에 달려 있는 아몬드 모양의 작은 구조물입니다. 다음 그림을 보면서 제2장에서 말씀드렸던 기억의 경로를 기억해주시기 바랍니다. 우리에게 처음 입력된 정보는 망막을 거쳐 시상, 감각피질, 연합영역, 해마의 경로를 따라 이동합니다. 특히 처음 접한 정보는 다중감각연합영역을 지나 내후각피질로 이동하게 되고 해마(Hippocampus)의 치상핵, CA3, CA1의 구역을 지나 내후각 피질, 연합영역으로 이동하여 저장하게 됩니다.

〈배움의 전달경로〉

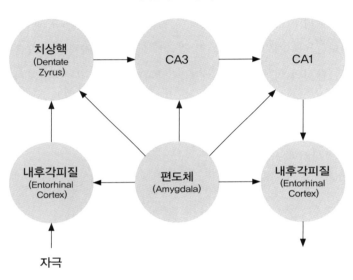

  오늘 ○○가 넘어져 다친 일이 저에게 기억되는 과정을 살펴
보겠습니다. 아이가 운동장에서 넘어졌을 때 그 모습이 시각의
수정체에 비치고 망막의 시신경에서 활동전위로 바뀌어 시상,
시각피질, 감각연합영역, 내후각피질, 해마의 치상핵 등 여러
과정을 거쳐 나의 뇌에 저장이 됩니다. 위의 그림을 보면 아이
가 다친 모습이 나의 뇌에 기억되는 과정에서 감정을 다스리는
편도체와 계속해서 연결되는 모습을 볼 수 있습니다. 즉 배움이

라는 것은 실시간으로 감정과 연결되어 있습니다.

오늘은 감정이 시냅스에서 신경전달물질의 양을 조절하고, 실시간으로 기억과 연결되어 있음에 대하여 이야기해 보았습니다. 감정의 양에 의하여 배움은 남아있기도 하고, 사라지기도 합니다. 또한 배움의 큰 단위를 만들 수 있는 결정적인 동력이 되기도 합니다. 다음 시간부터는 감정과 배움의 연결에 대해서 더 자세히 살펴보겠습니다.

감정을 알아야 하는 까닭

"여보 오늘은 술 먹지 말고 일찍 들어오세요. 아이들이 아빠 얼굴 기억을 못 하겠어요." 매일 늦는 남편을 향해서 아내가 볼 멘소리를 합니다. 하지만 오늘 또 남편은 모임 때문에 늦습니다. 결혼 초에는 늦게 들어오라고 해도 일찍 들어오던 남편이었습니다. 아이도 마찬가지입니다. 학교에서 돌아오면 숙제를 하고 다음 일을 하라고 자주 이야기하지만 엄마 말을 듣지를 않습니다. "내가 쇠귀에 경을 읽지."라고 자조 섞인 한숨만 쉽니다. 이런 이야기는 어느 집에서나 볼 수 있는 흔한 장면입니다. 남편과 아이가 아내의 뜻대로 잘 움직이지 않는 이유는 무엇일까요?

사람을 생각할 때 먼저 떠오르는 말은 '인간은 이성적인 동물이다.'입니다. 인간이 이성적인 동물이라는 것은 데카르트의 철학에서 유래하였습니다. "나는 생각한다. 고로 존재한다."라는 데카르트의 이야기를 고등학교 때 배웠을 것입니다. 이 말을 다르게 해석하면 '생각을 할 수 없으면 존재하지 않는다.'와 같은 의미이겠죠. 즉 생각을 할 수 없는 사람은 인간이 아니라는 이야기입니다. 이런 논리에 의하여 남편과 아이의 이야기를 조금 과장하면 어떻게 될까요? 남편은 술을 먹지 않고 집에 일찍 들어와야겠다고 아내에게 이야기합니다. 즉 아내의 생각을 이해하고, 본인도 그렇게 생각합니다. 하지만 본인의 행동으로 옮기지 못합니다. 아이들도 마찬가지입니다. 정답은 알지만 실행으로 옮기지 못하는 아이들이 많이 있습니다. 그럼 데카르트의 논리에 따르면 남편과 아이는 사람이 아닐까요? 왜 사람들은 머리로 생각하는 것을 몸으로 실행하지 못할까요?

이런 문제의 해답을 찾아가는 것이 감정에 대한 공부라고 저는 생각합니다. TV 드라마를 보면서 가끔 이런 대사를 들어 보았을 것입니다. "머리로는 이해가 되는데 마음이 움직이지 않아." 학교에서도 마찬가지입니다. 아이들의 거친 행동을 보면 머리로는 "사춘기 초기에 저런 행동을 할 수도 있어."라고 이해하지만 마음 한구석에서는 화가 치밀어 오릅니다. 어쩌면 우리 모두는 나의 감정을 잘 다스리는 일이 가장 힘들다는 것을 잘 알고 있습니다. 감정을 잘 다스리기 위해서는 감정이 무엇인지 알아야 합니다. 식물을 잘 키우기 위해서는 식물을 잘 알아야 합니다. 무턱대고 매일 식물에 물을 주면 나무가 자라지 못합니다. 어떤 식물은 일주일에 한 번 물을 주고, 다른 식물은 한 달에 한 번 물을 주어야 합니다. 이렇듯 나의 가정에서, 학교에서 사람들과 잘 어울려서 살아가기 위해서는 사람의 감정에 대하여 충분히 알아보아야 합니다.

우리들의 학창 시절에는 감정에 대하여 충분히 알아보지 못했습니다. 우리 아이들도 마찬가지입니다. '감정' 하면 떠오르는 것은 이성으로 억압해야 할 대상이라고나 할까요? 하지만 최근에 뇌에 대하여 연구가 진행되면서 인간 감정의 본질이 하나둘씩 그 빛깔을 드러내고 있습니다. 저는 감정에 대하여 10여 회에 걸쳐 이야기를 진행하겠습니다. 우선 감정이란 무엇인가에서부터 출발하여 아이들이 겪는 두려움, 불안, 자존감 등의 문제를 다루어 보겠습니다. 결론적으로 감정과 감성의 관계를 이야기하면서 감성의 시대에 살아갈 우리 아이들이 무엇을 준비해야 하는지도 이야기해 보겠습니다. 다음 시간에는 감정이 우리 몸의 어디에 숨어 있는지 구체적으로 찾아보겠습니다.

감정이 이성을 지배한다

텃밭 상자에 드디어 참외가 열렸습니다. 저도 어린 시절 참외

밭이 생각이 나서 매일 텃밭 상자에 참외가 언제 열리나 고대하고 있었습니다. 지금은 어른 주먹 두 개만큼 자랐는데 잎 속에 가려져 몰래 숨어 있습니다. 저는 매일 출근을 하면 아이들 몰래 잎을 젖히고 참외를 가만히 들여다봅니다. 어쩌면 이렇게 신비로울까요? 어린 시절에는 느껴보지 못한 진한 감동이 저에게 찾아왔습니다. 엊그제 우윳빛 연두색의 속살이었는데 벌써 성인이 되려는지 노란 연두로 물들어가고 있습니다. 이 참외가 맛있게 익었을 때 우리 아이들이 어떻게 할지 지금부터 궁금해집니다. 그동안 참외를 매일 들여다보고, 성장일지를 기록하고, 잘 자라도록 행복한 이야기도 들려주었겠지요. 그런 귀한 참외를 우리 아이들이 어떻게 할까요? 교실에서 맛있게 먹으면 좋으련만 그럴 수 있을지 걱정이네요.

오늘부터는 본격적으로 감정 이야기를 해보고자 합니다. 사실은 감정에 대하여 글을 써보겠다고 약속을 했지만 어디서부터 무슨 말을 해야 할지 줄거리가 잡히지 않았습니다. 어디에서부터 이야기의 실타래를 풀어가야 할까 지금도 고민입니다. 이렇게 고민을 하는 것은 그동안 감정에 대하여 배우지 못했기 때문입니다. 학교 교육에서도 배우지 못했고, 일반적으로 감정은 이성이 통제해야 할 대상쯤으로 여기고 살아온 이유겠지요. 하지만 최근에 서점에 가면 감정에 관련된 도서들이 하나둘씩 등장하고 있습니다. 특히 사회 전반적으로 상대방의 감정을 읽고,

나의 감정을 정확히 전달하는 소통이 중요시되면서 감정에 대한 이야기가 우리 주위에서 늘고 있습니다. 감정에 대한 이야기를 어디에서부터 풀어가야 할지 고민하다가 문득 드는 생각이 있었습니다. 우선 감정은 '내 마음속의 독재자'가 아닐까 하는 의문이었습니다. 모든 국정을 한 사람이 조정하면 독재자라 합니다. 말하자면 국가를 자신의 뜻대로 좌지우지하는 사람입니다. 그렇다면 나를 좌지우지하는 것은 무엇일까요? 흔히 지금까지 '이성'이라고 생각해 왔습니다. 하지만 이성을 지배하는 것이 무엇일까요? 바로 '감정'입니다.

어제는 어느 학교에 강의를 갔었습니다. 강의를 시작해야겠는데 어떤 분이 짝꿍과 계속 말씀을 나누고 계셨습니다. 그 순간 저는 어떤 감정이었을까요? 괜히 이 학교에 강의를 왔나 후회가 되었습니다. 머릿속으로는 '그럴 수 있지'라고 말을 하고 있지만 가슴 아래쪽에서 '무언가'가 울컥하고 올라오고 있었습니다. 물론 재미있는 이야기를 시작하면서 고비를 넘기기는 했지만, 그 순간의 저를 지배한 감정은 약간의 '불쾌감'이었습니다. 이 글을 읽는 선생님이나 부모님들도 매일 경험하시는 일이라 생각됩니다. 아이들이 부모님이나 선생님의 뜻대로 움직이지 않을 때 머릿속으로는 이해가 되지만 가슴 한구석에서는 울컥하고 무엇인가 올라옵니다.

이처럼 우리는 매일 이성적으로 생활하는 것 같지만 내 마음속의 감정이라는 독재자에 의하여 지배당하고 있습니다. 일반적으로 우리들의 감정은 긍정적인 감정과 부정적인 감정으로 크게 구분하여 볼 수 있습니다. 긍정적인 감정은 인간이 가지는 희로애락(喜怒哀樂) 중 '희(喜)'와 '낙(樂)'에 속하는 감정들이겠지요. '희'에 속하는 감정들은 '감격스러운, 반가운, 벅찬, 만족스러운, 뭉클한, 짜릿한' 등이고, '樂'에 속하는 감정들은 '경쾌한, 고요한, 명랑한, 산뜻한, 희망찬' 등을 말합니다. 부정적인 감정은 '노(怒)'에 속하는 감정으로 '고통스러운, 골치 아픈, 모욕적인, 무서운, 분노' 등의 정서를 말하고, '애(哀)'에 속하는 감정은 '걱정되는, 두려운, 기분 나쁜, 허탈한, 황당한' 등의 정서입니다.

우리는 매일 희로애락이라는 독재자에 의하여 지배를 받고 있습니다. 하루 생활의 대부분이 긍정적인 감정의 지배를 받고 있다면 다행이지만, 대부분은 그렇지 못합니다. 긍정적인 감정보다는 부정적인 감정의 독재자에 의하여 지배를 당하고 있습니다. 긍정적인 감정에는 분명 이성의 힘이 작용하는데, 부정적인 감정이 올라오기 시작하면 이성의 힘이 약하게 되어 버립니다. 어쩌면 인생이라는 것이 이러한 부정적인 감정의 독재자를 어떻게 극복하느냐에 따라 인생의 질이 달라지리라 생각합니다.

오늘은 우리가 매일 '감정'이라는 독재자에 의하여 지배당하고 있다는 이야기를 들려 드렸습니다. 그중에서 특히 '부정적인 감정' 독재자의 힘은 막강해서 나의 이성으로 감당하기 어렵다는 말씀도 드려 보았습니다. 이러한 부정적인 감정을 어떻게 처리하고 다스릴 것인가는 추후에 말씀드리겠습니다. 오늘도 부정적인 감정보다는 긍정적인 감정으로 가득 찬 하루가 되시기 바랍니다.

감정은 배움의 접착제다

어제 퇴근길에 4학년 아이로부터 편지를 한 통 받았습니다. 구두를 꺼내기 위해 신발장을 열었는데 하얀 종이가 한 장 신발장 속에 자리 잡고 있었습니다. 의아한 마음으로 종이를 펼쳐 보았습니다. 4학년 은채가 저에게 보내온 편지였습니다. 편지의 줄거리는 학교가 많이 바뀌어서 기분이 좋다는 내용이었습니다. 요즘 아이들의 작품 응모를 받아 학교 기둥에 벽화를 그리고 있는데 보기에 좋았던 모양입니다. 우리 선생님들께서 학교를 예쁘게 만들기 위하여 노력하고 있는 점을 아이들도 알고 있나 봅니다. 은채의 편지를 읽고 나서 저의 감정을 가만히 들여다보았습니다. 설렘, 기쁨과 같은 희망의 감정들이 한줄기 몰려오고 있었습니다. 어른이 되어서도 누군가의 응원을 받는 것이 일상의 생활에서 무척 중요한가 봅니다. 이전 글에서 감정은 나의 마음의 독재자라고 표현하였습니다. 일반적으로 사람의 마음은 '이성'과 '감정'으로 구성되어 있다고 이야기합니다. 감정이 나의 마음의 독재자라는 뜻은 감정이 이성을 지배한다는 이야기와 같습니다. 남자들이 술을 마시고 실수를 많이 합니다. 실수를 하고 나서 이렇게 이야기합니다. "내일부터는 다시 술을 먹으면 내가 사람이 아니야." 하지만 이러한 다짐이 오래가지는 못합니다. 왜 그럴까요? 바로 술을 마실 때의 유쾌함, 편안함 등의 감정이 남아 있기 때문입니다. 즉 감정이 이성을 지배하고 있는 경우입니다.

오늘은 '감정은 기억의 접착제'라는 이야기를 해보겠습니다. 기억이란 사람이나 동물이 경험했던 것을 특정 형태로 저장해 두는 것을 말합니다. 학자들은 기억을 여러 가지로 분류합니다. 우리가 운전을 하면서 지나가는 자동차, 들판, 바람소리, 나무들 등 많은 것들을 보고 듣게 됩니다. 이것을 감각기억이라고 합니다. 즉 우리가 눈, 귀 등 감각기관으로 보거나 들었을 경우 잠시 동안 우리의 뇌 속에 머무는 기억을 감각기억이라고 합니다. 하지만 감각기억은 수초만 지나면 모두 잊어버리게 됩니다. 아침에 운동장 저편에서 여러 마리 새들이 날아와서 지저귀고 있습니다. 저 새들은 잠깐 나의 뇌에 머물다가 사라져 버립니다. 지금 잠깐 저 운동장 건너편에서 지저귀는 새 소리의 울림을 잠깐은 기억할 수 있어도, 시간이 조금만 지나도 기억하지 못하게 됩니다. 사람은 이처럼 수많은 정보들이 시각, 청각 등 오감을 통해서 접수되지만 99%는 순간적으로 사라져 버리는 감각기억을 가지고 있습니다. 이러한 감각기억이 오랫동안 남으려면 어떻게 해야 할까요?

오감으로 받아들인 정보를 조금 오랫동안 가지고 있으려면, 주의를 기울이거나 기존에 내가 가지고 있는 지식의 구조에 결합시키면 그것이 단기기억으로 전환됩니다. 즉 오감을 통하여 들어온 감각기억 중에서 나에게 의미 있는 것을 의식적으로 선택하여 우리 뇌에 수 초 내지 수십 초 머물러 있게 하는 기억을 이야기합니다. 우리는 가끔씩 식당이나 사무실 전화번호를 찾기 위하여 114에 전화를 합니다. 114에서 들려주는 전화번호는 수 초 내지 수십 초 동안 기억이 됩니다. 하지만 시간이 조금만 지나면 이러한 단기기억도 사라져 버립니다. 단기기억을 오랫동안 우리 뇌에 저장하려면 어떻게 해야 할까요? 바로 반복 또는 주의를 기울이는 것입니다. 114에서 들려오는 식당 전화번호를 여러 번 반복하다 보면 외워지게 됩니다. 그리고 식당 전화번호에 특별한 주의를 기울이면 오랫동안 기억할 수 있는 전화번호로 남습니다. 우리는 이것을 장기기억이라 합니다.

기억이 감각기억으로 사라지느냐, 단기기억 또는 장기기억으로 남느냐의 결정적인 구분은 내가 '주의'를 기울이느냐 그렇지 않느냐의 차이에 있습니다. 내가 '주의'를 기울이려면 나의 감정의 울렁거림이 있어야 합니다. 아름답다거나, 중요하다는 감정이 기억에 동반될 때 그 기억은 장기기억으로 저장이 되어 훗날 일상생활이나 학습에서 필요할 때 인출하여 사용할 수 있습니다. 즉, 감정은 기억을 우리 뇌에 접착시켜주는 역할을 합니다. 다만 긍정적인 감정은 그 기억을 오랫동안 유지시켜 주지만 부정적인 감정은 기억을 사라지게 만들어 줍니다. 처음 이야기를 시작할 때 은채의 편지를 소개하였습니다. 특별히 기억하기 위하여 노력을 하지 않았지만 이 글을 쓰는 순간에도 은채의 이름과 편지 내용을 똑똑히 기억하고 있는 이유는 무엇일까요? 저의 보람, 감동, 행복이라는 긍정적인 감정이 은채가 보내 준 편지에 접착되었기 때문입니다. 즉 어떤 사건이나 사실에 대한 긍정적인 감정은 그 사건이나 사실에 부착되어 오랫동안 그것을 기억하게 만들어줍니다.

마찬가지로 학교에서 공부를 잘하는 아이들의 공통점 중 한 가지는 담임 선생님을 좋아한다는 것입니다. 담임 선생님을 좋아하는 긍정적인 감정이 선생님이 가르쳐 준 지식에 접착이 되어 오랫동안 기억을 할 수 있게 도와줍니다. 즉 단순히 선생님을 좋아만 해도 이 아이의 학습능력은 향상되는 것입니다. 반대로 선생님을 싫어하는 아이는 어떻게 될까요? 선생님을 싫어하는 부정적인 감정이 선생님이 가르쳐준 지식이나 사실에 접착이 되어서 오래 기억할 수 없도록 만들어 줍니다. 신기한 것은 긍정적인 감정은 기억을 오랫동안 할 수 있게 만들고, 부정적인 감정은 기억을 오래 할 수 없도록 만든다는 것입니다. 물론 어떤 부정적 감정, 즉 뱀을 보았을 때 느끼는 공포 등은 인간의 생존에 꼭 필요하므로 장기기억에 남도록 돕지만, 학습 등에서 부정적인 감정이 결합하면 곧 잊어버리는 지식이 되어 버립니다. 아마 인간이 생존하기 위한 진화의 과정에서 생겨난 부산물이 아닌가 생각됩니다. 구체적인 것은 다음에 한 번 더 다루겠습니다.

오늘은 '긍정적인 감정은 우리들이 매일 접하는 사건이나 사실에 부착되어 오랫동안 기억을 할 수 있도록 도와준다.'는 말씀을 드렸습니다. 반대로 부정적인 감정 또한 기억에 접착이 되어서 장기기억을 할 수 없도록 만든다는 말씀도 드렸습니다. 이런 이유로 일상의 생활에서 긍정적인 감정을 많이 사용하는 사람은 치매에도 걸리지 않는다는 학계의 보고도 있습니다. 다음 시간에는 사건이나 기억에서 감정이 어떻게 유발되는지 자세히 관찰해 보도록 하겠습니다. 감정을 다루다 보면 내용이 조금 어려워질 수 있습니다. 하지만 아이들의 학습능력, 창의성, 인성 등을 설명하기 위해서는 감정에 대한 설명이 매우 중요합니다. 조금은 어렵지만 우리 아이들을 이해하기 위해서 계속 이야기를 이어나가겠습니다.

감정은 어떻게 만들어지는가

저는 지금 중앙교육연수원에서 실시하는 노사관계 연수에 참여하고 있습니다. 요즘에는 학교에도 다양한 직업군이 존재하기 때문에 학교장이 노사관계에 관련된 각종 법과 제도 등을 알아야 하는 시대가 되었습니다. 담배를 끊기 위해서는 많은 사람 앞에서 금연을 선포해야 성공 가능성이 높다는 이야기가 있듯이, 제가 공부하고자 하는 생각으로 감정에 대하여 글을 쓰겠다고 말씀드렸는데 감정은 매우 어려운 주제입니다. 온종일 자료도 찾고 끊임없이 고민해보지만 역시 어려움을 느끼고 있습니다. 하지만 용기를 내서 계속 감정에 대해 탐구해 보고자 합니다.

이전 글에서 감정은 독재자이면서 접착제라는 말씀을 드렸습니다. 감정은 국가의 권력을 마음대로 휘두르는 독재자처럼 '나'를 뒤에서 조종합니다. 한참 즐겁게 음악을 들으며 운전하고 있는데, 뒤에서 빵빵거리는 소리가 들립니다. 그 순간 손에서는 식은땀이 흐르며 가슴 저 아래 어디에서 화가 불쑥 솟아오릅니다. 그것도 잠시, 건널목을 지나가는 어린아이를 발견합니다. 손을 예쁘게 흔들며 길을 건너는 어린아이를 보는 순간 입가에 미소가 흐르기 시작합니다. 이처럼 사람들은 감정이라는 독재자에 의해 희로애락이라는 롤러코스터 위를 매일 달리고 있습니다. 한편으로 감정은 우리 일상에서 일어나는 일에 접착제처럼 딱 달라붙어서 오랫동안 그 사건을 기억하거나 쉽게 잊게 해줍니다. 중요하다고 느끼는 정보는 오랫동안 기억을 하게 만들어 주고, 별로 관심이 없는 주제에 대해서는 쉽게 망각할 수 있도록 도와줍니다.

오늘은 이러한 감정이 어디에서 어떻게 만들어지는가에 대하여 고민해 보도록 하겠습니다. 다행히 뇌 과학의 발달 덕분에 감정의 탄생에 대하여 조금은 쉽게 이해할 수 있지 않나 생각합니다. 하지만 감정이 만들어지는 과정을 이해하기 위해서는 인간의 '뇌'에 대한 설명이 필요합니다. 조금은 지루한 과정일 수도 있지만 보다 쉽게 설명해 보도록 노력하겠습니다. 다행스럽게도 요즘 신문이나 TV에 뇌에 대한 이야기들이 자주 등장하고 있습니다. 이제 '뇌'를 알아야 하는 시대에 접어들었고, 이러한 지식들이 우리 가족, 우리 아이들을 이해하는 데 크게 도움이 되리라 생각합니다.

지금 저는 카페에서 레몬차를 마시면서 글을 쓰고 있습니다. 언제부터인가 카페에 가면 레몬차를 즐겨 마시기 시작했습니다. 레몬차를 마시면 그 향기가 온몸에 서서히 퍼지면서 기분이 상쾌해집니다. 우리는 여기서 감정이 어떻게 생겨나는가를 알 수 있습니다. 나의 오감인 미각을 사용하여 레몬차를 마시면 기분이 상쾌해지는 감정이 생겨납니다. 이처럼 우리가 시각, 청각, 후각, 미각, 촉각으로 어떠한 정보를 접하면 그 즉시 '희로애락'이라는 감정이 생겨납니다. 늦은 시간 어깨가 축 늘어져서 퇴근하는 남편을 바라보면 안타까운 감정이 생기고, 자기 할 일을 하지 못하면서 컴퓨터 게임에 빠져 있는 아이를 바라보면 화가 납니다. 다르게 표현하면 우리 일상에서 오감을 통하여 들어오는 모든 정보에 감정이 생겨납니다.

이를 보다 과학적으로 설명해보겠습니다. 제가 차를 마실 때 '레몬차'라는 정보가 즉각 대뇌 중심부에 있는 시상으로 전달됩니다. 시상은 시각에 관련된 일을 많이 한다고 해서 '시상'으로 이름이 붙여졌습니다. 시상은 도착한 정보를 어디로 보내야 할지 판단합니다. 시상의 역할은 우리가 모르는 길을 찾다가 삼거리에 도착했을 때 어느 방향으로 가야할지를 결정하는 것과 비슷합니다. 시상은 일단 급하거나 위험한 일이 아닐 경우에는 우리 뇌 위쪽에 있는, 생각을 담당하는 대뇌피질로 정보를 보냅니다. 대뇌피질에서는 도착한 정보를 현미경으로 분석합니다. 과거에 마셔본 기억이 있는지, 향은 어떠한지를 분석하여 감정을 담당하는 '편도체'로 정보를 이송합니다. 편도체는 대뇌피질이 보내준 정보에 근거하여 레몬차에 대한 평가를 내리게 됩니다. 아마 저의 경우에는 편도가 이렇게 감정평가를 내리겠죠. '레몬차의 향기는 기분을 상쾌하게 만들어 준다.'

반면에 선생님이나 부모님들은 반항적이고 거친 행동을 하는 아이에게 화를 크게 내신 경험을 모두 가지고 있을 것입니다.

그 순간에 화를 참지 못하고 아이를 심하게 꾸중하였지만, 일정한 시간이 나면 크게 화를 낸 것을 후회합니다. 우리는 왜 순간적으로 화를 참지 못했을까요? 아이의 거친 행동은 다른 정보와 마찬가지로 시각이나 청각을 통하여 시상으로 전달됩니다. 시상은 이때 정보를 대뇌피질로 보내야 하는지 편도로 보내야 하는지 방향을 결정합니다. 시상은 아이의 행동이 급하고 위험한 일이라고 판단이 되면 대뇌피질로 보내지 않고 바로 편도로 보내버립니다. 대뇌피질을 거치치 않고 편도로 직행한 자극은 매우 위험한 정보이므로 편도에서는 나의 생존을 위한 감정을 만들어내게 됩니다. 즉 아이를 크게 야단치는 감정이 만들어지게 되는 것입니다. 이게 바로 우리가 순간적으로 '욱'하는 성질이고 싸움을 하게 되는 이유입니다.

지금까지 감정이 어떻게 생겨나는지에 대하여 설명해 보았습니다. 감정 조절이라는 것도 정보를 시상에서 바로 편도로 보내지 않고 대뇌피질을 통하여 편도로 보낼 수 있는가의 문제입니다. 다음 시간에는 위의 내용을 도파민 등 신경전달물질과 관련하여 설명해드리겠습니다. 감정이 어떻게 만들어지는지에 대해서 보다 구체적으로 공부하면 어떤 순간의 감정 조절도 잘 된다는 것을 알게 되시리라 생각합니다.

부정적인 감정은 나쁜 것일까

이제 본격적인 여름의 더위가 시작되었나 봅니다. 엊그제는 소나기가 창문을 두드렸는데 이제는 매미 차례가 되었습니다. 가만히 매미의 울음소리를 들어보니 한 마리가 울면 모든 매미가 따라서 울기 시작합니다. 마지막 매미의 울음이 그치면 잠시 깊은 침묵이 운동장 한가운데에 머뭅니다. 우리들 마음에도 매미의 울음처럼 마음 한구석에서는 슬픔이 자리 잡고 있겠지요. 매미의 울음소리를 들으면서 누군가의 아픔을 위로해주고 나눌 수 있는 교육공동체를 희망해봅니다.

지난번 글에서는 감정이 우리의 마음에서 어떻게 만들어지는가에 대하여 적어 보았습니다. 우리는 매일 시각, 청각, 미각 등 오감을 통하여 수많은 정보를 받아들입니다. 아침에 침대에서 일어나서 저녁에 잠을 잘 때까지 우리는 셀 수 없는 정보에 노출되어 있습니다. 그 정보에는 반드시 감정이라는 껍딱지가 딱 달라붙어 있습니다. 아이가 가방을 메고 활짝 핀 해바라기처럼 현관문을 나설 때 나에게는 하늘을 날아갈 듯 행복한 감정이 밀려오지만, 아이가 친구와 싸움으로 화가 잔뜩 난 얼굴을 보여줄 때 나도 마음 한구석에서 불같은 화난 감정이 밀려옵니다. 이처럼 감정의 출렁거림에 의하여 나의 하루 생활이 지배를 당합니다. 그중 나를 가장 불편하게 만드는 것은 끊임없이 찾아오는 부정적인 감정입니다. 우리 아이가 학교생활을 잘 하는지 걱정이 되고, 나의 미래가 잘 풀릴지 고민이 됩니다. 이처럼 불평, 불만 등 부정적인 감정이라는 끈을 놓을 수 없는 이유는 무엇일까요? 긍정적인 감정만 내 머릿속에 가득 차면 좋겠는데, 끊임없이 찾아오는 불안 등 부정적인 감정은 왜 생기게 되었을까요?

우선 깜깜한 밤에 골목길을 혼자 걸어가는 모습을 이야기해 보겠습니다. 전등이 꺼져 있고, 10미터 앞도 잘 보이지 않는 깜깜한 골목길을 걸어갈 때는 불안이 한 보따리 내 마음속에 들어 있어 바람 소리에도 화들짝 놀라게 됩니다. 내 머리털은 꼿꼿이 서고, 나의 모든 오감은 주변 환경에 집중하게 됩니다. 이러한 이유는 무엇일까요? 먼 옛날 산에서 사냥을 하던 우리 조상들을 생각해보면 그 답이 쉽게 나올 수 있습니다. 멀리 사냥을 떠나서 불가피하게 집에 돌아오지 못했던 사람들은 밤에 수많은 산짐승들과 마주치게 됩니다. 산짐승들에 잡아먹히지 않기 위해서는 주변 환경에 민감하게 반응해야 합니다. 산짐승이 달려들면 맞서 싸우든지 신속히 도망을 가야 합니다. 산속에서 밤을 보내면서 혹시 산짐승을 만나지 않을까 염려했고, 작은 바람 소리에도 불안에 떨었습니다. 이러한 인류의 기질을 물려받은 것이 현대인입니다. 그러므로 불안이나 염려 등 부정적인 감정은 인류가 진화해 오면서 생긴 유산이라고 볼 수 있습니다.

이처럼 걱정, 불안 등 우리가 매일 겪는 부정적인 감정은 나의 생존문제와 관련되어 있습니다. 걱정, 불안이 있어서 우리는 미래를 잘 준비할 수 있는 것입니다. 학교 운동장 우레탄 교체 작업이 곧 있을 예정입니다. 학교 운동장 우레탄을 보면 교직원은 불안합니다. 혹시 납 등 유해물질은 없을까? 저기에서 아이들이 뛰놀다가 무릎이 다치지는 않을까? 이러한 걱정 등은 학교 운동장 우레탄을 모래 운동장으로 바꾸도록 돕습니다. 두려움, 화, 분노라는 부정적 감정도 마찬가지입니다. 우리가 두려움이라는 감정이 없다면 높은 나무 위에 올라가 떨어질 수도 있고, 화난 감정이 없다면 아이들이 바른길로 가지 않아도 꾸중할 수가 없습니다. 분노라는 감정이 없다면 군부독재에 항거했던 5 · 18 광주 민주화운동이 가능하지 않았겠죠.

어떻게 보면 오늘날의 모든 문명도 불안, 걱정, 두려움 등 부정적인 감정을 해소하기 위해서 만든 것입니다. 우리가 살아가는 데 부정적 감정은 꼭 필요하지만, 부정적 감정을 지나치게 사용한다든가 아니면 상황에 맞게 사용하지 못하는 사람들이 문제가 아닌가 생각합니다. 이런 이유로 요즘은 부정적 감정을 다스리는 명상 등의 많은 방법이 소개되고 있습니다. 다음 시간에는 부정적 감정을 조절하는 방법에 대하여 이야기를 이어가 보겠습니다.

부정적 감정은 누구의 것일까

이전 글에서는 불안, 화, 분노 등 우리가 일상적으로 겪는 부정적 감정은 먼 원시 시대부터 인류가 자연환경에 적응하면서 생존하기 위하여 자연스럽게 생긴 감정이라고 말씀드렸습니다. 다만 현대에 와서 자연환경의 변화, 육아 방법의 미숙 등으로 부정적인 감정을 자연스럽게 처리하지 못하는 아이들이 늘어나고 있습니다. 그중에 특히 분노를 잘 조절하지 못해 생기는 아이들 간의 갈등이 매우 심각한 수준까지 이르고 있습니다. 순간적으로 '욱'하는 감정으로 인하여 친구를 때리거나, 억울한 일이 생기면 고래고래 고함을 지릅니다. 물론 어른들도 마찬가지입니다. 이러한 분노나 우울 등은 모두 부정적 감정 처리 방법 미숙에 기인한다고 볼 수 있습니다. 이러한 관점에서 '감정'을 보다 정확히 이해하고자 하는 마음으로 이 글을 쓰고 있습니다.

오늘부터는 '부정적 감정 처리, 어떻게 할 것인가'라는 주제로 이야기를 적어 보도록 하겠습니다. 우선은 우리들이 표현하는 부정적인 감정을 따뜻한 눈으로 바라볼 필요가 있습니다. 만약 모든 사람들이 긍정적인 감정만 가지고 세상을 살아간다면 어떻게 될까요? 이웃 간에 다툼도 없어지고, 뒤에 따라오는 차가 경적을 울려대도 나의 마음은 평화롭기만 할 것입니다. 하지만 반대로 생각해보면 부모님이 돌아가셔도 슬프지 않고, 내 아이가 친구에게 맞고 들어와도 방글방글 웃으며 대하겠지요. 부정적인 감정이 존재해서 부모님이 돌아가시면 슬픔에 눈물바다를 이루고, 친구와 싸우고 들어온 내 아이를 보호할 수 있는 것입니다. 이처럼 긍정적인 감정과 마찬가지로 부정적인 감정도 우리에게 꼭 필요한 존재입니다.

하지만 생존에 꼭 필요한 부정적 감정이 현대인에게는 너무 자주 올라와서 사람들의 일상생활을 위협한다는 것입니다. 다르게 이야기하면, 인류의 먼 조상들은 위험한 자연환경에 대응하기 위하여 항상 긴장되는 생활을 했기 때문에, 짐승과 싸우고, 자연재해로부터 가족들을 보호하기 위하여 분노 등 부정적인 감정을 자주 노출해야 했습니다. 하지만 현대인은 과거 인류와 다르게 인구 증가 등으로 사람과 사람 사이의 관계가 무척 중요하게 되었습니다. 사람과 사람 관계가 발전하기 위해서는 긍정적 감정이 우선시되어야 하는데 현대인이 원시인처럼 부정적인 감정을 자주 노출하여 다양한 사회적 질병, 관계의 어려움에 마주치고 있습니다. 그럼 어떻게 하면 부정적 감정을 잘 관리할 수 있을까요?

일단 부정적인 감정이 한번 기지개를 켜기 시작하면 순식간에 나의 마음을 분노의 늪으로 만들어 버립니다. 어찌 보면 이성 간의 사랑이라는 것도 마음의 늪이라고 할 수 있겠죠. 늪에 일단 빠지면 나오기가 쉽지 않습니다. 부정적인 감정의 늪에 빠지는 이유를 우리들은 대부분 자신의 바깥에서 찾습니다. 나의 마음을 불편하게 했던 상대방의 말이나 행동이 나를 부정적 감정의 늪에 빠뜨린다고 생각합니다. 하지만 곰곰이 생각해 보면 부정적 감정의 늪에 빠지는 이유가 상대방에게 있을까요? 물론 상대방이 부정적 감정의 늪에 빠지게 된 계기를 제공하기는 하지만, 근본적인 이유는 아닙니다. 우리가 부정적인 감정의 늪에 빠진 이유는 우리 스스로 만든 것입니다. 내가 기분이 나쁜 이유, 내가 안고 있는 골칫거리는 모두 내가 만든 것입니다. 어떤 사건이나 다른 사람의 행동이나 말이 문제가 아니라 오로지 내가 그 사건이나 행동에 대처하는 방법이 나빴기 때문입니다. 지금 내가 여기서 화를 내는 이유는, 내가 화를 내기로 결정했기 때문입니다. 내가 화를 내는 것은 나의 권리이고 나의 책임입니다.

이처럼 부정적인 마음의 늪에서 빠져나오기 위해서는 부정적 감정의 늪 주인공은 상대방이 아니라 '나'임을 지각하는 것이 중요합니다. 왜 그럴까요? 인간은 생존하기 위하여 태어난 존재입니다. 내가 부정적 감정의 주인이라고 생각하는 순간, 부정적인 감정은 나의 생존을 위하여 사라져 버립니다. 부정적인 감정에 계속 잡혀 있으면 생존에 위협을 주기 때문이지요. 즉 부정적 감정이 동반하는 스트레스는 생존하는 데 치명적인 해를 끼치므로 나의 본능이 그것을 재빨리 사라지게 만듭니다. 하지만 지금 내가 겪고 있는 부정적인 감정의 주인공이 '상대방'이라고 생각하면 부정적인 감정이 나의 생존에 위협을 주지 못합니다. 따라서 나의 본능이 부정적 감정을 더욱 확대하여 늪을 크게 만들어 버립니다.

지금까지 부정적인 감정은 내가 생존하기 위하여 태어난 존재이므로 따뜻하게 바라보고, 그 주인공도 '나'임을 깨닫는 것이 중요하다는 말씀을 드렸습니다. 부정적 감정의 주인공이 '나'임을 깨닫는 순간 나의 본능이 부정적 감정의 늪에서 빠져나올 수 있도록 도와준다는 말씀도 드렸습니다. 다음 시간에도 부정적 감정이라는 늪에서 빠져나오는 방법에 대하여 고민하도록 하겠습니다.

서치라이트로 나의 감정 비추기

선생님, 학부모님, 방학은 잘 보내고 계시죠? 매일 휴대폰으로 재난 안전문자를 받고 있습니다. 어쩌면 요즘 같은 날에는 가장 훌륭한 피서란 가족들이 함께 시원한 카페를 찾거나 거실에 모여 차를 마시며 책을 읽는 것이 아닌가 생각이 듭니다. 여름을 건강하게 잘 보내시기 바랍니다.

오늘은 '감정에 서치라이트를 비추어 보자'는 주제로 글을 적어보도록 하겠습니다. 사실 감정에 대하여 글을 쓰려고 처음 생각했을 때는 망망대해에서 돛을 어디 방향으로 틀어야 할지 몰라 고민의 연속이었습니다. 하지만 저의 감정을 조금씩 관찰하고, 다른 사람의 의견도 참고하면서 글을 쓰다 보니 제가 저를 탐구해가는 것 같아 뿌듯하기도 하였습니다. 가슴 깊은 곳 어느 언덕에서는 "그래, 감정의 본질을 찾아보는 거야."라는 울림이 담을 타고 넘어오고 있습니다. 조금 전에도 어느 선생님께서 전화를 주셔서 감정에 대한 제 생각에 공감해 주셨습니다. 앞으로 '부정적 감정에서 벗어나기' 외에 '긍정적인 감정', '감정을 어떻게 감성으로 만들어 갈까' 등의 주제에 대하여 계속 고민해 볼 생각입니다.

오늘의 주제는 부정적 감정 탈출의 한 방법으로 마음에 서치라이트를 비추기입니다. 서치라이트는 어떤 것을 밝히거나 찾아내기 위하여 빛을 멀리 비추는 조명기구를 말합니다. 오늘은 그러한 서치라이트를 나의 마음에 비추어 보자는 내용입니다. 옛날 사람들은 마음이 사람의 가슴에 있다고 생각을 했지만, 요즘 뇌 과학의 발달로 마음은 뇌에 있다는 것이 증명이 되었습니다. 서치라이트로 나의 마음을 비추어 보면 부정적 감정이 금방 해소된다는 것을 알 수 있을 것입니다. 마음에 서치라이트를 비추기 위해서는 사람의 뇌를 조금 이해하는 것이 좋을 듯합니다.

우리가 경주에 가면 석가탑을 볼 수 있습니다. 석가탑은 다른 말로는 불국사 3층 석탑이라고 합니다. 우리 뇌도 불국사 3

층 석탑과 비슷한 구조로 되어 있습니다. 먼저 뇌의 1층으로 가 보겠습니다. 제일 먼저 뇌간이 눈에 보입니다. 우리가 흔히 뇌사라고 하면 뇌간이 정지한 상태를 말합니다. 뇌 1층은 지렁이 등 파충류뿐만 아니라 동물, 인간 등 생명체 누구나 가지고 있는 뇌입니다. 1층 뇌에서는 주로 호흡, 심장 박동과 같은 생명 유지 기능을 담당합니다. 2층 뇌는 강아지와 인간 등 포유류만이 가지고 있습니다. 강아지에게 먹이를 주거나 쓰다듬어주면 꼬리를 치면서 좋아합니다. 반면에 주인이 화를 내면 도망을 가거나 짖기도 합니다. 2층 뇌는 이렇게 감정을 표현하며, 기억을 주관하고, 여러 가지 호르몬을 담당하는 기능을 합니다. 3층 뇌는 대뇌피질로 구성되어 있는데 그중에 이마 뒤쪽 1/3을 차지하는 전두엽은 생각과 판단의 우선순위를 정하고 감정을 조절합니다. 고도의 정신 기능과 창조 분야를 담당하고 있고 인간만이 가지고 있는 뇌입니다.

부정적인 마음에서 탈출하는 방법은 2층과 3층의 뇌를 서치라이트로 비추어 보는 것입니다. 어떤 일이 닥쳐서 화가 날 경우 서치라이트를 일단 3층에 비추어 봅니다. 3층에는 화가 난 원인이 숨어있고, 거기에 대한 나의 대처 방식이 보입니다. 혹시 과거의 나의 잘못된 경험에 오늘 내가 화를 내지는 않는지 꼼꼼히 비추어 봅니다. 그다음 2층으로 내려갑니다. 내가 지금 화를 내고 있는데 어떤 방식으로 표출하고 있는지 살펴봅니다. 분노가 크게 일어 머리카락이 서지는 않았는지, 아니면 얼굴빛이 변하지는 않았는지 자세히 살펴봅니다.

과거에 어른들이 하신 말씀 중에 '참을 인 세 번이면 살인을 면한다.'라는 말이 있습니다. 이 이야기도 다르게 표현하면 부정적 감정이 들면 일단 참아 보라는 이야기입니다. 어쩌면 '참을 인 3번'의 구체적인 실행 방법이 나의 뇌 2층과 3층을 서치라이트로 비추어 보는 것입니다. 부정적 감정의 생명력은 90초라고 이야기합니다. 인간은 생존을 해야 하므로 부정적인 감정이 계속 몸에 머물 수는 없습니다. 90초가 지나면 자연스럽게 부정적인 감정이 사라지게 됩니다. 물론 사건의 경중에 따라서 차이가 있겠지요. 서치라이트로 뇌의 2층과 3층을 비추어 보면 부정적인 감정의 생명은 훨씬 빨리 단축되리라 생각합니다.

오늘은 자신의 부정적인 감정에서 벗어나기 위해서 나의 마음을 서치라이트로 비추어 보자는 말씀을 드렸습니다. 경우에 따라서 다르기는 하지만, 일반적으로 감정의 생명력은 90초 정도이기 때문에 자신의 마음을 한 번만 서치라이트로 비추어 보면 화났던 마음도 어느덧 눈 녹듯이 사라져 버립니다. 이런 무더운 날 혹시 짜증이나 화난 감정이 생기면 나의 마음을 서치라이트로 꼭 살펴보시기 바랍니다.

감정 사용은 습관이다

선생님, 학부모님, 건강히 잘 지내고 계시죠. 연일 더위로 마음과 몸이 지쳐갈 때쯤이면 어릴 적 여름나기가 그립습니다. 어릴 적 여름나기는 주로 마당에서였습니다. 마당 한가운데에 멍석을 깔아놓고 그 옆에는 모깃불을 피웠습니다. 저녁은 주로 멍석 위에서 먹었는데, 그때 하늘에는 밝은 달이 천천히 우리 가족을 비춰 주고 있었습니다. 아버지는 멍석에 누우셔서 숲에서 불어오는 한 줄기 바람을 자장가 삼아 주무셨던 기억이 납니다. 우리 아이들도 밝은 별을 보며 숲에서 불어오는 바람을 느끼며 살았으면 하는 바람입니다.

전 시간에는 부정적인 감정이 나의 몸에 착 달라붙을 때면 나의 머릿속을 서치라이트처럼 비추어 보자는 말씀을 드렸습니다. 서치라이트로 나의 머릿속에서 일어나는 일들을 살펴보는 시간을 갖는 것은 어떤 의미가 있을까요? 우선은 나의 부정적인 감정이 사라질 시간을 확보하는 것입니다. 경우에 따라서 다르겠지만 대개 부정적인 감정의 지속 시간은 90초라고 말씀을 드렸습니다. 90초 후에는 부정적인 감정이 없어진다는 의미입니다. 하지만 어떤 경우에는 부정적인 감정이 하루 종일 나의 머릿속을 떠나지 않습니다. 이럴 때는 이성의 도움을 받아야 부정적인 생각이 사라집니다. 이성적인 도움을 받기 위해서는 나의 머릿속에서 벌어지는 일들을 샅샅이 살펴보아야 합니다. 지금의 감정 상태는 무엇 때문에 생겼는지, 어떻게 하면 이 느낌에서 벗어날 수 있는지 서치라이트로 자세히 비추다 보면 해결 방법이 떠오르고, 새로운 감정 상태에 진입할 수 있습니다.

오늘은 '감정 사용은 습관이다'라는 이야기를 해 보겠습니다. 아침에 일어나서 벌어지는 일들을 곰곰이 생각해보면 습관이 참 무섭다는 생각을 합니다. 어느 이부터 닦으시나요? 어떤 사람은 왼쪽 아래 어금니부터 닦고, 오른쪽 아래 어금니부터 닦는 사람도 있습니다. 오른쪽 아래 어금니부터 닦는 사람은 평생 오른쪽 아래 어금니부터 이를 닦습니다. 자기 자신의 일상생활을 자세히 관찰해보면 이러한 습관이 헤아릴 수 없이 많이 있습니다. 옷 입는 것부터 시작해서 밥 먹는 습관까지 매우 다양합니다. 감정 사용은 어떨까요? 감정도 우리의 일상생활 습관처럼 습관적으로 사용할까요?

제가 좋아하는 테니스 회원들과 운동 후 같이 맥주를 한잔 했습니다. 이럴 때면 항상 좋은 일만 있는 것은 아닙니다. 회원들이 맥주를 여러 잔 하다 보면 평소에 담아 두었던 이야기를 하는 경우가 있습니다. 회원들의 부류는 크게 두 가지로 나누어집니다. 하나는 같이 운동할 수 있어서 감사하다는 부류이고 또 하나는 불평을 하는 부류입니다. 그런데 곰곰이 관찰을 해보면 불평하는 사람은 다음 모임에서 또 불평을 합니다. 감사를 이야기하는 사람은 다음 모임에서도 또 감사를 이야기합니다. 왜 그럴까요? 감정도 습관이기 때문입니다.

우리의 뇌는 본인에게 익숙한 것을 찾게 되어 있습니다. 뇌는 하루 종일 주위에서 일어나는 일 중에 그 사람에게 익숙한 것을 찾습니다. 내가 불평에 익숙하면 주위에서 불평할 일을 찾게 되고, 내가 감사에 익숙하면 감사할 일만 찾게 됩니다. 뇌는 감사와 불평의 의미보다는 그 사람이 사용하는 감정 습관에 따라 주위를 탐색합니다. 또한 뇌는 사람이 주로 사용하는 감정을 강화합니다. 불안이라는 감정이 습관화되어 있으면, 주위에서 벌어지는 불안한 일에 훨씬 더 신경을 쓰며, 안 좋은 일이 발생하면 훨씬 더 불안하게 되고, 그 의미를 확대해서 받아들입니다.

지금까지의 이야기를 요약하면, 나에게 일어난 일에 대한 감정이 달라질 수 있다는 것입니다. 오늘 일어난 똑같은 사건을 두고 긍정적인 감정을 주로 사용하는 사람은 그 일에서 감사의 의미를 찾게 되며, 부정적인 감정을 주로 사용하는 사람은 불안과 분노를 느끼게 되는 것입니다. 나는 주로 어떤 감정이 습관화되어 있을까요? 오늘 하루 나 자신을 성찰해 보면 주로 내가 사용하는 감정을 알 수 있습니다. 감사와 배려의 감정이 습관화된 우리들의 모습을 기대합니다.

배움은 감정으로 색칠된다

지금까지 몇 편의 편지글을 통하여 배움과 감정의 관계에 대하여 이야기해 보았습니다. 이 시간에는 그동안 이야기하였던 감정에 대하여 정리하여 보고 아이들 교육에 주는 시사점을 이야기해보고자 합니다. 우선 이전에 보았던 뇌 회로도를 다시 보면서 이야기를 시작하도록 하겠습니다. 저는 지금 카페에서 글을 쓰고 있는데, 아름다운 음악이 흐르고 있고, 밖에는 가을비가 보슬보슬 내리고 있습니다. 또 카페 안에는 몇 명의 손님들이 옹기종기 모여앉아 재미있는 이야기들을 나누고 있습니다. 그중에 가장 저의 주의를 끄는 것은 창밖의 빗소리와 아름다운 하모니가 어우러지는 피아노 음악입니다. 이 피아노 음악이 저의 뇌에 입력이 되면 어떤 일이 일어날지 한번 상상을 해봅니다. 우선 피아노 음악이 달팽이 신경에 도착하면서 전기신호로 변환이 될 것입니다. 그 전기신호가 시상(Thalamus)에 시냅스하고, 청각피질, 청각연합피질로 이동을 할 것입니다. 청각연합피질에서 내가 지금 현재 듣고 있는 피아노 음악을 과거에 들어본 적이 있는지를 전전두엽이 검색할 것이고, 만약 처음 듣는 음악이라면 뇌후각피질(Entorhinal cortex), 치상핵(Dentate gyrus), 해마(Hippocampus)로 정보가 보내지고, 유두체 등 몇 개의 뇌 영역을 거친 다음에 다중연합영역이나 청각연합연역에 저장이 되리라 생각합니다.

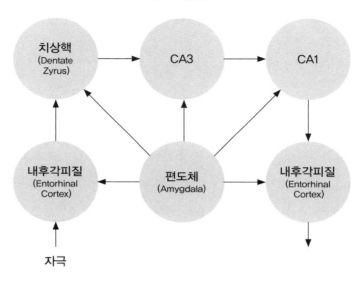

〈배움의 전달경로〉

그런데 피아노 음악을 들으면서 느끼는 '아름답다'라는 감정은 어떻게 만들어지는 것일까요? 감정은 편도체를 중심으로 변연계에서 만들어지는데 위의 그림을 보면 편도체가 내후각피질과 실시간으로 정보를 교류하고 있습니다. 또한 편도체는 배움이 직접적으로 만들어지는 해마 영역의 CA1, CA3에 감정이라는 정보를 실시간으로 전달하여 색칠하고 있습니다. 이러한 과정으로 저의 귀에 들리는 피아노 음악이 '아름답다'라는 감정을 느끼게 됩니다. 이렇듯 우리는 매일 오감을 통하여 수많은 정보들이 감정에 의하여 색칠되어 실시간으로 뇌에 입력이 되고 있습니다.

보고 듣는 것이 감정을 만든다

오늘은 '2017년까지 꼭 살아야 하는 이유'라던 10일간의 황금 연휴가 시작되는 날입니다. 많은 사람들이 외국으로, 아니면 아름다운 경치가 있는 펜션으로 여행을 떠납니다. 왜 사람들은 산과 바다, 아름다운 장소를 택하여 여행을 떠나는 것일까요? 새소리, 물소리, 아름다운 것들을 보면 감정의 편안함, 행복감이 느껴지기 때문이겠죠. 하지만 연휴 기간 내내 도시에서 일을 하고, 시끄러운 자동차 소리만 들으며 보내야 한다면 어떨까요? 당연히 불만이라는 행복하지 않은 감정이 연휴 기간 내내 마음을 지배할 것입니다. 이렇게 이야기를 하다 보니 긍정적이거나 부정적인 감정은 사람들이 보는 것, 듣는 것에 달려 있다는 결론에 도달하게 됩니다. 새소리, 물소리 등 인간이 생존에 도움을 주는 정보들을 보거나 듣게 되면 아름다운 감정이 생기고, 시끄러운 소리, 싸움 등 생존에 위협을 주는 정보들을 보거나 듣게 되면 부정적인 감정이 만들어집니다.

교육의 이야기로 다시 돌아오면, 가정, 사회, 학교에서 매일 보거나 듣는 정보들에 의하여 우리 아이들의 감정의 상태가 달라집니다. 아이들이 아름다운 장면이나 소리에 자주 노출되다 보면 긍정적인 감정 상태가 지속이 되어 아름다운 인격체로 성장을 하겠지만, 바람직하지 못한 정보에 노출되면 부정적인 감정이 쌓여 여러 가지 부작용이 만들어집니다. 그중에 대표적인 사례가 분노 조절 장애를 겪고 있는 아이들이 늘어가고 있다는 사실입니다.

요즘 선생님들과 이야기를 하다 보면 유독 가장 많이 듣게 되는 단어가 '분노 조절'입니다. 친구와의 사소한 말다툼인데 고함을 고래고래 지르거나, 심하면 주위 물건을 집어 던지는 등 분노 조절에 실패하는 아이들이 늘고 있다는 것입니다. 사실 분노는 우리에게 꼭 필요한 감정입니다. 불합리하거나 생존에 위협을 주는 장면을 만나면 스스로를 방어하기 위하여 생기는 원초적인 감정입니다. 하지만 생존에 위협을 주는 상황이 아님에도 자신의 생각과 행동을 조절하지 못하는 아이들이 늘고 있는 것은 가정과 사회의 커다란 문제가 되겠지요. 결국 분노는 감정이고, 감정 사용은 습관이므로 분노 조절에 실패한 아이들이 성장하여 운전대를 잡는다면 어떻게 될까요? 우리나라 운전자 중 10명 중 4명이 경험했다는 보복운전이 더 늘어나지는 않을까요?

우선 분노 조절에 실패하는 아이들의 뇌에서는 어떤 그림이 그려지는지 그림을 살펴보면서 이야기해 보겠습니다. 다음 그림은 사람에게 어떤 정보가 입력되었을 때 단거리와 장거리 달리기의 두 가지의 길이 있음을 알려주고 있습니다. 단거리 코스는 감정적 자극이 즉각 편도체로 전달되어 행동 반응을 일으키게 되어있고, 장거리 코스는 전두엽을 거쳐 편도체로 전달되어 특정한 행동을 하도록 설계되어 있습니다. 단거리와 장거리를 구분하는 결정적인 속성은 생존에 위협을 주는 정보입니다. 얼마 전에 도시에 멧돼지가 출현했다는 보도에 깜짝 놀랐습니다. 그 멧돼지를 만나면 어떻게 해야 할까요? 즉각적으로 도망을 가든지 아니면 싸워야 하겠지요. 멧돼지라는 정보는 시상(Thalamus)을 통과하자마자 편도체로부터 위험한 동물이라는 정보를 우리 몸의 구석구석에 전달하여 즉시 도망을 가거나 아니면 몽둥이를 들고 멧돼지를 쫓는 반응이 나올 것입니다.

반대로 생존에 위협이 없는 정보는 전두엽을 거쳐 편도체에 이르게 됩니다. 즉 정보의 장거리 달리기라고 보아야 합니다. 길에서 예쁜 강아지를 보게 되면 전에 기르던 강아지가 생각이 나서 잠시 슬퍼질 때가 있습니다. 즉 눈앞의 예쁜 강아지는 시상(Thalamus)을 통과하여 시각연합피질, 다중감각영역이 전전두엽과 상호작용을 통하여 과거에 내가 기르던 강아지를 떠오르게 할 것이고, 이에 대한 반응으로 강아지 머리를 손으로 쓰다듬어 주게 될 것입니다. 즉 인간의 감정을 조절하는 것은 전두엽입니다.

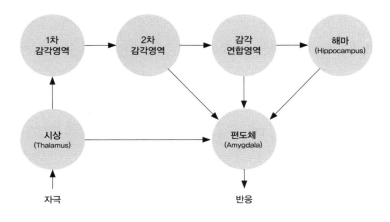

* 정보 전달에는 길이 2가지 있다

위의 예처럼 우리 아이들이 분노를 잘 조절하지 못한다는 것은 감정의 장거리 달리기보다 단거리 달리기에 익숙하기 때문입니다. 말다툼이 생겼을 때 감정의 장거리 달리기에 익숙한 친구들은 친구가 왜 나에게 화를 내는지를 전두엽에서 예상해 볼 것이고, 그 상황에 어떻게 대처해야 하는지를 고민하여 반응할 것입니다. 하지만 감정의 단거리 달리기에 익숙한 아이들은 말다툼이 생기면 즉각적으로 고함을 지르거나 친구와의 싸움을 시작할 것입니다. 감정의 단거리와 장거리 달리기를 선택하는 것은 아이들이 일상생활에서 무엇을 배우고 기억하는가에 달려있습니다. 요즘 대부분의 아이들은 스마트폰을 가지고 있습니다.

아이들의 안전을 위하여 어쩔 수 없는 선택이지만, 문제는 스마트폰 게임이 아이들의 일상을 지배하고 있다는 것입니다. 어느 학교를 방문하든, 쉬는 시간이나 하교 시간에 교정 이곳저곳에서 선생님의 눈을 피하여 게임을 하는 아이들을 발견할 수 있습니다. 그 아이들의 대부분은 분노를 조절하는 데 어려움을 겪고 있습니다.

게임이라는 정보가 왜 아이들의 분노를 조절하는 데 어려움을 줄까요? 언젠가 PC방에 가서 깜짝 놀란 적이 있습니다. 쓰레기통을 보았더니 망가진 마우스가 여러 개가 있었습니다. 주인의 말에 의하면 게임을 하다가 욕도 하고, 화를 참지 못해 마우스를 집어 던진다는 것입니다. 가끔 멀리서 아이들이 게임을 하는 모습을 관찰해 봅니다. 역시 순간적으로 고함을 지르기도 하고 뜻대로 되지 않으면 스마트폰을 두들겨 댑니다. 게임을 하면 왜 이러한 현상이 발생할까요? 여러 가지 요인을 찾아볼 수 있지만, 그중에 대표적인 것은 전두엽에서 생각할 틈이 없다는 것입니다. 이리저리 고민하다 보면 게임이 끝나버리므로 게임을 하다 보면 감각적으로 나의 행동을 결정해야 합니다. 위에서 이야기한, 멧돼지를 만났을 때의 반응처럼 말입니다. 이런 이유로 게임은 아이들의 사고방식에 영향을 미칩니다. 어떤 자극이 입력되면 곰곰이 생각하기보다 즉각적으로 반응합니다. 이처럼 게임은 아이들이 건강하게 자라는 데 심각한 영향을 미치고 있습니다.

배움은 감정에 색칠된다는 주제로 이야기를 하다 보니 아이들의 분노 조절에까지 이르게 되었습니다. 조금 이야기가 확장된 면이 있지만, 우리 아이들의 건강한 감정을 위해서는 무엇보다 아름다운 환경이 중요합니다. 아이들은 무엇을 보고 듣느냐에 따라 감정의 질이 달라집니다. 마음과 몸이 힘이 들 때 계곡의 물소리를 듣고 있으면 어느 순간 몸의 기운이 새롭게 돌고 있음을 발견하게 됩니다. 인간이 역사적으로 현재의 도시 문명이 아니라 자연 속에서 살아 왔기 때문이겠지요. 인간이 도시 문명에서 생활하게 된 것은 최근의 일로 100여 년이 되지 않습니다. 이렇기 때문에 우리들은 아름다운 꽃을 보면 마음에 흥이 나고, 지나가는 참새 소리를 들으면 왠지 모를 미소가 피어오릅니다. 이런 이유로 학교와 교실에 아름다운 꽃들과 식물, 그리고 친근한 동물들로 학교를 가꾸어 나가야 합니다. 얼마전 학부모님들과 이야기를 하던 중에 저의 별명이 있다는 이야기를 들었습니다. 학부모님 사이에 저의 별명이 꽃을 좋아하는 남자 '꽃남'이라고 하더군요. 제가 꽃을 좋아해서 명상 숲을 만들고, 유채밭, 코스모스 길 등 사계절 꽃을 볼 수 있는 환경을 만들었다는 것입니다. 학부모님에게 작은 목소리로 아이들의 예쁜 감정은 예쁜 것을 보고 들어야 자연스럽게 만들어진다는 것을 말씀드렸습니다.

믿음이 배움을
시작하게 한다

●

●

🔒_ **비밀 3**

　배움의 비밀 1에서는 배움의 모양은 어떻게 생겼는지 살펴보았습니다. 배움의 모양에는 작은 모양도 있고, 큰 모양도 있음을 알아보았습니다. 큰 모양의 배움을 만드는 해답이 감정 조절에 있음을 비밀 2에서 알아보았습니다. 비밀 3에서는 '학생에 대한 믿음' 이야기를 하려고 합니다. 교사를 힘들게 하는 아이들의 배움이 어떻게 일어나는지 질적 관찰을 했던 사례에서 출발하여 믿음의 방법에 대한 이야기를 이어가 보도록 하겠습니다.

들꽃 아이들

드디어 학교 운동장 담장 밑에 코스모스가 한 송이 피었습니다. 지난 7월에 코스모스 씨를 뿌렸습니다. 시기가 다소 늦은 감은 있었지만 우리 아이들에게 꽃을 보여주겠다는 욕심이 앞섰습니다. 올여름이 가뭄의 연속이었기에 물을 매일 주었지만 꽃이 피리라 장담할 수 없었습니다. 그런데 어느 날 새싹이 나더니 쑥쑥 자라서 꽃을 피우는 것을 보면, 우리 학교 선생님들의 정성을 꽃도 아는가 봅니다. 아마 다음 주에는 아이들과 선생님들이 옹기종기 모여서 코스모스 꽃잎을 관찰하고, 이름도 지어주고 예쁜 미소도 많이 보내리라 생각합니다.

코스모스를 보면서 2014년 연구회 선생님들과 함께 한 연구 활동과 참 많이 닮았다는 생각이 들었습니다. 그해 연구회 선생님들은 반에서 가장 대하기 힘든 아이 1명을 선정하고, 그 아이 이름을 '들꽃 아이'라 불렀습니다. 흔히 야생화라고 부르는 들판의 꽃들은 학교나 집에서 키우는 꽃들에 비해서 그 모양이나 향기가 결코 뒤떨어지지 않습니다. 하지만 들꽃들을 실내에 옮겨 놓으면 금방 시들어 버립니다. 아이들도 마찬가지입니다. 교실에서는 풀이 죽어서 고개를 숙이고 있지만, 운동장, 놀이터 등 교실만 나가면 어느 아이보다도 더 에너지가 넘치는 학생들이 있습니다. 이런 아이들을 우리 연구회에서는 '들꽃 아이'라 불렀습니다.

연구회 선생님들의 들꽃 아이들은 그 모습도 가지각색이었습니다. 부모님이 이혼 후 성격이 크게 비뚤어져서 학교폭력 문제로 이 학교 저 학교를 떠돌아다니는 아이도 있었습니다. 분노 조절을 잘 못하는 아이, 도벽이 심한 아이, 거짓말이 습관화되어 친구들의 신뢰를 모두 잃어가고 있는 아이도 있었습니다. 우선 연구회 선생님들은 이런 아이들의 현재 모습을 기록하는 것부터 시작하였습니다. 작은 메모지에 이 아이가 하는 특별한 행동이나 친구들과 나누는 이야기들을 두 달 동안 적어 보았습니다. 기록된 그 아이의 행동이나 이야기를 선생님들이 돌려 읽으며 이 들꽃 아이를 어떻게 도와줄 수 있을까 하는 토론을 밤늦도록 벌인 적도 있었습니다. 들꽃 아이를 위한 특별한 프로그램을 수업 안에서 구안해 내고, 수업결과를 매주 모여 의논 하면서 들꽃 아이의 변화 과정을 관찰하였습니다.

이렇게 1년이 지난 뒤 들꽃 아이의 변화를 살펴보고 지도법을 서로 공유하는 시간을 가졌습니다. 약간의 차이도 있었지만 대다수 선생님의 공통 의견이 한 가지 제시되었습니다. 바로 선생님의 믿음만큼 아이는 변화된다는 것이었습니다. 연구회 활동을 마치고 각자의 소감을 적은 글을 작성했는데, 다음 글은 광주광역시 월곡초등학교 류우영 선생님의 소감문입니다.

– 변화는 지속적인 믿음 속에서 피어난다

특별한 아이들과의 만남을 통해 힘든 일도 많았지만 그만큼 교사로서 많은 발전이 있었던 한 해였다. 들꽃과 그 친구들을 위해 공감 능력 기르기에 중점을 두고 여러 가지 활동을 전개해 보았다. 12월, 완벽한 변신은 아니지만, 예전과 달리 예의 바르게 친구들을 대하고 말보다는 마음으로 소통하려는 모습에 저절로 미소가 지어졌다. 어른들이 많이 하는 꾸짖음과 훈계는 아이들을 바꾸지 못한다. 마음의 변화를 일으키기 힘들다. 물론 순간적으로 반성하는 태도를 보이거나 순종하는 모습을 보일 수는 있다. 그러나 진정으로 아이 마음 깊숙한 곳에서 변화가 시작된 것일까? 그건 힘에 대한 굴복일 수 있다. 아이들이 굴복하거나 복종하기보다 자신의 잘못을 뉘우치고 스스로 고쳐나가기를 바라지 않는가?

진정한 변화는 감정 나눔을 통해 스스로 느끼고 알게 되는 과정 속에 있다는 생각이 든다. 물론 시간이 많이 걸린다. 그러나 아이들 스스로 생각하고 느끼지 못하면 진정한 변화라고 볼 수 없다. 아이들을 믿고 바라보며 기다려주는 것이 교사로서 내가 한 일이었다. 들꽃 이야기에서 시작하였지만, 그 해는 유독 관심을 가져 주어야 할 친구들이 많았다. 3월 첫날부터 시작된 프로젝트는 9월 중순쯤에야 목표에 도달할 수 있었다. 절대

바뀔 것 같지 않던, 마지막 남은 한 명이 변화를 보였던 그때가 9월이다. 학교와 교사에 대한 불신의 벽을 지닌 아이를 보면서 좌절하고 포기하고 싶어질 때도 많았지만 결국 끝까지 믿어주고 진심을 보여주었던 것이 그 아이를 변하게 한 것 같다.

생활 교육의 성공 여부는 지속성과 마음 나눔에 달려 있다. 물론 변화되었다고 끝나는 것은 아니다. 매일 순간을 놓치지 않고 잡초가 자라지 않도록 계속해서 관리해야 한다. 묵묵히 지켜보면서 필요할 때 도와주는 것이 우리들의 몫이 아닐까? 농부가 밭을 포기하지 않는 이유는 땀 흘린 만큼 잘 자랄 것이라는 믿음 때문일 것이다. 시시각각 변하는 아이들의 마음밭을 바라보면서 잘 커가고 있는지 관심과 사랑으로 지켜봐주는 우리 선생님들도 늘 한결같은 믿음을 보여주는 농부의 마음이었으면 좋겠다.

믿고 바라보면 변화는 온다

'농부가 밭을 포기하지 않는 이유는 땀 흘린 만큼 잘 자랄 것이라는 믿음' 때문이라는 글이 마음에 와 닿는 아침입니다. 힘들지만 우리 아이들을 향한 믿음을 포기하지 않고 아이들 마음밭이 잘 자라고 있는지 지속적으로 관찰하고 믿음을 주어야 한다는 이전 글의 어느 선생님 이야기가 지금도 귓전을 계속 맴돌고 있습니다.

　교사의 믿음과 관련하여 미국의 교육학자 로젠탈과 제이콥슨은 교사, 교육학자, 일반 시민들의 지대한 관심을 이끌어내는 연구 결과를 발표하였습니다. 연구결과를 요약하면 교사가 학생의 성적이 크게 오를 것이라고 기대하면 학생들의 성적을 향상시킨다는 것이었습니다. 두 사람은 샌프란시스코의 한 초등학교를 대상으로 실험을 실시하였으며 주된 대상은 하류층이었습니다. 로젠탈과 제이콥슨은 우선 학교의 모든 학생들을 대상으로 지능 검사를 실시하였습니다. 지능 검사의 목적은 성적이 크게 향상될 수 있는 학생을 찾는 것이라고 교사나 학생에게 이야기하였습니다. 물론 학생과 교사를 속이기 위한 것이었습니다. 지능검사가 끝난 뒤 각 반에서 무작위로 20%의 학생을 뽑았습니다. 그리고 선생님에게 그 명단을 건네주면서 성적이 크게 향상될 수 있는 아이들이라고 알렸습니다. 물론 이것도 거짓말이었습니다. 무작위로 뽑았기 때문에 성적 향상 가능성과 아무런 관련이 없었습니다. 8개월 뒤 학생들은 앞서의 것과 똑같은 지능 검사를 받았습니다. 결과는 놀라웠습니다. 일반 학생들이 8.4점 오른 반면 무작위로 뽑힌 20%는 12.2점이나 향상된 점수를 얻었습니다. 일반 학생에 비하여 3.8점이나 높은 수치였습니다. 특히 저학년이나 소득계층이 낮은 집단의 성적 향상 정도가 더 두드러졌습니다.

2014년 우리 연구회에서 '들꽃 아이들'을 관찰하고 내린 결론은 교사의 지속적인 관심과 아이가 변할 수 있다는 믿음이라는 이야기를 이전 글에서 말씀드렸습니다. 로젠탈과 제이콥슨의 연구도 마찬가지입니다. 교사의 기대가 아이들의 배움의 향상을 가져오며, 특히 저소득층 아이들의 경우 그 향상 정도가 더 크다는 결론을 얻을 수 있었습니다. 이처럼 교사나 부모의 믿음이 아이들의 배움의 변화를 크게 일으킬 수 있는 본질적인 이유는 무엇일까요?

저는 그 이유를 인간의 생존 본능에서 찾고자 합니다. 생존 본능이란 자신에게 위험한 일이 닥치면 벗어나고 싶은 욕구를 말하는데 태어나면서부터 갖는, 살아남기 위한 자동적인 욕구를 이야기합니다. 사슴은 사자에게 잡혀 먹히지 않으려고 도망을 갑니다. 믿음이라는 것도 마찬가지입니다. 선생님이나 친구가 나를 믿어주지 않으면 내가 생존하는 데 있어 불안이라는 감정이 나를 휘감습니다. 그 불안감은 선생님을 멀리하게 하고, 선생님의 가르침이 나의 의식 깊숙한 곳에 다가오지 않습니다. 이러한 이유로 학교에서 배움과 점점 멀어지며 흔히 이야기하는 문제 학생으로 성장하게 됩니다. 결국 믿음이라는 것은 선생님과 학생과의 관계를 맺어주는 하나의 끈으로, 그 끈이 떨어졌을 때 학생들의 배움의 방향은 교사의 의도와는 다른 쪽으로 흘러가게 됩니다. 하지만 그 끈이 끊어지지 않고 지속될 때 교사가 기대한 방향으로 학생의 배움이 일어나게 됩니다.

우리 학교 명상 숲 앞에는 높고 기다란 철망이 쳐져 있습니다. 학생들이 축구를 하면서 공을 명상 숲으로 보내기 때문에 어쩔 수 없이 예쁜 꽃들과 나무를 보호하기 위하여 철망을 만들었습니다. 저는 교사의 학생에 대한 믿음을 철망에 비유하고 싶습니다. 교사가 그 아이들에 대한 질책이나 나쁜 평판을 막아주는 철망이 되어 주면, 그 철망 뒤에서 예쁜 꽃을 피우는 명상 숲 식물들처럼 아이들도 아름답게 성장하리라 생각합니다.

선생님도 때로 크게 화가 나는 이유

이전 글에서 교사와 학생이 믿음의 끈을 놓지 않아야 학생의 배움이 시작된다는 말씀을 드렸습니다. 하지만 그게 말처럼 쉬운 것은 아닙니다. 3월에 학급 담임을 맡으면서 제일 많이 하는 약속은 모든 아이들에게 '평등한 선생님'입니다. 선생님들은 2월이 되면 금년에 새로 맡게 될 아이들은 어떤 아이들일까 무척 궁금합니다. 그 아이들이 행복해 할 수 있도록 교육과정을 새롭게 짜고, 그동안 교사로서 살아왔던 삶에 대하여 성찰도 해 봅니다. 혹시 나를 힘들게 하는 아이들을 만나더라도 어미 새가 새끼 새를 품어주듯 모든 아이들과 1년 동안 멋진 합창을 해보자고 다짐을 하곤 합니다.

하지만 그게 생각처럼 쉬운 일은 아닙니다. 3월 2일, 아이들과 첫 대면이 시작되었습니다. 오늘 처음 만나는 우리 아이들에게 어떤 옷을 입고 가지? 첫 번째 이야기는 무엇을 하지? 어젯밤 잠을 설치며 뒤척였는데도 전혀 피곤하지 않습니다. 봄바람의 기운을 가득 안고 드디어 교실로 들어갑니다. 아이들과 인사를 하고 이름을 불러 봅니다. 우리 반 이름도 정하고, 학급 약속도 만들어 봅니다. 여기까지는 무척 행복한 아이들과의 만남입니다. 이때부터 선생님 감정을 상하게 하는 일들이 일어나기 시작합니다. 우리 반 이름을 정하는데 엉뚱한 이야기로 선생님과 친구들을 당황하게 만드는 친구가 생겼습니다. 이 틈을 이용하여 서로 장난을 하고, 큰 소리로 이야기하기 시작합니다. 학급 분위기를 망가뜨린 아이에게 화가 나지만 그래도 참아 봅니다.

　이렇게 며칠이 지나면 선생님과 교실 분위기를 망가뜨린 아이와의 사랑의 끈은 점점 엷어져 갑니다. 언제 끊어질지 모르는 위기 상황이 다가옵니다. 3월 중순경이면 드디어 참기 어려운 상황까지 전개됩니다. 선생님은 하교 후 남아서 상담을 하고 때로는 야단을 쳐 보기도 합니다. 하지만 아이는 쉽게 변하지 않습니다. 아침에 출근 준비를 하면서 그 아이 얼굴이 떠오릅니다. 오늘도 잘 참을 수 있을지 걱정이 됩니다. 대한민국 교사 누구나 겪는 경험이고 아픔입니다. 아무리 인격이 훌륭한 사람이 교사가 된다 하여도 이와 비슷하게 흘러가리라 생각합니다.

아이에게 따뜻하게 해주는 선생님이 되자고 몇 번 다짐을 하지만 그 아이를 보면 힘들게 되는 이유는 어디에 있을까요? 내가 겪는 행복감, 화남, 불편함 등 모두 감정이 원인이겠지요. 그 아이와 있었던 나의 기억 중에 불편함, 힘듦이라는 감정이 크게 묻어 있었기 때문이리라 생각합니다. 인간이나 동물이나 우선 생존해야 합니다. 나를 힘들게 하는 것들은 내가 생존하는 데 방해가 됩니다. 그런 이유로 그 아이가 나를 힘들게 했던 사실들은 큰 기억으로 남고, 오늘 아이가 다시 나를 힘들게 하면 보다 더 큰 기억으로 구성되어 그 아이에 대한 믿음의 끈은 점점 얇아져 갑니다.

　곰곰이 생각해보면 그 아이가 나쁜 행동만을 보였던 것은 아닙니다. 청소 시간, 운동장 놀이 등에서 나를 기쁘게 해주었던 일들이 참 많았습니다. 하지만 그 아이를 보면 내가 힘들게 되는 이유는 그 아이와의 몇 번의 나쁜 경험이 나의 생존 본능을 위협하기 때문입니다. 보통의 정보들은 시상을 거쳐 감각 영역을 지나 해마나 편도체로 전달됩니다. 하지만 아이가 선생님을 많이 불편하게 하는 정보들은 시상에서 바로 편도체로 전달되어 감정이 촉발됩니다. 흔히 사람들이 '욱'한다는 것입니다. 이런 이유로 선생님들도 화를 크게 낼 수 있고, 가끔 그 행동이 지나쳐 신문지상에 오르기도 합니다. 어떤 학부모는 "선생님들은 아이들이 힘들게 하는 상황에 대한 훈련을 충분히 받았기 때문에 화를 참을 수 있어야 하지 않나요?"라고 말하기도 하지만 선생님을 많이 불편하게 하는 아이의 행동은 생존과 관련된 문제이므로 편도체로 정보가 바로 전달되어 선생님 자신도 모르게 화를 크게 내게 되는 것입니다.

이 책의 제2부 '배움과 뇌 과학의 만남'에서 우리가 감각기관을 통하여 받은 정보는 시상, 감각피질, 감각연합영역, 다중감각연합영역이라는 경로를 통과하여 처음 본 지식은 해마를 경유하여 연합영역에 저장이 되고, 전에 본 정보들은 전두엽이 연합영역에서 검색 한다는 말씀을 드렸습니다. 하지만 선생님을 크게 불편하게 만든 아이의 행동은 시상을 통과하여 바로 편도체에 전달이 됩니다. 즉 연합영역을 거치지 않습니다. 연합영역에는 '이런 행동에는 이렇게' 등의 과거 경험이 모두 저장되어 있습니다. 흔히 우리가 이성이라고 말하는 것입니다. 이성의 영역을 거치지 않기 때문에 순간적으로 판단이 흐려져 아이에게 크게 화를 낼 수 있는 것입니다.

오늘은 '선생님도 화를 크게 낼 수 있다'는 주제로 그 이유를 생각해보았습니다. 선생님의 화를 본 아이들은 선생님을 믿지 않습니다. 모든 배움은 믿음이 출발이 되어 시작됩니다. 하지만 아이가 선생님을 믿지 않는다면 배움이 시작도 되지 않습니다. 다음 시간에는 힘들게 하는 우리 아이들에게 화를 내지 않고 믿음의 끈을 계속 이어가는 방법에 대하여 생각해보겠습니다.

다르게 생각하면 아이를 믿을 수 있다

이전 글에 이어서 '나를 힘들게 하는 아이들에게 어떻게 믿음을 가질 수 있을까'라는 주제로 이야기를 시작해보도록 하겠습니다. 몇 년 전 '지랄 총량의 법칙'이 사람들의 입에 오르내렸습니다. 경북대 김두식 교수가 지은 『불편해도 괜찮아』에 나오는 이야기입니다. 교수님 딸이 중1이 되면서 다툼이 가끔 있었습니다. 그는 '시민들을 위한 싱크탱크' 희망제작소의 유시주 씨에게 고민을 털어놓았고, 이런 대답을 들었다고 합니다. "모든 인간에게는 평생 쓰고 죽어야 하는 '지랄'의 총량이 정해져 있습니다. 어떤 사람은 그 지랄을 사춘기에 다 떨고, 어떤 사람은 나중에 늦바람이 나기도 하지만 어쨌거나 죽기 전까진 반드시 그 양을 다 쓰게 되어 있습니다."

저도 처음 이 말을 들었을 때 많은 웃음이 나왔습니다. 하지만 곰곰이 생각해보니 우리 아이들에게 정말 맞는 말이구나 하는 생각이 들었습니다. 지금 현재 선생님의 마음도 모르고 분별없는 행동을 하는 아이들은 어려서 지랄을 모두 떨었기 때문에 성인이 되면 떨 지랄이 없겠지요. 이 생각을 하면서 저의 친구들을 뒤돌아 보았습니다. 어려서 선생님을 힘들게 했던 친구들이 모범적인 가장이자 회사에서는 돋보이는 중견 임원이 된 친구들이 많았습니다.

우리 아이들이 분별없는 행동을 할 때 '지랄 총량의 법칙'을 생각하면서 아이들의 얼굴을 바라보면 배움에 대한 새로운 관점이 만들어집니다. 불편했던 나의 감정이 어느새 모두 사라지고, '넌 좋겠다. 지랄을 어릴 때 모두 사용해서 남아있지 않겠구나. 늙어서 치매도 걸리지 않겠지.'라는 생각이 들면서 아이를 보는 눈이 변화되기 시작합니다. 보이지 않았던 아이의 장점이 눈에 들어오고, 얼굴 모양도 자세히 살피기 시작하면서 아이에게 새로운 기대가 만들어집니다.

사실 뇌 과학의 관점으로 보아도 이 말이 어느 정도 일리가 있다고 생각합니다. 실시간으로 시각이나 청각 등 감각 기관을 통하여 들어오는 정보는 똑같습니다. 그 정보 중에서 내가 주의(Attention)한 정보가 나의 뇌 속으로 들어가 배움이 만들어집니다. 그 정보에 주의를 끄는 결정적인 원동력은 나의 '관심'입니다.

그 아이가 분별없는 행동을 했던 결정적인 원인은 나에게 있습니다. 내가 그 아이의 감각기관에 전달해 준 정보가 그 아이의 주의를 끌지 못했기 때문입니다. 그 아이는 내가 전달해 준 정보보다 친구들, 아니면 다른 정보에 주의가 끌려서 분별없는 행동을 하게 된 것입니다. 인간은 실시간으로 들어오는 정보에 반드시 반응을 하게 되어 있습니다. 감각기관으로 들어간 정보에 의하여 아이들의 전두엽이 명령을 내리면 언어나 행동으로 표출을 합니다. 교사가 제공하는 정보가 아이의 주의를 끌지 못하고, 짝꿍의 잡담이 주의를 끄는 아이는 당연히 친구와 장난을 하게 될 것입니다. 즉 인간은 실시간으로 입력된 정보의 양이 같고, 출력의 표현 방법만 다를 뿐 그 양은 같습니다. 선생님이 제시한 정보에 주의를 집중했던 아이들은 전두엽에서 몸동작을 바르게 하고 선생님을 바라보라는 명령을 내리며, 이에 따라 선생님 이야기에 귀를 기울이고 집중을 하게 되겠죠. 선생님보다 친구의 이야기에 주의가 끌렸다면 전전두엽에서 친구와 이야기하라는 명령이 내려지며, 친구와 장난을 하게 됩니다.

다만 여기서 '주의'란 무엇인가에 대하여 고민해 볼 필요가 있습니다. 아이는 자신이 좋아하는 것이나 관심이 가는 영역의 정보에 주의하게 됩니다. 아이들은 선생님 말씀에 귀를 기울여야 한다는 생각은 늘 갖지만 친구와의 장난이 더 좋기 때문에 선생님 말씀에 귀를 기울일 수가 없는 것입니다. 이런 점을 이해하고 아이를 바라보면 아이에 대한 생각이 달라집니다. 그 아이의 주의를 끌지 못한 나의 이야기나 교수 방법에 문제가 있다고 생각하면 나를 힘들게 하는 아이에 대하여 새롭게 생각할 수 있습니다.

저의 경우 지랄 총량의 법칙이나, 입력된 정보의 질에 따라 아이의 출력이 달라진다는 생각은 아이를 바라보는 새로운 배움의 단위로 자리 잡았습니다. 나를 힘들게 하는 아이를 만났을 때 그 새로운 배움 단위는 화를 내기보다는 아이를 이해하려는 탐구의 마음을 갖게 해 주었습니다. 선생님으로 산다는 것은 무척이나 고되고 힘든 일이지만 나의 신경망에 아이들을 바라보는 어떤 배움의 단위를 만드는가에 따라 아이들을 이해하는 폭이 달라집니다. 이러한 이해의 폭은 아이들이 선생님을 믿게 되는 계기가 되어 선생님을 좋아하고 배움이라는 즐거운 동산으로 여행을 떠날 준비를 하게 해 줍니다.

선생님을 좋아하면 배움이 시작된다

1994년 이후 최고 더위를 자랑한다고 방송에서는 연일 폭염을 이야기하고 있습니다. 하지만 벌써 아침저녁에 불어오는 선선한 바람에 곧 매미와 더위와 여름과 헤어짐을 준비해야 할 것 같습니다. 벌써 가을이 들어선다는 입추를 지나가고 있네요. 아이들의 방학도 곧 지나가겠네요. 부모님은 가정에서 힘드시겠지만 오랜만에 우리 아이들은 신나는 여름방학이 되었으리라 생각을 합니다. 제가 어렸을 적에 여름방학이 되면 하루 종일 냇가에서 수영을 하고 고기를 잡던 기억이 떠오릅니다. 그때의 추억이 힘든 일도 이기게 하고 뚜벅뚜벅 내일을 향해 걸음을 옮길 수 있는 에너지는 아닐까요? 우리 아이들도 이번 방학에 멋진 추억을 많이 만들면 좋겠습니다.

오늘은 '선생님을 좋아하는 아이가 공부를 잘하는 이유는 무엇일까?'라는 이야기를 적어보겠습니다. 우리나라 부모님들의 최대 관심사는 공부입니다. 다른 나라 사람들이 보면 병적이라고 할 만큼 자녀들의 공부에 부모님들이 가진 모든 것을 쏟아 붓고 있습니다. 어쩌면 대한민국 사회 전체가 자녀의 공부 병에 걸렸다고 해도 과언은 아닙니다. 하지만 그 이면을 냉정히 되돌아보면 얼마나 먹고 살기가 힘들었으면 우리 아이들에게 공부를 강요할 수밖에 없을까 하는 현실적인 아픔에 공감이 갑니다.

얼마 전에 아이가 공부를 하지 않는다는 친구의 하소연을 들었습니다. 친구의 이야기로는 아이가 초등학교 다닐 때에는 열심히 공부를 했답니다. 중학교 2학년까지도 열심히 했는데 3학년에 올라가서 갑자기 책을 놓기 시작했습니다. 그 친구는 교육계에 있는 저의 도움을 받고 싶어서 제게 하소연을 했을 것입니다. 친구의 이야기를 듣고 마땅히 도와줄 말이 생각나지 않았습니다. 아이와 대화를 해 보면 대충 원인이 어디에 있는지 알겠지만 친구의 이야기로는 어떤 말을 해 주어야 할지 생각이 나지 않았습니다. 다만 친구를 위로하기 위해서 '공부를 잘해야 성공하는 것은 아니다'라는 말을 했습니다. 그 친구의 대답은 "우리같은 서민의 자식은 공부라도 해야지 어려운 사회에서 밥이라도 먹을 수 있지 않아"라는 것이었습니다. 그 대답을 듣고 한참 동안 가슴이 먹먹했습니다.

우리가 대학을 졸업할 당시에는 취업 걱정은 없었습니다. 다만 대기업으로 갈까, 아니면 멋진 성공을 위해서 중소기업을 선택할까 하는 행복한 고민들을 했습니다. 하지만 요즘 우리 아이들을 보면 초등학교에서 대학 졸업까지 16년을 오직 공부에만 매달리는데 취업문은 바늘구멍보다도 작다니 한숨만 크게 나옵니다. 우리가 대학을 다닐 때에는 놀고먹는 대학생이라는 사회의 지탄을 받기도 했습니다. 하지만 공부에 앞서서 사회의 정의를 생각했고, 인간의 가치에 대해서 밤새 막걸리를 마시며 토론도 하였습니다. 이런 과정에서 자신보다 이웃과 사회를 먼저 생각하는 철학이 자연스럽게 형성되었습니다. 우리 아이들의 미래에는 놀고먹는 대학생이 되어도 원하는 직장을 구할 수 있는 아름다운 사회가 되었으면 하는 바람입니다. 하지만 기업체의 이야기를 들어보면 다릅니다. 사람은 많으나 뽑고 싶은 인재가 없다는 이야기를 수도 없이 듣습니다. 요즘 기업에서는 어떤 인재들을 뽑을까요? 신문지상에 수도 없이 나오는 이야기지만 '인성과 창의성을 갖춘' 아이들입니다. 우리 아이들은 인성과 창의성이 부족하기 때문에 인재를 구하기 위하여 외국 대학 등으로 눈을 돌린다고 합니다. 16년을 열심히 공부만 했는데 왜 기업에 필요한 인재가 되지 못했을까요?

프로야구 선수도 과거에는 주로 금년도 성적만 가지고 재계약을 했습니다. 하지만 요즘에는 팀에 얼마나 도움이 되는 선수인가를 우선으로 여기고 연봉 책정을 한답니다. 즉, 실력보다는 인성이 우선이 되는 사회가 되었습니다. 공부도 열심히 해야 하지만 더 큰 실력은 바른 인성이라는 것이 핵심입니다. 나보다는 이웃을 먼저 배려하고, 어려운 일은 먼저 솔선수범하는 예쁜 인성을 갖추는 것이 무엇보다도 중요합니다. 예쁜 인성을 갖추기 위해서 가장 필요한 일은 무엇일까요? 많은 학자들이 수없이 연구를 해 보았지만 결론은 세상을 긍정적으로 바라보는 눈이라는 정답을 내놓았습니다. 달리 말하면 교실에서 친구들을 긍정적으로 대하고, 선생님을 긍정적으로 바라보는 아이들이 인성도 좋고 공부도 잘한다는 것입니다. 이처럼 선생님과 친구들을 좋아하는 아이들이 인성도 좋고 공부도 잘하는 이유는 기억의 비밀에 있습니다. 제가 처음 감정에 대하여 글을 쓸 때, 기억에는 감정이 접착제처럼 붙어 있다고 말씀드렸습니다. 일단 공부를 잘하기 위해서는 수업 시간에 배운 내용이 장기기억에 저장되어 있어야 합니다. 공부는 했지만 장기기억에 저장되지 않는 지식은 아무런 쓸모가 없습니다. 우리의 뇌가 장기적으로 기억하기 위해서는 지식을 처리하는 두 가지 원리가 있습니다. 첫 번째는 반복입니다. 여러 번 반복하다 보면 장기기억에 저장됩니다. 수많은 학습 전문가들이 예습보다는 복습을 강조하는 이유가 여기에 있습니다.

다음은 긍정적인 감정입니다. 뇌가 기억하는 작동 원리를 보면 생명에 위협을 주는 아주 부정적인 사건에 대하여 우선적으로 기억을 잘합니다. 예를 들어 산속에서 독사와 만난 적이 있다면 기억이 지금도 선명하게 남아 있을 것입니다. 이처럼 뇌는 인간이 생존하기 위한 환경을 우선적으로 잘 기억합니다. 인류가 수많은 짐승들로부터 살아남을 수 있는 이유이기도 하겠지요. 다음으로 긍정적인 감정이 기억에 남아 있으면 장기기억에 도움이 됩니다. 예를 들면 내가 좋아하는 사람이 이야기를 하게 되면 오랫동안 기억에 남습니다. 선생님이나 부모님 모두 연애를 해보셔서 아시겠지만, 인간은 자기가 좋아하는 사람이 하는 이야기는 오랫동안 기억에 남습니다. 반면에 내가 싫어하는 사람의 이야기는 생존에 위협을 주지 않는 한 금방 잊혀 버립니다. 이와 같은 원리에 의하여 뇌는 기억하고 잊기를 반복합니다.

지금까지 뇌는 긍정적인 감정이 기억에 묻어있을 때 그 기억을 장기적으로 저장한다는 말씀을 드렸습니다. 이런 원리에 의하면 선생님을 좋아하는 아이들은 당연히 공부를 잘하게 되는 것입니다. 선생님을 좋아하면 선생님의 이야기가 귀에 잘 들립니다. 그 이야기들은 긍정적인 감정이 접착제처럼 붙어 있어서 아이들의 장기기억에 도움을 줍니다. 그 장기기억의 연합이 지식이고 공부입니다. 어쩌면 우리 아이가 공부를 잘할 수 있게 만드는 첫번째 원리가 선생님을 좋아하는 것입니다. 여러분 반의 아이들은 선생님을 좋아하나요? 다음 시간에는 우리 아이가 선생님을 좋아하게 하는 구체적인 칭찬 방법 이야기를 해보겠습니다.

칭찬을 듣고 싶은 아이들

벚꽃이 길게 줄지어 늘어선 우리 학교 근처 도로에 차가 도착하면 신나는 설렘의 축제가 제 마음 한쪽에서 일어납니다. 또 마음 한쪽에서는 약간의 우울함이 슬며시 고개를 듭니다. 아마 아름다운 생명의 잔치에 비해 어딘지 부족한 제 모습의 반성이겠지요. 하지만 오늘도 제 마음의 좋은 면이 밖으로 드러나서 주위 사람들에게 편함과 따뜻함을 주는 하루를 만들자고 약속을 해 봅니다. 누구나 사람의 가슴에는 따뜻함과 차가움, 행복과 슬픔이 숨겨져 있습니다. 한 마디로 누구나 여러 인격을 가지고 있는 것입니다.

칭찬은 인간이 가지고 있는 여러 인격 중에 자신뿐만 아니라 다른 사람에게 이로운 인격을 밖으로 드러내는 데 가장 훌륭한 방법 중의 하나입니다. 특히 적당한 온도와 햇빛의 양이 있어야 아름다운 새싹이 돋아나듯이, 우리 아이들은 칭찬이라는 믿음을 받으며 무럭무럭 자라납니다.

오늘은 아이들이 부모님이나 선생님의 칭찬에 대하여 어떻게 생각하고 있는지 소개하고자 합니다. 이전 학교에서 5, 6학년 아이들을 대상으로 다음과 같은 조사를 해보았습니다. '여러분이 지금까지 살아오면서 부모님, 선생님께 받았던 칭찬을 적어보세요'라는 내용이었습니다. 이 조사를 했던 이유는 우리 아이들이 어떤 칭찬을 받으면서 살고 있을까? 하는 궁금증이었습니다. 하지만 결과를 보고 나서 참 충격이 컸습니다. 실제로 아이들은 부모님이나 선생님으로부터 칭찬다운 칭찬을 듣지 못하고 살아가고 있었습니다. 지금까지 아이들이 받았던 칭찬을 몇 가지 소개해 보겠습니다.

▶ **부모님으로부터 받았던 칭찬**

- 100점 맞았구나. 잘했어.

- 철수는 심부름도 잘해.

- 설거지해줘서 고맙다.

- 우리 아들은 멋지게 생겼어.

- 그림을 아주 잘 그렸어. 등

▶ **선생님으로부터 받았던 칭찬**

- 일기를 잘 쓰는구나.

- 철수는 수학을 아주 잘해.

- 청소 열심히 해줘서 고맙다.

- 씩씩하게 생겼어.

- 발표를 아주 잘했어. 등

아이들이 지금까지 받았던 칭찬의 내용을 읽고 나서 나 스스로도 반성이 되었습니다. 나는 지금까지 우리 가족에게, 학교 아이들에게, 선생님에게 어떤 칭찬을 하고 살았을까? 내가 해 주었던 칭찬을 생각해 보아도 위의 범주를 벗어나지 못하고 있었습니다. 물론 이 글을 읽고 있는 우리 부모님이나 선생님들은 저보다 더 칭찬을 잘 하시리라 생각됩니다. 하지만 우리 아이들은 어른들이 생각하는 것보다 훨씬 더 적게 칭찬받고 있습니다. 심지어 어떤 아이는 칭찬을 받아 본 적이 없다고 대답을 하여서 충격을 받았습니다.

아이들이 받는 칭찬의 실태를 알고 나서 그럼 아이들은 어떤 칭찬을 받고 싶을까? 하는 궁금증이 생겨 아이들이 듣고 싶은 칭찬에 대하여 조사를 해 보았습니다. 아이들이 대답한 내용을 소개하면 아래와 같습니다.

> ▶ 아이들이 받고 싶은 칭찬
> – 공부를 잘하려고 열심히 노력하는구나.
> – 노트에 필기를 예쁘게 하는구나.
> – 수학 성적이 많이 향상되었구나.
> – 수업시간에 집중을 잘하는구나. 집중을 잘하면 성적이 늘
>   게 될 거야. 등

신기하게도 아이들은 어른들로부터 자신들이 열심히 노력하는 점에 대한 칭찬을 받고 싶어 했습니다. 정말로 요즘 아이들

은 노력을 많이 합니다. 부모님의 기대에 벗어나지 않기 위해서 아이들이 할 수 있는 에너지를 총동원해서 열심히 살아가고 있는 것입니다. 아이들은 자신감을 갖고 싶어 합니다. 하지만 아이들의 노력은 소중하게 생각하지 않고 결과 위주로 판단하는 부모님과 선생님으로부터 마음의 빗장을 닫기 시작하면서 배움으로부터 점점 멀어져 갑니다.

어떤 칭찬이 교육적인가

봄비가 지나간 나뭇가지에는 달리기 경주처럼 새싹들이 하나둘씩 앞다투어 얼굴을 방긋 내밀고 있습니다. 학교 운동장 건너편 나뭇가지에서는 몇 마리 새들이 아이들의 등교하는 모습에 반했는지 큰 소리로 지저귑니다. 어젯밤 TV에 나왔던 나쁜 뉴스들과는 다르게 아이들이 등교하는 오늘 아침 세상은 너무나 평온하고 행복하게 보입니다. 어른들이 조금씩 서로 양보하고 배려하여 우리 아이들에게 희망만 가득한 세상이길 바랍니다.

오늘 글도 이전 글에 이어서 칭찬에 대하여 고민해 보고자 합니다. 이전 글에서는 우리 아이들이 지금까지 들었던 칭찬에 대하여 말씀드렸습니다. 우리 어른들은 칭찬을 많이 하고 있다고 생각하지만, 실제로는 그렇지 않다는 말씀도 올렸습니다. 또한 우리들이 하는 칭찬과 아이들이 듣고 싶어 하는 칭찬이 다름을 말씀드렸고, 아이들이 듣고 싶어 하는 칭찬이 올바른 칭찬임을 안내하였습니다.

오늘은 칭찬이란 무엇인가에 대하여 말씀드려 보겠습니다. 국어사전에 보면 칭찬은 '좋은 일이나 훌륭한 일을 높이 평가하는 것'이라고 적혀 있습니다. 즉 사전적 정의에서는 사람들이 어떤 일을 잘 처리했을 때 주위에서 높이 평가하는 일입니다. 사전적으로는 어떤 일을 잘 수행해야만 칭찬을 받을 수 있습니다. 하지만 '어떤 일을 잘 처리하는' 기준이 무엇인지 모호함이 있습니다. 어떤 사람은 일에 대한 수행능력이 높아 짧은 시간 내에 효과적으로 일을 잘 처리하는 사람이 있는가 하면 어떤 사람은 그렇지 못한 사람도 있습니다. 사전적 정의로는 어떤 일을 잘 수행하는 사람만 칭찬을 받아야 한다는 결론에 이르게 됩니다.

물론 상업적 이익을 추구하는 회사 등에서는 효율성을 따져야 하기 때문에 이러한 정의가 어울릴 수는 있겠지요. 하지만 교육에서 칭찬의 개념은 달라져야 합니다. 교육에서 칭찬의 개념은 '이전보다 더 나아졌을 때', '이전보다 더 나아지려고 노력할 때', '이전보다 더 나아지기를 바랄 때' 아이들에게 전하는 영혼의 메시지라고 생각합니다. 교육에서 칭찬의 개념은 아이들의 훌륭한 행동을 보고 어른이 평가하는 것이 아니라, 훌륭한 행동을 만들기 위하여 의도된 평가입니다. 아이들을 보다 바람직한 행동을 하도록 유도하기 위한 다양한 방법이 '칭찬'이라고 생각합니다.

즉 교육적 칭찬이란 아이가 착한 행동을 했을 때 부모님이나 선생님이 전해 주는 메시지일 수도 있지만, 바람직하지 못한 행동이 반복될 때 그것을 고치기 위하여 전해 주는 메시지도 포함하는 것입니다. 제가 언젠가 들었던 아래와 같은 이야기가 교육적 칭찬입니다.

사이가 썩 좋지 않았던 시어머니와 며느리가 살고 있었습니다. 시어머니는 며느리와 사이가 어떻게 하면 좋아지나 고민을 했습니다. 그리고 그 다음 날부터 동네 사람들에게 다음과 같은 이야기를 하며 돌아다녔습니다. "우리 며느리는 집안일도 잘하고, 시부모님께 효심이 극진합니다."

며느리와 시어머니 사이는 어떻게 되었을까요? 물론 여러분의 상상처럼 아주 친한 사이가 되었겠지요. 시어머니의 이야기를 들은 다른 사람들은 이 며느리를 효심이 깊다고 생각하고 칭찬했을 것입니다. 그런 칭찬을 여러 번 듣다 보면 없던 효심도 생겨나는 것입니다. 우리 주위에서 나와 불편한 사람이 있다면 이런 교육적 칭찬으로 하루를 열어 가면 어떨까요? 벌써 한 주간을 마감하는 금요일입니다. 선생님, 부모님 감사합니다. 사랑합니다.

가장 쉬운 칭찬법, 미소

오늘은 학교 운동장과 화단 주위에 산수유를 심고, 학교 담장엔 넝쿨 장미를 심는 날입니다. 어려운 학교 살림이지만 조금씩 예산을 모아서 산수유 100그루, 장미 70그루를 장만했습니다. 아마 내년에는 광주에서 산수유가 가장 많은 학교가 되지 않을까 생각합니다. 산수유가 봄소식을 첫 번째로 알려주듯이 세상의 밝고 행복함을 가장 먼저 보여주는 사람으로 월계 아이들이 성장하기를 기원합니다.

오늘부터는 칭찬의 구체적인 방법에 대하여 생각해 보겠습니다. 칭찬은 남의 좋은 점이나 훌륭한 일을 높이 평가해주는 일입니다. 즉 좋은 점을 더 잘 이어갈 수 있도록 상대방의 마음에 나의 메시지를 담아주는 것입니다. 나의 메시지는 말과 행동을 통하여 보여줄 수 있습니다. 오늘은 행동으로 어떻게 칭찬할 것인지에 대하여, 미국은 물론 전 세계를 누비며 사람들에게 꿈과 희망을 심어주는 진수 테리 씨의 사례를 가지고 이야기해 보겠습니다.

진수 테리는 2005년 미국 내 아시아 지도자 11인에 뽑혔고, 2001년 샌프란시스코에서는 7월 1일을 '진수 테리의 날'로 선정하기도 하였습니다. 현재는 미국은 물론 전 세계를 돌아다니며 사람들에게 꿈과 희망을 이야기하고 있으며, 한 번의 강의료가 억 단위가 넘는다고 합니다. 진수 테리는 여느 이민자처럼 접시

닭이부터 일을 시작했고, 가죽벨트 공장에 취직했습니다. 가죽벨트 공장에서 열성적인 노력으로 성과를 인정받았지만 계속 승진에서 밀려났고, 입사 7년째에는 사직을 권유받았습니다. 열심히 일한 결과가 사직 권고라니 진수 테리는 전혀 납득할 수가 없었습니다. 임원진에게 가서 따져 물으니 "당신은 정말 일을 열심히 합니다. 하지만 주위 사람들이 당신 표정과 말투를 불편해합니다."라는 대답을 들었습니다. 집에 돌아와 거울을 보니 정말 무표정하고 딱딱한 얼굴로 변해버린 자신을 발견할 수 있었습니다. 그 사건 이후 웃음 띤 얼굴과 풍부한 표정을 만들기 위하여 열심히 노력해 오늘날의 진수 테리가 되었습니다.

제가 담임을 하던 시절 학부모님과의 상담에서 가장 많이 들었던 이야기는 '칭찬'입니다. 대부분 부모님은 "우리 아이는 칭찬을 자주 해 주면 더 잘하게 됩니다. 우리 아이 칭찬을 많이 해 주세요."라고 말씀하십니다. 물론 맞는 이야기입니다. 선생님들도 칭찬을 잘하기 위하여 열심히 노력을 합니다. 하지만 어른들이 할 수 있는 칭찬 중에 가장 쉬운 방법은 아이들에게 '환한 미소'를 자주 지어 보이는 것입니다. 특별한 이야기를 하지 않아도 '환한 미소'는 사람들의 굳은 마음을 녹여주는 단비와 같은 것입니다. 즉 환한 미소를 잘 지어 보이는 사람이 칭찬을 잘하는 사람입니다.

요즘 언론에서 미국 대선 이야기가 자주 나옵니다. 한번은 힐

러리와 트럼프의 미소에 대한 이야기를 들은 적이 있습니다. 연설 중에 힐러리의 미소는 자연스러운데 트럼프의 미소는 왠지 어색하다는 것입니다. 그러한 이유는 무엇일까요? 자신의 감정을 숨기고 억지로 미소를 지으면 입가의 근육은 수축되는데, 눈가의 근육은 수축되지 않는다고 합니다. 트럼프의 미소는 눈가의 근육이 수축되지 않아서 자연스럽지 않다고 합니다. 한마디로 억지웃음이라는 것입니다. 오늘 하루도 진심 어린 미소로 우리 아이들과 주위 사람들에게 행복한 선물 '칭찬'을 해보면 어떨까요? 진심 어린 환한 미소를 짓는 길이 칭찬의 달인이 되는 길입니다.

칭찬의 제1법칙

선생님이나 부모님이 우리 아이들 마음에 있는 빗장을 풀고, 그들의 마음으로 들어갈 수 있는 길에 대하여 지금까지 여러 회에 걸쳐 이야기하였습니다. 요약을 해보자면 우리 아이들 마음에는 빗장이 걸려 있는데, 빗장을 풀고 그 아이들 마음으로 들어가기 위한 방법으로는 진실, 긍정 에너지, 환한 미소가 있음을 이야기하였습니다. 우리가 흔히 하는 칭찬으로는 행동으로 보여주는 칭찬과 말로써 할 수 있는 칭찬이 있습니다. 행동과 말이 조화를 이루면 더 좋은 칭찬의 방법이겠지요. 전 시간에는 행동으로 보여주는 칭찬으로 환한 미소를 말씀드렸습니다. 우리 아이뿐만 아니라 나의 주위 사람에게 보내는 칭찬 중에 가장 쉽게 할 수 있는 방법이 환한 미소임을 이야기하였습니다. 인간은 본능적으로 환한 미소 앞에서 닫혀 있던 마음의 빗장의 문을 스스로 열게 됩니다. 오늘은 언어로써 할 수 있는 칭찬의 제1법칙에 대하여 이야기하겠습니다.

먼저 칭찬의 제1법칙은 사실대로 칭찬하기입니다. 사실대로 칭찬하기는 '엄마 심부름을 해 줘서 고마워'처럼 아이의 행동에 대하여 나의 느낌을 전달하는 방법입니다. 즉 아이의 행동을 관찰하고, 그 행동에 대하여 내가 가지고 있는 감정을 긍정적인 언어로 표현해주는 방법이라 할 수 있습니다. 구체적인 예를 들어보겠습니다.

- 숙제를 열심히 했구나. 내용이 아주 알차다.
- 선생님, 오늘 입고 계시는 셔츠가 너무 예뻐요.
- 오늘 어제보다 집에 빨리 들어오셨네요. 고마워요.
- 영희 발표 목소리는 참 예쁘다.
- 철수는 달리기를 아주 잘하네.

위의 사례처럼 우리가 대부분 하는 칭찬은 사실대로의 칭찬입니다. 누구나 쉽게 할 수 있는 칭찬입니다. 내가 눈으로 본 사실, 귀로 들은 사실에 나의 긍정적인 감정만 더하면 칭찬이 됩니다. 하지만 사실대로 칭찬하기도 쉬운 방법은 아닙니다. 개인적인 사정에 따라 여러 가지 문제가 있겠지만, 일반적으로 칭찬에 인색한 사람들의 특징은 다음과 같습니다.

우선 칭찬을 잘하기 위해서는 상대방의 긍정적인 면을 잘 찾아낼 수 있도록 오감이 민감하게 반응해야 합니다. 그중에서도 특히 시각이나 청각에서 민감하게 반응할 수 있어야 합니다. 대부분의 칭찬은 눈으로 관찰한 사실, 귀로 들은 내용에 의하여 이루어집니다. 전에 보았던 모습보다 현재의 바람직한 행동을 재빨리 찾아낼 수 있는 능력이 오감의 민감성입니다. 즉 칭찬을 잘하는 사람은 오감이 민감하게 발달한 사람입니다.

오감이 민감하게 반응하려면 어떻게 해야 할까요? 결혼을 예로 들어 설명해 보겠습니다. 연애 시절에는 상대방의 좋은 점이 눈에 잘 들어옵니다. 남자 친구가 술을 많이 먹어서 취한 행동을 보여도 호탕한 사람이구나 하고 생각을 합니다. 한마디로 단점이 눈에 들어오지 않고 상대방의 장점만 보이는 것입니다. 하지만 결혼을 하고 나서 몇 년이 지나면 남편의 술에 취한 모습이 연애 시절 생각했던 호탕한 모습과는 다르게 느껴질 것입니다.

이러한 이유를 한마디로 요약하면 남편에 대해 잘 알고 있다는 나의 편견입니다. 잘 알고 있다는 편견은 인간의 호기심을 떨어뜨립니다. 인간은 호기심이 떨어지면 관심, 매력이 떨어지게 되어 있습니다. 그때부터는 전에 보았던 장점이 단점으로 보이기 시작합니다. '그 사람은 이런 사람이구나' 하고 단정하면서부터 상대방에 대한 새로운 내용이 보이지 않아 칭찬거리가 줄어듭니다. 내가 가지고 있는 남편과 아내, 그리고 자식에 대한 편견이 가족에 대한 호기심을 줄이고, 칭찬거리를 줄이도록 만듭니다.

인간은 누구나 어제와 오늘 분명히 서로 다른 사람입니다. 왜냐하면 매일 매일 새로운 정보로 업데이트가 되기 때문입니다. 좋은 생각과 정보에 노출되면 긍정적인 인간으로 변해가며 물론 그 반대의 경우도 있을 것입니다. 내가 상대방에 대하여 잘 알고 있다는 편견을 하나씩 버릴 때, 상대방을 보면 칭찬할 거리가 생겨납니다. 우리 남편과 아이의 행동이 어제와 어떻게 다른지를 조금만 생각해보면 칭찬거리가 많이 나타나리라 생각합니다.

학급의 담임 선생님도 마찬가지입니다. 인간은 매일 변한다는 기본 가정을 굳게 믿어야 합니다. 그런 믿음에 근거해서 아이들을 바라보는 눈을 만들어야 합니다. 저의 담임 시절을 기억해 보아도 내가 호감이 가는 아이들에 대해서는 칭찬거리가 많았습니다. 하지만 교사를 힘들게 하는 아이들은 칭찬을 해 주고 싶어도 잘 되지가 않았습니다. 하지만 언제부턴가 인간은 어제와 오늘 분명히 다르다는 믿음을 품으면서 아이들에 대한 태도가 달라지기 시작했습니다.

오늘은 칭찬의 제1법칙, 사실에 관해 칭찬하는 방법에 대하여 말씀드렸습니다. 그리고 나의 편견이 칭찬을 인색하게 한다는 이야기도 전해 드렸습니다. 부모님이나 선생님 모두 '이 아이는 이런 아이구나'라는 편견을 버리기 시작하면서부터 그 아이의 잠재력이 눈에 보이기 시작합니다. 그 다음부터는 자연스럽게 나의 오감이 우리 아이들의 칭찬거리를 찾아내리라 생각합니다. 다음 시간에는 칭찬의 제2법칙에 대하여 말씀드리겠습니다.

칭찬의 제2법칙

오늘 주제는 칭찬의 제2법칙입니다. 칭찬에는 크게 행동으로 보여주는 칭찬이 있고, 언어로 나타내는 칭찬이 있습니다. 사람들은 칭찬이 어렵다고 생각하지만, 환하게 웃어주고, 예쁜 인사말 한마디를 건네면 사람들의 마음 문이 열립니다. 환한 미소와 인사가 가장 큰 칭찬이지요. 다음으로 사람의 행동에 대하여 나의 긍정적인 느낌을 담아서 표현하는 것이 칭찬의 제1법칙이라고 말씀드렸습니다.

칭찬의 제2법칙은 과장과 비유입니다. 아이들의 행동에 대하여 과장하여 칭찬해 주는 것입니다. 과장이란 아이들의 바른 행동에 대하여 나의 느낌을 크게 과장하는 것입니다. 예를 들어 등교하면서 교문에서 나뒹굴고 있는 쓰레기를 줍는 아이가 있다고 가정해보겠습니다. 이를 발견한 선생님과 부모님이 칭찬을 어떻게 해야 할까요? 칭찬의 제1법칙에 의하면 "쓰레기를 주워서 고맙다", 또는 "○○ 덕분에 학교에 쓰레기가 보이지 않아"라고 칭찬을 해 줄 수 있을 것입니다. 이를 좀 더 과장해서 칭찬하는 것이 칭찬의 제2법칙입니다. 예를 들어 "○○의 마음은 누구를 닮았을까? 우리 학교에서 배려를 최고로 잘하는구나."라고 조금은 과장되게 칭찬을 해줍니다. 또는 "○○의 마음은 천사 같아, 어쩌면 그렇게 배려를 잘하니!"라고 비유를 통하여 칭찬을 해 줄 수 있습니다.

제 친구 중에 칭찬을 아주 과장되게 잘하는 친구가 있습니다. 저를 만나면 "오늘도 용안을 뵙게 되어 반갑네."라고 이야기를 합니다. 임금님의 얼굴을 용안이라 합니다. 저를 임금님에 비유하여 무척 중요한 사람이라고 이야기를 하고 있는 것입니다. 친구의 이야기를 들으면서 약간은 허풍이지만 그리 듣기 싫지는 않습니다. 그 친구의 '용안'이라는 한마디가 하루 종일 저의 마음을 설레게 합니다. 친구의 칭찬을 통하여 저의 자존감이 올라갔기 때문이라고 생각합니다.

칭찬이란 상대방의 마음을 움직이는 나만의 기술입니다. 교통사고가 나지 않기 위해서는 여러 가지 노력이 필요합니다. 내가 운전하는 차의 구조도 잘 알아야 하지만 상대방 차에 대한 배려가 우선입니다. 칭찬도 상대방에 대한 배려라고 생각합니다. 상대방의 마음의 문을 잘 열기 위하여 칭찬과 환하게 웃어주는 인사 등이 가장 기초적인 배려이겠지요.

오늘은 봄비가 아침 일찍부터 내리고 있습니다. 저는 지금 학교장 연수 중입니다. 이 글을 쓰기 위하여 아침 일찍 광주교육연수원에 도착하였습니다. 연수원에서 봄비 소리를 들으며 글을 쓰고 있는데 마침 산허리의 자욱한 안개가 보입니다. 어쩌면 새싹들의 더 싱싱한 자태를 우리에게 보여주기 위하여 잠시 안개가 새싹들을 가리고 있다는 생각을 해봅니다. 우리 아이들도 마찬가지입니다. 오늘 내리는 봄비와 안개처럼 아이들을 칭찬과 미소로 감싸 주었을 때 그들이 더 예쁜 새싹을 만들겠지요.

자세히 보면
배움이 자란다

🔒_ 비밀 4

오늘부터는 배움의 비밀 네 번째 '자세히 보면 배움이 자란다' 라는 주제로 이야기를 시작하겠습니다. 아침에 눈을 뜨면 창문 밖 풍경을 보면서 하루를 시작합니다. 어떤 사람의 눈에는 머리에 수건을 동여매고 열심히 달리기하는 사람이 들어오면서 자신의 게으름을 탓하기도 하고, 어떤 사람은 나뭇잎에 시선을 고정시키고 이슬방울이 굴러 떨어질까 안타까워하기도 합니다. 출근길 이웃집 아주머니의 뛰어가는 모습이 일상의 힘듦을 이야기해 주었는데 동료와 나누어 마시는 커피의 색깔에서 삶의 소소한 행복이 느껴지기도 합니다. 일상의 행복은 무엇을 보고 어떻게 느끼는가에 따라 결정됩니다. 배움의 행복도 마찬가지입니다. 무엇을 어떻게 잘 보는가에 따라서 배움의 질이 달라질 것입니다.

'본다'는 뜻을 가진 한자에는 여러 가지 글자가 있습니다. 그중에 하나가 '볼 관(觀)' 자입니다. 이 글자는 '황새 관(雚)' 자에 '볼 견(見)' 자를 결합한 글자로 황새가 먹이를 낚아채기 위해 뚫어지게 물속을 들여다보는 모습을 형상화한 글자입니다. 즉 관(觀)은 대충 보는 게 아니라 마음을 쏟아서 본다는 뜻입니다. 배움의 행복을 느끼기 위해서는 대상의 사물에 마음을 쏟아서 보아야 합니다. 하지만 마음을 쏟아서 보는 것이 어떤 것인지 우리는 잘 모릅니다. 지금부터 그 길을 찾아가 보겠습니다.

I see you, '당신을 봅니다'

'자세히 본다'는 것을 생각해 보면 가장 먼저 떠오르는 단어는 'I see you'입니다. 대부분 아시겠지만 제임스 카메론 감독의 영화 『아바타』에 나오는 '나비 족'들의 인사말입니다. 위키백과에 소개된 이 영화의 줄거리를 편집하여 간단히 소개해 보겠습니다.

서기 2154년 지구는 에너지 부족 문제를 해결하기 위하여 지구로부터 멀리 떨어진 행성 '판도라'에서 대체 자원을 채굴하기 시작합니다. 하지만 판도라 행성은 독성이 가득한 대기로 인해 자원 획득 활동을 거의 할 수 없어서 판도라에서 생활하는 생물 나비 족의 겉모습에 인간의 뇌파를 주입시켜서 원격제어 가능한 아바타를 만듭니다. 이 생명체 아바타는 나비 족의 유전자와 아바타 주인의 유전자 일부를 섞어서 만들어지며, 그렇기 때문에 한 사람당 하나의 아바타만을 가지게 되며 그들의 신경 또한 서로 연결되어 있습니다. 이러한 아바타는 인간이 아바타의 신경에 접속한 상태에서 활동하며, 접속이 끊겼을 때는 잠들어 있는 상태가 됩니다.

하반신이 마비된 전직 해병대원 '제이크 설리'는 아바타 프로그램에 참가할 것을 제안 받아 판도라 행성으로 향합니다. 하루는 제이크의 아바타가 속한 탐색조가 갑작스런 야생동물의 습격으로 인해 위기를 맞고, 가까스로 공격을 따돌리지만 제이크는 탐색조에서 낙오합니다. 그날 밤, 제이크는 개 형상 동물들의 공격을 받던 중 여주인공 '네이티리'의 도움으로 목숨을 구하고, 그녀로부터 나비 족들이 있는 곳으로 인도됩니다. 처음에 나비 족들은 '악마, 꿈꾸는 자'와 같은 표현으로 제이크를 기피하였습니다. 그러나 네이티리가 그의 아버지인 나비 족 추장을 설득한 덕으로 제이크는 그들의 무리에 합류할 수 있었습니다.

한편, 아바타가 있는 위치에 상관없이 제이크의 의식이 본래 육신으로 돌아오면 인간들과 접촉할 수 있습니다. 그는 지구에 가서 다리를 치료받는다는 조건으로 마일즈 쿼리치 대령으로부터 자원 채굴을 막으려는 나비 족을 원래 서식지로부터 이주시키라는 임무를 받습니다. 따라서 그는 나비 족과 같이 생활하며 그들의 신뢰를 얻기 위해 그들의 문화와 전통을 배우고, 전사가 되기 위한 노력을 합니다. 제이크는 네이티리와 함께 지구에서는 겪을 수 없었던 다채로운 모험을 경험하면서 네이티리와 사랑에 빠지고, 나비 족들과 하나가 되어갑니다. 하지만 머지않아 판도라의 자원을 강탈하기 위한 지구인들의 군사 침략이 시작됩니다. 하지만 제이크는 판도라의 생활에 익숙해지고 네이티리와 사랑에 빠져 결국 지구인들의 자원 채굴 계획에 반감을 가지고 같은 생각을 하는 동료들과 함께 싸우며 판도라를 지켜냅니다. 그리고 나비 족의 의식을 통해 제이크가 인간의 육신에서 나비 족의 육신으로 다시 부활하며 영화는 마무리됩니다.

이 영화에서 저의 시선을 단연 사로잡았던 장면은 영화의 끝부분에서 주인공들이 나누었던 대화입니다. 남자주인공 제이크는 나비 족들과 힘을 합쳐 판도라 행성을 침공한 지구인들을 물리치지만 마일즈 쿼리치 대령에 의해 아바타와 연결된 신경이 끊어져 커다란 위기에 처했다가 여주인공 네이트리의 도움으로 위험에서 벗어나게 됩니다. 지금도 생생히 기억하는 장면은 네이트리가 제이크의 육신을 안고 서로 나누었던 대화입니다. 네이트리의 품에 안긴 제이크가 'I see you'라고 말하며 미소를 짓자 네이트리도 'I see you'라고 대답을 합니다.

이 영화에서 카메론 감독이 'I see you'를 통해서 전달하려고 한 의미는 무엇일까요? 'I see you'는 '나는 당신을 봅니다'라고 해석할 수 있습니다. 하지만 제이크라는 인간의 육신을 안고 눈물을 흘리면서 던지는 나비 족 여인 네이트리의 'I see you'는 단순히 '나는 당신을 봅니다' 보다 많은 의미가 담겨 있을 것입니다. 아마 네이트리의 마음에는 '나는 너의 인간이라는 겉모습이 아니라 너의 안에 숨겨져 있는 진정성 있는 참 모습에 공감한다'는 의미일 것입니다. 제이크가 자신의 다리 치료를 포기하고 동족들을 멀리하면서까지 지키고자 했던 내면의 가치를 존중하고 사랑한다는 의미일 것입니다.

영화 '아바타'를 다시 보면서 'I see you'에 대하여 곰곰이 생각해 봅니다. 내가 현재 어떤 대상을 보고 있는 것 같지만 사실은 나의 욕심, 나의 관심이 그 대상을 보고 있습니다. 내가 너를 보고 있는 것같이 보이지만 사실 내 선입관, 욕심, 관심, 내 현재의 지식이 너를 보고 있습니다. 내가 지금 코스모스를 바라보고 있지만, 내가 가지고 있는 코스모스에 대한 관심이 그 꽃을 바라봅니다. 내가 좋아하는 색깔인지, 내가 좋아하는 모양인지 하는 욕심으로 코스모스를 바라보는 것입니다. 아이들도 마찬가지입니다. 교사가 아이들을 바라볼 때 이 아이가 친구들과의 관계는 좋은지, 성적은 어떠한지, 교사의 말은 잘 따르는지를 바라봅니다. 겉으로 드러난 모습을 내가 가지고 있는 기준을 사용하여 바라보는 것이 우리가 하는 '나는 너를 봅니다'입니다.

자세히 본다는 것은 내가 가지고 있는 기준, 관심을 넘어서 아바타의 여주인공처럼 사물과 사람을 보는 방법입니다. 예를 들어 학교 담장에 피어 있는 코스모스 하나를 보아도 이 꽃과 관련된 날씨, 사람들 등을 생각해 보는 것입니다. 올해처럼 더운 여름을 이 꽃은 어떤 방법으로 이겨 냈을까? 이 꽃을 피우기 위해 선생님들은 어떤 노력을 했을까를 생각해 보면 꽃을 보고 받는 느낌이 달라지고, 느낌은 아름다운 생각을 만들어주게 됩니다.

하나하나 살펴보자

자세히 보아야 예쁘다.
오래 보아야 사랑스럽다.
너도 그렇다.
(나태주, 『풀꽃』)

봄빛이 이곳저곳에서 따뜻한 속살을 보여주는 토요일 아침입니다. 아파트 주위를 가만가만 걷다 보니 얼마 전에는 보지 못했던 예쁘고 작은 풀꽃들이 이곳저곳에서 고개를 가만히 내밀고 있습니다. 자연스럽게 나태주 시인의 '풀꽃'이라는 시가 떠오릅니다. 사람이든 풀꽃이든 오랫동안 살펴보면 내면의 아름다움이 보인다는 시인의 생각에 저절로 고개가 숙여집니다.

길을 걷다가 우연히 보도 불럭 사이로 빼꼼히 내민 맨드라미 한 송이를 발견했습니다. 나태주 시인처럼 꽃잎 하나하나를 세어 보았습니다. 27개의 꽃잎을 가지고 있었습니다. 27개의 꽃잎을 세는 동안 보도블록 위에서 살고 있는 맨드라미의 아픔이 슬며시 밀려오는 것을 느꼈습니다. 맨드라미를 사람의 발길이 닿지 않는 곳으로 옮겨 주려고 허리를 숙였는데 맨드라미 친구들이 많이 보였습니다.

봄볕이 너무 따사로운 주말입니다. 고개를 한 번만 돌려도 아름다움으로 넘쳐나는 계절입니다. 아이 손을 잡고 아파트를 한 바퀴 돌면서 새싹 봉오리도 살펴보고 향기를 느끼면서 행복한 주말을 보내시기를 바랍니다. 나태주 시인처럼 아스팔트 옆에서 고개를 내민 이름 없는 풀꽃에 감동할 수 있는 아름다운 주말이 되시기를 바랍니다. 오랫동안 보고 있으면 아름다움이 저절로 느껴집니다.

오랫동안 살펴보자

오랜만에 이른 새벽 카페를 찾았습니다. 가끔씩 강의 또는 원고 제출 등으로 아이디어가 필요할 때마다 새벽에 카페를 찾곤합니다. 여명이 오는 소리를 들으면서 글을 쓰다 보면 없던 아이디어도 곧잘 만들어지곤 합니다. 아마 새벽이라는 정돈된 느낌이 아이디어의 주머니를 곧잘 자극한다는 생각을 해 봅니다. 대부분의 작가들도 새벽에 글을 많이 쓴다고 들었습니다. 제가 작가는 아니지만 나중에 퇴직을 하면 이른 새벽 물안개 피어오르는 호숫가를 찾은 철새들을 친구 삼아서 매일 글을 쓰고 싶습니다.

제가 가끔씩 우리 학교 SNS에 글을 올리는 이유는 대충 짐작하시겠지만, 아이들의 마음속으로 들어갈 수 있는 가르침에 대해서 학부모님, 선생님 모두 함께 고민해 보자는 의미입니다. 아이들 마음은 어떻게 생겼으며, 마음으로 들어갈 수 있는 열쇠를 찾아보는 길을 같이 고민해 보고자 함입니다. 아이들이 학부모, 선생님의 가르침에 마음의 문을 열어주었을 때, 참 교육이 이루어질 수 있고, 아름다운 아이들로 성장하리라 생각합니다.

오늘은 '오래 보아야 한다'는 주제로 두 번째 이야기를 시작하겠습니다. 지난번 이야기에서 보도블록 사이로 빼꼼히 고개를 내민 맨드라미 이야기를 말씀드렸습니다. 꽃잎 개수를 하나둘 세어 보면서 맨드라미의 힘든 삶이 저의 마음에 와 닿았습니다.

그냥 무심히 지나칠 수 있었는데 맨드라미를 자세히 들여다보니 그 아픔이 나의 마음에 와 닿았습니다.

'배움이 자란다'는 이야기는 바로 우리가 관찰한 지식이나 사물이 나의 마음속으로 들어오는 것입니다. 맨드라미를 관찰해 보았더니 그 삶의 아픔을 내가 공감하게 되는 것입니다. 바로 이 순간 나의 마음 가운데에서는 가벼운 지진이 일어납니다. 그 지진이 감성으로 확장되어 인간과 사물에 대한 배려, 존중심이 일어날 수 있는 것입니다. 즉, 자세히 보아야 배움이 일어납니다.

사물을 자세히 보기 위해서는 어떻게 해야 할까요? 우선은 오랫동안 시간을 들여 집중해야 합니다. 사물을 얼마나 오랫동안 집중하면서 보고 있느냐에 따라서 느낌의 질이 달라집니다. 오랫동안 보고 있으면 전에는 보이지 않았던 색깔이 눈에 들어옵니다. 전혀 생각해 보지 않았던 향기가 커다란 울림으로 다가옵니다. '모나리자' 작품을 이해하기 위하여 하루 종일 그 그림만 보고 있었다는 누군가의 이야기가 생각납니다. 이처럼 오랫동안 사물을 자세히 보고 있으면 새로운 지식과 느낌이 나의 마음으로 들어가 내가 기존에 가지고 있었던 지식과 느낌과 충돌하고 헝클어지면서 새로운 배움을 창조해 내는 것입니다.

지금 우리 학교에는 철쭉, 유채, 꽃잔디 등 예쁜 꽃들이 매일매일 아이들과 선생님, 학부모님을 기다리고 있습니다. 가까이 다가가 이야기도 해 보고, 꽃잎 개수도 세어 보고, 그림으로 자세히 그려 보면 새로운 설렘이 다가올 것입니다. 그 설렘이 우리들을 풍요롭게 하고, 배려하는 사람, 창의적인 사람으로 만들어 줍니다. 유채꽃 앞에서 쪼그리고 앉아 내게 보이는 꽃에는 어떤 손님이 찾아오는지 관찰하고, '너를 닮고 싶어'라는 이야기를 주고받으면 '사람이 꽃보다 아름답다'는 말이 실감이 날 것입니다.

이름을 외워 보자

텃밭 상자의 예쁜 유채꽃이 지는 것이 너무 안타까워 몇 분의 선생님과 함께 학교 화단을 보면서 이런저런 이야기를 하고 있었습니다. '내년에는 유채꽃과 함께 배추꽃도 보여 주면 어떨까?'라는 이야기를 하던 중에 6학년 여학생이 선생님들 앞으로 다가왔습니다. "교장 선생님, 숲을 만들어 주셔서 감사합니다."라고 인사를 하였습니다. 그러더니 얼굴이 빨개져서 얼른 교실로 뛰어갔습니다. 학교의 모든 아이들의 이름을 알려고 노력하지만 그 아이의 이름은 잘 기억이 나지 않았습니다. 참 미안하고 고마웠습니다. 명상 숲이 만들어져 우리 아이들이 무척 행복해 하는구나 하는 생각에, 명상 숲을 만들기 위해서 이리저리 고민하고 힘들었던 지난 기억이 인사말 한마디에 눈 녹듯이 사라졌습니다.

산림청, 광산구청의 도움으로 숲을 만들고, 학교의 부족한 예산이지만 아끼고 절약하여 녹색 펜스도 만들고, 명상 숲 옆 빈 유휴지에 잔디도 심고 징검다리도 놓았습니다. 아이들이 잔디를 밟지 않았으면 좋겠다는 생각으로 징검다리를 만들었는데 역시나 우리의 생각이 맞았던 것 같습니다. 교장실에서 명상 숲을 바라보고 있으면 폴짝폴짝 잔디밭 징검다리를 건너는 아이들이 보입니다. 우리 월계 아이들이 바르고 건강하게 자라서 아름답고 건강한 우리 사회를 만들 것이라고 확신해 봅니다. 그러면서 명상 숲을 학부모님이나 우리 아이들이 어떤 방법으로 이용하면 마음이 더 예뻐지고 건강한 아이들로 성장할지에 대하여 고민해 봅니다.

"이름을 알고 나면 이웃이 되고 / 색깔을 알고 나면 친구가 되고 / 모양까지 알고 나면 연인이 된다"는 나태주 시인의 이야기가 명상 숲을 어떻게 이용하면 우리 아이들에게 멋진 낭만의 장소가 될지 가르쳐 줍니다. 우선은 아이들과 함께 명상 숲에 있는 식물들의 이름을 하루에 하나씩 모두 외우는 것입니다. 아이와 함께 손을 잡고 우선은 느티나무 등 큰 나무의 이름을 외워 봅니다. 다음은 조금 작은 나무, 다음은 모란 등 꽃 이름을 외워 봅니다. 그리고 집에 돌아가서는 오늘 외웠던 나무들의 열매, 잎, 성장 모습 등에 대해서 인터넷 등으로 찾아봅니다. 이런 방법으로 식물을 공부하다 보면 명상 숲에서 느끼지 못했던 또 다른 아름다운 느낌이 아이 가슴에 가득 차리라 생각합니다.

녹색 잎이 점점 짙어 가는 아름다운 주말입니다. 아이 손을 잡고 학교 명상 숲에 오셔서 나무 한 그루의 이름을 외우고, 모양을 살피고 "사랑한다." 한마디를 식물에게 할 수 있는 우리 아이들, 학부모님이 되시기 바랍니다. 혹시 주위에 종이 한 장이 바람에 날리면 아이와 함께 주머니에 담아 가는 작은 친절이 훗날 배려로 행복한 아이들을 만들어 주리라고 생각합니다.

확대해보자

이전 글에서 식물의 이름을 알면 배움이 즐겁다는 이야기를 전해드렸습니다. 학교를 거닐다 보면 화단 귀퉁이에서 예쁘게 자라는 꽃을 발견하고 "교장 선생님, 저 꽃 이름이 무엇이에요?"라고 물어 오는 친구들이 있습니다. 참 기특합니다. "그래, 처음 본 꽃이니?"라고 되물으면 "네, 참 예쁘게 피었어요."라고 대답합니다. 아이에게 꽃의 이름을 알려 주고 자세히 살펴보라고 이야기해 줍니다.

아이가 발견한 꽃이 예뻐서 저도 카메라에 담습니다. 꽃을 자세히 관찰하고 마음의 울림이 있으려면 몇 가지 관찰 방법이 필요합니다. 우선 눈으로 자세히 관찰해 봅니다. 꽃잎을 받치고 있는 잎의 모양은 어떤 모양이며, 꽃송이는 어떻게 생겼는지, 꽃잎 하나를 유심히 들여다보아야 합니다. 사실 눈으로만 관찰하면 '예쁘다'는 생각은 들지만 꽃이 마음속에서 피어나지는 않습니다.

꽃이 나의 마음으로 들어와 자리를 잡으려면 새로운 방법이 필요합니다. 카메라로 찍어서 꽃의 모양을 확대하여 살펴보아야 합니다. 꽃송이, 꽃잎 한 장, 꽃받침 잎 하나를 카메라에 담습니다. 담았던 사진을 2~3배 확대하여 살펴봅니다. 그냥 눈으로 보았을 때는 보이지 않았던 색깔, 모양 등이 보이기 시작하면서 나의 마음에 아름다움이라는 설렘이 하나둘 자라나기 시작합니다.

우리 학교 명상 숲 입구, 조그마한 화단에 피어 있는 꽃 하나를 확대해서 살펴보았습니다. 그 꽃은 밤에는 잠을 자느라 꽃잎들이 오므려 있습니다. 아침에 밝은 해가 떠오르면 꽃잎을 활짝 열어 우리 아이들에게 예쁜 자태를 보여줍니다. 우연히 카메라로 꽃송이를 찍었다가 다른 꽃에서는 볼 수 없는 모습을 발견하고 깜짝 놀랐습니다. 눈으로 보는 이 꽃의 색깔은 노란색, 분홍색, 흰색 등 몇 가지가 있습니다. 그 중에서 노란색 꽃을 확대하여 자세히 살펴보았습니다. 이 꽃은 40여 장의 노란색 꽃잎이 둘러싸고 있고 안쪽으로 꽃잎이 붉은색으로 물들어 원을 만들고 있습니다. 그 원 안에는 암술이 여러 개 있고, 수술이 불가사리 모양으로 자라고 있었습니다.

이처럼 배움은 눈으로 보이지 않았던 것을 보는 것으로부터 시작합니다. 눈으로 보이지 않는 것을 보기 위해서는 사물을 크게 확대하여 살펴보아야 합니다. 사물을 확대하거나 축소하여 살펴보면 새로운 관점이 만들어집니다. 바로 이것이 창의성입니다. 오늘은 어린이날입니다. 아이들에게 무엇보다도 가장 큰 선물은 보이지 않는 세상의 모습을 보여주는 것입니다. 오늘 아이와 함께 꽃잎 하나를 카메라에 담아서 자세히 관찰해보는 것도 특별한 어린이날 선물이 아닐까 생각합니다.

어떻게 자세히 보게 할까

아침 일찍 출근하면 저를 맞이하는 반가운 손님들이 이곳저곳에서 저를 손짓합니다. 우선 학교에 도착하면 아이들이 없는 운동장이 눈에 들어옵니다. 얼마 전까지만 해도 우리 학교 운동장은 우레탄이었습니다. 우레탄을 걷어내고 나서 가장 달라진 점은 아이들의 마음이 운동장에 뿌려져 있다는 것입니다. 운동장 이곳저곳에는 아이들의 그림이 보입니다. 여러 가지 동물도 그려져 있고, 재미있는 낙서도 있습니다. 아마 아이들에게 있어 흰 도화지 위에 그림을 그리는 것보다 운동장에 마음껏 낙서를 하는 것이 더 자유롭고 행복하지 않을까 생각합니다.

이전 글까지는 '자세히 보면 배움이 자란다'라는 주제로 '시각'을 이용하여 어떻게 자세히 살펴볼 것인가에 대하여 말씀을 드렸습니다. 우리 어른들에게 정말로 소중한 자녀들이지만, 자세히 바로 보지 않으면 아이들이 어떤 생각을 하고 어떤 행동을 하며 살아가는지 잘 알지 못합니다. 하지만 꽃을 관찰하듯이 아이들의 얼굴을 자세히 바라보고 있으면, 아이의 생각과 행동을 읽을 수 있습니다. 이처럼 사물이나 아이들을 매일 보고 있지만, 특별히 주의력을 가지고 오랫동안 살펴보지 않으면 사물이나 사람의 아름다움, 생각을 알아낼 수 없습니다.

내가 어떤 사물에 특별히 주의력을 가지고 살펴보아야 배움이 일어나는 이유는 무엇일까요? 1초에도 수많은 정보들이 시각, 청각, 촉각 등 감각기관을 통하여 우리의 뇌로 들어옵니다. 그렇게 들어온 정보들은 몇 초에서 몇 분 동안 우리의 뇌에 잠깐 머물러 있습니다. 흔히 심리학이나 뇌 과학에서 단기기억 또는 즉각 기억이라고 말하는 내용입니다. 즉, 지금 감각기관을 통하여 들어온 정보들은 몇 초 또는 몇 분 후에는 전혀 우리의 뇌에 남아 있지 않는 정보입니다.

뇌가 이렇게 정보를 처리하는 이유는 무엇일까요? 지금 현재 나의 시각, 청각 등 감각기관으로 들어오는 모든 정보를 하나도 빠짐없이 기억한다면 뇌가 모든 정보를 처리하느라 엄청난 부담을 질 것입니다. 그러한 부담은 인간이 생존하는 데 치명적인 약점이 될 수 있겠지요. 이러한 이유로 뇌는 특별한 감정을 가지고 주의를 기울이는 정보만 기억하도록 진화되어 왔다고 뇌 과학자들은 주장합니다. 시각에 특별히 주의력을 기울인다는 것은 내가 현재 보고 있는 대상을 나의 과거 지식과 연결하는 작업입니다. 자세히 보지 않으면 내가 보고 있는 물체에 대하여 나의 전전두엽에서 검색을 하라는 명령을 하지 않습니다. 하지만 어떤 관점이나 의도를 가지고 물체를 오랫동안 살펴보면 나의 전전두엽에서 그 의도를 찾아 비슷한 정답을 연결해 줍니다.

점심시간, 2학년 아이들 몇 명이서 명상 숲에서 식물들을 관찰하고 있었습니다. 그날 마침 물양귀비 꽃이 피어 있었습니다. 아이들에게 다가가 물양귀비 꽃을 같이 보자고 권유해 보았습니다. "꽃잎이 몇 장이니?"라고 물었더니 금방 세 장이라는 답을 합니다. "꽃잎 한 장을 자세히 보렴. 몇 가지 색을 볼 수 있을까?"라고 물었더니 아이들은 금방 노란색 한 가지라고 대답을 합니다. "정말 그럴까? 자세히 보면 여러 가지 색깔이 보인단다."라고 아이들에게 질문을 던졌습니다. 아이들은 고개를 갸우뚱하더니 물양귀비 앞에서 쭈그리고 앉았습니다. 그리고 한참을 살펴보더니 옅은 노랑과 진한 노랑이라고 대답을 합니다. 좀 더 자세하게 보라고 권유했습니다. 조금 후에 아이들은 네 가지 색이라고 말하는 아이도 있었고, 여섯 가지 색이라고 말하는 아이도 있었습니다. 사실 물양귀비 꽃은 멀리서 보면 노란색처럼 보입니다. 바로 이것이 소극적으로 보기입니다. 하지만 몇 가지 색이 보일까 하고 주의를 기울이면 셀 수 없을 만큼 많은 색깔이 물양귀비 꽃에 들어 있음을 발견하게 됩니다. 그리고 아이들에게 물었습니다. "양귀비 꽃잎 하나는 무엇을 닮았을까?" 나비의 날개부터 시작해서 부채, 친구에게 받았던 선물 등 다양한 이야기들이 나오기 시작했습니다.

아이들이 사물을 자세하게 보기 위해서는 교사가 어떤 관찰 관점으로 보게 할 것인가의 의도가 중요합니다. 두 가지 관찰 관점을 제시해 볼 수 있습니다. "이 나뭇잎을 자세히 바라보면 10가지 색이 보인단다."라고 알려주면 아이들은 정말로 10가지 색을 찾아냅니다. 하지만 "나뭇잎을 자세하게 관찰해 보렴"이라고 말하면 아이들은 적극적으로 관찰하려는 의지가 없어집니다. 왜 이런 현상이 생기는 것일까요? 전문가들은 인간의 목표 지향적인 본성이 이러한 결과를 낳는다고 이야기합니다. 분명한 목표가 보일 때 나의 전전두엽이 실행속도를 높여 적극적인 관찰이 가능하다고 합니다. 반대로 "나뭇잎을 자세하게 관찰해 보렴"처럼 목표가 불분명할 때는 뇌의 전전두엽의 기능을 활성화시키지 못한다는 것입니다.

오늘 아침에 학교 운동장을 돌며 나무나 꽃들이 얼마나 자랐는지 살펴보았습니다. 학교 담장에는 장미들이 여기저기서 고개를 내밀고 있습니다. 그 중에 내가 좋아하는 노란 장미도 보였습니다. 그 노란 장미 앞에서 한참 동안 서서 꽃을 바라보았습니다. 노란색 바탕에 붉은색 물감으로 옅게 덧칠하였다는 느껌을 받았습니다. 이처럼 내가 의도적으로 주의를 기울이면 사물에서 생각과 느낌이 만들어집니다. 우리 아이들도 어려서부터 사물을 오랫동안 바라보면서 생각과 느낌이 잘 만들어지는 멋진 아이들로 성장하길 바랍니다.

눈에 보이는 것 너머를 바라보다

지금까지 우리 아이들이 어떻게 하면 사물을 보다 자세히 볼 수 있는지에 대하여 생각해 보았습니다. 일반적으로 인간이 가지고 있는 시각, 청각, 후각, 촉각, 미각 중 시각은 가장 중요한 감각이라고 이야기합니다. 그 이유는 우리를 둘러싸고 있는 세상의 정보들을 가장 빠르고, 정확하게, 대량으로 전달해 주기 때문입니다. 아침에 눈을 뜨고 창문을 열면 시원한 바람이며 참새 소리가 후각, 청각도 자극하지만, 지나가는 사람, 바람에 흔들리는 나뭇가지, 잿빛 안개가 허리를 감싸고 있는 앞산이 나의 눈으로 들어옵니다. 그리고 눈을 들어 먼 곳의 나무들을 바라보면 참새 몇 마리가 떼를 지어 나뭇가지에 앉아 있습니다. 이 모든 정보는 시각이 없으면 우리 마음에 들어올 수 없는 것들입니다.

이렇듯 모든 정보와 지식은 시각을 통하여 바라보는 것에서부터 시작되지만 그 느낌은 모두 다릅니다. 잿빛 안개가 허리를 감싸고 있는 아침 산을 바라보면서 '오늘은 아침 안개가 자욱해'라고 생각하는 사람이 있는 반면, 어떤 사람은 오늘 만나는 모든 사람들을 안개처럼 따뜻하게 품어주자고 생각합니다. 아침 안개에서 부드러움을 발견하고, 나의 일상생활과 접목을 시킵니다. 바로 이것이 사물을 자세하게 바라보기입니다. 이를 두고 『생각의 탄생』의 저자 로버트 루트번스타인은 '세속적인 것의 장엄함'이라는 표현을 하였습니다. 자신의 감각 기관을 활용하여 일상에서 접하는 사물과 대상들에서 놀랍고도 아름다운 비밀을 찾을 수 있는 사람이 사물을 자세하게 바라보는 적극적 관찰자라는 것입니다.

사물을 자세하게 바라본다는 것은 그 사물을 통하여 어떤 느낌을 갖느냐 하는 문제와 직결됩니다. 이전 글에서 이야기했던 사물을 낱개로 살펴보기, 오랫동안 살펴보기, 확대해서 보기, 이름을 외워 보기 등은 사물을 살펴보고 느낌을 만들기 위한 필수 도구입니다. 그 중에서도 오랫동안 살펴보기는 가장 핵심적인 도구라고 할 수 있습니다. 코스모스 꽃잎 한 장 한 장을 세다 보면, 나의 시야에 색깔이 들어오고, 모양과 향기가 들어옵니다. 그러면서 이 코스모스가 피기까지의 과정이 상상됩니다. 이 꽃이 피기까지 맞닥뜨렸던 비바람이 그려지며, 그늘에서 핀 코스모스와 양지에서 핀 코스모스가 비교되면서 측은함과 아름다움이라는 감정이 동시에 물결치게 됩니다.

자세하게 바라본다는 것은 영화『아바타』에서 나비 족 여자 주인공이 인간 남자 주인공의 육신을 안고 나누었던 'I See You'와 같습니다. 여자 주인공이 자신의 신체 모습과는 전혀 다른 겉모습 뒤에 숨겨져 있는 남자 주인공의 마음을 볼 수 있었던 눈입니다. 이처럼 자세하게 바라본다는 것은 보이는 것 너머의 것을 파악하는 것입니다. 자세하게 바라보기는 내가 무엇을 보느냐의 문제가 아니라 내가 곧 무엇을 보려고 하느냐의 의지에 달려 있습니다.

자세히 들어야
배움이 자란다

이 장에서는 '자세히 들어야 배움이 자란다'라는 주제로 이야기를 시작하겠습니다. 얼마 전 '교장 선생님과 함께하는 꿈지락(꿈知樂) 프로젝트 설명회'를 가졌습니다. 꿈知樂은 꿈은 배움이 즐거워야 이루어진다는 뜻의 우리 학교 브랜드입니다. 꿈지락知樂 프로젝트는 '어떻게 하면 우리 아이들이 사물을 자세히 보고 들을 수 있을까'라는 고민으로 시작한 학교의 명상 숲을 활용한 정점 관찰 프로젝트입니다. 일정한 시기에 같은 장소에서 식물을 관찰하고 그 변화된 점을 기록해 보는 프로그램입니다. 수업 중에 유난히 눈에 들어오는 아이들이 있었습니다. 한 손으로는 메모를 하면서 나의 이야기에 귀 기울여주고, 가끔 살며시 미소도 지어 보이고 고개를 끄덕여 주기도 합니다. 보기에도 참 예쁜 아이들입니다.

이 아이들을 보면서 '경청'의 의미를 생각합니다. 경청은 주의를 기울여 열심히 듣는 것입니다. 경청의 의미를 자구(字句)대로 풀어보면, 경(傾)은 사람 인(亻) 변에 머리 삐뚤어질 경(頃) 자를 합하여 머리를 기울인다는 뜻입니다. 경청에서 경은 몸과 마음을 상대방에게 기울이는 것입니다. 청(聽)은 '왕의 귀(耳 + 王)로 듣고, 열 개의 눈(十 + 目)으로 보고 하나의 마음(一 + 心)으로 대하고 듣는다는 뜻입니다. 결국 경청이란 상대방의 말과 행동에 잘 집중해서 상대방이 얼마나 소중한지 인정해주는 것입니다. 하지만 말처럼 듣기가 쉬운 것은 아닙니다. 말을 배우는 데는 2년이며 경청을 배우는 데는 80년이 걸린다는 이야기가 있듯이 남의 이야기를 잘 들어준다는 것은 무척 어려운 일입니다.

Listen, 내 마음을 들어주세요

아침 출근길 자동차 안에서 'Listen'이라는 노래를 들었습니다. 영어 실력이 부족한 저로서는 팝이 나오면 별 생각 없이 들었겠지만 노래의 배경이 되는 이야기도 알려주고 가사를 우리말로 자세히 알려주어서 저의 관심을 끌기에 충분했습니다. 「Listen」은 2007년, 비욘세 놀스 (Beyoncé Knowles)가 발표한 싱글 음반으로, 2006년 미국의 뮤지컬 영화『드림걸즈 (Dreamgirls)』의 사운드트랙으로 잘 알려져 있습니다. 이 영화는 전 세계 모든 걸그룹의 모태가 되는 전설적인 흑인 여성 트리오인 '슈프림스'의 실화를 기초로 한 뮤지컬 영화입니다. 개인적으로 영화 내용보다는 비욘세를 비롯한 세 명의 소녀가 울분을 토해내듯 부르는「Listen」이라는 주제 음악이 오늘을 살아가는 아이들의 마음을 대변하는 것 같아 마음이 아팠습니다. 가사의 일부를 소개해보겠습니다.

I'm not at home in my own home

And I've tried and tried

To say what's on my mind

You should have known, oh

Now I'm done believing you

You don't know what I'm feeling

I'm more than what you've made of me

I followed the voice you gave to me

But now I've gotta find my own

나는 집에 있지 않아요. 나만의 집에

나는 노력하고 또 노력했어요.

내 마음속에 있는 말을 하려고

당신은 그걸 알았어야 했어요.

이제는 당신을 그만 믿을래요.

당신은 내 기분을 몰라요.

난 당신이 만들어낸 존재가 아니랍니다.

난 당신의 이야기를 따라갔답니다.

하지만 이제 나만의 소리를 찾아야겠어요.

비욘세의 「Listen」을 들으면서 생각나는 것은 학교를 떠나는 우리 아이들입니다. 국정감사 자료에 의하면 지난해 학교를 떠나는 아이들이 4만 7천 명이나 되었다고 합니다. 영화 『드림걸즈』에서 세 명의 소녀는 '난 당신의 이야기를 따라갔답니다. 하지만 이제 나만의 소리를 찾아야겠어요.'라고 이야기를 전하면서 그동안 자신들을 대중스타로 만들어준 사람의 곁을 떠나갑니다. 지금 제가 글을 쓰고 있는 이 시간에도 자퇴 문제로 운동장을 걸으면서 방황하는 아이들이 있을 것입니다. 초등학교도 마찬가지입니다. 학교가기 위하여 집을 나섰지만, 선생님과 친구들이 싫어서 골목길 어느 곳에선가 울고 있는 아이들도 있겠지요.

제가 3년 전에 몸담았던 ○○초등학교에서 있었던 일입니다. 4월 어느 날 학교 폭력 문제가 발생했습니다. 6학년 여자 친구 5명이서 5학년 여자 친구 1명을 심하게 꾸중한 사건이 벌어졌습니다. 학교에서 벌어진 문제였기 때문에 즉각 저에게 보고가 되었고, 다행이 담임 선생님과 부모님의 적극적인 노력으로 학교폭력문제로 번지는 일은 막을 수 있었습니다. 6학년 여자 아이들을 만나보기 전에 담임 선생님과 이야기를 나누었는데, 우리가 흔히 학교에서 문제라고 말하는 아이들이었습니다. 아이들과 처음 만남이 있던 날 따뜻한 우유와 약간의 과자를 준비했습니다. 아이들이 교무실로 들어오자 아무런 이야기 없이 따뜻한 우유를 먹게 했습니다. 그리고 일주일에 한 번씩 만나자는 약속을 한 뒤 아이들을 돌려보냈습니다. 그로부터 이 아이들과의 만남이 시작되었습니다. 저에게 심하게 꾸중 받으리라 생각했던 아이들이 의외의 결과에 당황했고, 시간이 조금씩 흐르면서 저에게 마음을 터놓기 시작했습니다. 아이들과의 만남의 시간에 제가 저에게 한 약속은 훈계하지 말고 오직 듣기만 하자였습니다. 아이들의 이야기는 집안 이야기, 친구 이야기로 시작해서 나중에는 독서 이야기로까지 확대되었습니다. 그렇게 시간이 흐른 10월의 어느 날이었습니다. 그날따라 아침 일찍 출근을 했는데 선생님들이 문제라고 말했던 여자 아이 한 명이 교무실 문 앞에서 울고 있었습니다. 아이에게 다가가 "무슨 일 있니?"라고 물어보았습니다. 한참을 울더니 그 아이는 "어제 부모님께서 이혼을 하셨어요. 이 이야기를 교감 선생님께 하고 싶었어요." 가슴이 먹먹해졌습니다. 그 이후에 이 아이들이 중학교에 입학해서 잘 적응하고 있다는 소식을 가끔씩 듣고 있습니다. 이 아이들과의 만남 이후 학교에 단 한 명이라도 마음을 털어놓고 의지할 수 있는 사람이 있으면 아이들은 배움으로부터 도망가지 않는다는 확신을 가질 수 있었습니다.

7월 어느 날, 학교 담장 밑으로 코스모스 밭을 만들었습니다. 너무 늦게 씨를 뿌린 탓인지 코스모스의 줄기가 유난히 작았습니다. 선생님들은 꽃이 필까 걱정을 했는데, 작은 줄기에도 불구하고 가을에 예쁜 꽃을 모두가 볼 수 있었습니다. 하지만 아이들과 선생님들이 모르는 비밀 한 가지가 있습니다. 유난히 가뭄이 심했던 금년 여름, 코스모스가 더위를 이겨낼 수 있었던 것은 새벽마다 누군가가 코스모스에 물을 주었기 때문입니다. 아이들도 마찬가지입니다. 아무도 모르게 코스모스에 물을 주었던 사람처럼, 학교생활이 힘든 아이의 마음에 몰래 다가가 물을 줄 수 있는 사람이 있으면 아이는 배움을 거부하지 않습니다. 학교라는 공간에 단 한 명이라도 의지할 선생님이 있으면 아이들은 자퇴를 하거나 배움으로부터 도망가지 않을 것입니다. 다만 아이들이 의지하는 선생님, 부모님이 되기 위해서 할 일은 훈계가 아니라 아이들의 '마음 듣기'입니다. 음악을 집중해서 들으면 그 참맛을 알 수 있습니다. 아이들의 '마음 듣기'에 집중하는 것이 참 교육입니다. 배움의 시작은 아이들의 '마음 듣기'에서 출발합니다.

잘 듣기가 더 어려운 이유

교장실 옆 복도 빈 공간에 '꿈知樂 놀터'를 만들었습니다. 구청의 도움을 받아 아이들이 언제든지 공연할 수 있는 작은 공연장을 만들고, 그 옆에는 해먹과 아이들이 이야기를 나눌 수 있는 예쁜 공간을 만들었습니다. 쉬는 시간, 점심시간 등 빈 시간을 이용하여 이곳을 찾는 아이들이 많습니다. 어떤 선생님께서는 이곳에 오셔서 연극 수업도 하시고, 방송부 선생님께서는 그곳에서 이루어지는 공연을 생중계로 각 반 교실에 보여 주시기도 합니다. 아이들과 선생님이 좋아하는 모습을 보면서 학교라는 공간의 활용에 대해서 많이 고민하는 계기가 되었습니다.

구청에서 실시하는 '엉뚱 공간 프로젝트'에 당선이 되었을 때 어디에 꿈知樂 놀터를 만들까 고민을 했습니다. 선생님들과 이곳저곳 학교의 공간을 살피면서, 가장 넓은 장소인 교장실 옆에 만들어 보자고 저의 생각을 선생님들에게 이야기했습니다. 어느 선생님께서 "교장 선생님, 아이들의 떠드는 소리를 감당할 수 있겠어요?"라고 말씀하셨습니다. "난 아이들의 떠드는 소리를 들었으면 좋겠어요."라는 저의 이야기에 꿈知樂 놀터는 교장실 옆에 만들어지게 되었습니다. 꿈知樂 놀터가 완성되자 신기해서였던지 많은 아이들이 몰려들었습니다. 처음에는 해먹을 서로 타겠다고 싸우기도 하고, 이야기 방을 먼저 차지하기 위해서 복도에서 달려옵니다. 미니 공연장에서는 큰 소리로 아이들이 소리를 지르며 구르기도 합니다. 아이들의 소란이 한참 최고를 향해 달려갈 무렵에는 "내가 왜 꿈知樂 놀터를 교장실 옆에 만들었을까?"라고 매일 후회를 했습니다. 하지만 지금은 어느새 서로 양보하고 질서를 지켜 가는 아이들의 문화공간으로 자리를 잡아 가고 있습니다.

내가 아이들의 소리를 듣고 싶어서 교장실 옆에 '꿈知樂 놀터'를 만들었고, 그곳에서 아이들이 놀다 보면 큰 소리를 낼 수도 있는데 그 소리를 참을 수 없을 만큼 듣기가 힘든 이유는 무엇일까 생각해봅니다. 우선 2부에서 읽었던 배움의 경로를 생각하면서 듣기의 의미부터 살펴보겠습니다. 우선 들린다는 것은 귀에 도착한 소리를 의미합니다. 이것은 자신이 집중해서 들리는 말일 수도 있고, 자신의 의지와는 상관없이 주변에서 들리는 소리일 수 있습니다. 세상에는 수많은 소리들이 존재합니다. 지금 이 글을 쓰고 있는 순간에도 차 소리, 바람 소리, 아이들의 이야기 소리 등 여러 가지가 들리지만 우리의 뇌에 모두 저장되지는 않습니다. 어제 친구에게 들었던 이야기, 선생님이 들려주었던 이야기 등 어제 들었던 모든 소리를 기억하는 아이들은 없을 것입니다. 이처럼 소리는 뇌에서 배움이 일어나는 소리와 배움이 일어나지 않는 소리로 구분할 수 있습니다. 배움이 일어나는 소리란 무엇일까요? 현재 내가 기억하고 있는 소리입니다. 내가 주의를 집중해서 들었던 이야기인 것입니다. 먼저 소리가 뇌에서 어떤 경로를 거쳐 배움이 일어나는지 살펴보겠습니다.

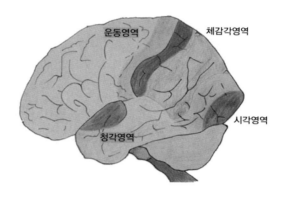

* 청각영역이 측두엽 변연계 가까이 있어서 감정과 더 잘 연결된다

　일단 우리가 의식을 집중해서 들은 소리들은 귓구멍을 통과하여 달팽이관 등을 거쳐 시상(Thanlamus)에 도착하게 됩니다. 시상을 통과한 소리는 청각피질을 거쳐 청각연합영역, 다중감각영역으로 보내지게 됩니다. 처음으로 듣는 소리는 해마에 보내지고, 다시 출력되어서 연합영역 등에 저장됩니다. 그런데 여기서 생각해 보아야 할 것이 있습니다. 시각 피질은 후두엽에 있는데, 청각피질은 측두엽에 있습니다. 시각처리는 시상을 통과하여 뇌의 뒷부분에 있는 후두엽에서 시작합니다. 그런데 청각

은 양쪽 귀 옆 부분에 있는 편도체 등 변연계가 있는 측두엽에서 처리하므로 감정에 매우 밀접한 영향을 받는다는 것입니다. 다르게 이야기하여 보면 우리의 뇌가 정보를 처리할 때, 시각정보는 보다 분석적이고 논리적이지만 청각정보의 처리는 감정의 영향을 크게 받는다는 사실입니다.

교장실 문을 열고 나가 꿈知樂 놀이터에서 아이들의 뛰노는 모습을 봅니다. 재미도 있고, 가끔씩 박수도 쳐주지만, 교장실 문을 닫고 아이들의 노는 소리를 듣고 있으면 마음이 불편해지는 이유는, 듣는 행위에 뇌가 감정을 섞어서 매우 민감하게 처리하기 때문입니다. 듣기가 감정에 매우 민감하다는 것은 우리 생활 주변에서 수없이 많습니다. 영화를 보다가 눈을 감고 소리만 듣고 있으면 주인공에 감정 몰입이 훨씬 잘 됩니다. 듣고 있는 내용과 관련된 사건들을 연결, 즉 상상하면서 듣기 때문이겠죠. 청각을 처리하는 청각피질이 감정을 처리하는 변연계와 서로 매우 가까이 있어서 상호 영향을 주고받기 때문에, 상대방의 이야기가 조금이라도 귀에 거슬리면 감정이 불끈하고 솟아나 상대방의 진심을 왜곡할 때가 많이 있습니다.

"듣는 것이 쉬울까? 말하는 것이 쉬울까?" 하고 사람들에게 물어보면 대부분 듣는 것이 쉽다고 대답을 합니다. 하지만 '말을 배우는 데는 2년이 걸리지만 침묵을 배우는 데는 60년이 걸린다'는 공자의 이야기처럼, 남의 이야기를 듣는다는 일은 나의 감정과 연결되어 있기 때문에 상대방의 이야기를 왜곡 없이 사실대로 듣기가 매우 힘듭니다.

듣기는 감정과 더 가깝다

이전 글에서 청각을 담당하는 청각피질 영역이 감정을 담당하는 편도체를 비롯한 변연계 주변의 뇌 기관과 밀접히 연결되어 있기 때문에 우리가 다른 사람의 이야기를 객관적, 사실적으로 듣지 못하고 나의 감정과 연결해 재구성하여 듣게 된다는 이야기를 전해드렸습니다. 오늘 이야기는 소리가 귀에 들릴 때 우리의 감정과 어떻게 연결되는지를 오펜바흐의 「재클린의 눈물」이라는 첼로 연주곡의 예를 들어 구체적으로 알아보겠습니다.

「재클린의 눈물」은 1990년대 서민들의 애환을 그린 드라마 『옥이 이모』의 배경음악으로 쓰여 우리들에게 친숙합니다. 이곡은 베르너 토마스(Werner Thomas)라는 첼리스트가 오펜바흐의 미발표 곡을 찾아내어 첼리스트 재클린 뒤 프레(Jacquelin Du Pre)에게 헌정하면서 「재클린의 눈물」이라는 제목을 지은 것이라고 합니다. 주인공 재클린은 어릴 때부터 '우아한 영국 장미'라는 칭송을 받은 천재 첼리스트였습니다. 그녀는 23살에 피아니스트이자 지휘자인 다니엘 바렌보임을 사랑하여 결혼했으나 그 행복은 오래 가지 못했습니다. 26살부터 희소병인 다발성 경화중을 앓게 되어 남편과 헤어지고 그토록 사랑했던 첼로 연주도 포기했으며 42살의 아까운 나이에 세상을 떠났다고 합니다. 주인공의 삶이 슬퍼서일까요? 이 연주곡 바닥에 흐르는 첼로의 장중하고 절제된 저음을 듣다 보면 재클린이 눈물을 흘리며 흐느끼는 모습을 옆에서 지켜보고 있는 것 같습니다.

「재클린의 눈물」을 듣기 위하여 플레이 버튼을 누르면 스피커에서 나온 연주곡이 제일 먼저 도달하는 곳은 내 귀의 달팽이관입니다. 연주곡은 달팽이관에서 전기신호로 바뀌어 뇌에서 가장 중요한 기관 중 하나인 시상(Thalamus)으로 보내집니다. 버스 터미널에 여러 지역에서 오는 버스가 모두 모이듯이 후각을 제외한 시각, 청각, 체감각 등의 모든 감각은 시상(Thalamus)으로 모여들게 됩니다. 참고로 사람의 시상(Thalamus)은 가로 2.5 센티미터, 높이 2센티미터의 크기의 호두 모양으로 여러 가지 핵으로 구성되어 있습니다. 터미널에 가 보면 하차하는 버스의 구역이 정해져 있듯이 감각 정보가 도달하는 곳이 모두 다릅니다. 그중에 청각은 시상의 아랫부분에 있는 내측슬상핵(medial geniculate nucleus)으로 정보가 모여들게 됩니다. 시상에 도착한 청각 정보는 다음 도표처럼 청각피질, 청각연합피질, 감각연합피질로 보내지는데, 감정을 담당하고 있는 편도체에도 같은 정보가 보내집니다. 청각피질에서도 마찬가지입니다. 시상에서 측두엽에 있는 청각피질에 도착한 청각정보는 청각연합영역으로 정보를 보낼 뿐만 아니라 편도체에도 같은 정보를 보내게 됩니다. 시상에 도착한 정보가 편도체에 보내지고, 청각피질에 도착한 정보가 편도체에 보내지면서 청각 정보는 실시간으로 감정에 색칠되어 우리 몸을 지배합니다.

〈청각정보의 전달경로〉

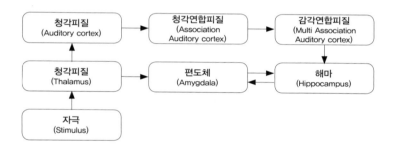

제가 지금 블루투스 스피커로 듣고 있는 「재클린의 눈물」의 첼로 선율의 아름다운 소리는 시상에 도착하자마자 편도체에 보내지고, 청각피질, 청각연합피질을 거쳐서도 실시간으로 편도체에 그 정보가 보내어집니다. 편도체(Amygdala)는 감정의 중추라고 알려져 있습니다. 편도체는 기억을 담당하는 해마와 판단, 공감 등을 담당하는 전전두엽, 감정조절, 동기부여 등을 담당하는 대상회와 실시간으로 연결하여 주의집중, 의사결정 등 고차

적 인지능력에 영향을 미치도록 구조화되어 있습니다. 뇌 과학자들은 시상, 청각피질 등에서 감정을 담당하는 편도체 등에 정보를 보내는 네트워크가 감정조절, 판단 등을 담당하는 전두엽 등의 피질에 보내는 네트워크보다 3배가량 더 촘촘히 연결되어 있다고 합니다. 이렇게 되면 편도체를 비롯한 정서의 뇌가 전두엽 등 사고의 뇌를 지배하고 있다고 보아야 합니다. 즉 감정이 기억, 인지, 동기를 조절합니다.

일상생활을 살펴보겠습니다. 학교에서 아이들이 심하게 떠들거나 어떤 학생이 바르지 못한 태도로 선생님에게 대꾸할 경우 우리는 감정을 조절하기가 무척 힘이 드는 것이 사실입니다. 학생의 신경질적인 반응이 시상에서부터 편도체로 전달이 되면서 편도체는 안전하지 못하다고 판단을 합니다. 편도체가 불안감을 느끼면 뇌에 있는 혈액이 피질 안쪽에 있는 뇌간으로 몰리기 시작합니다. 피가 뇌간 쪽으로 몰리면 나타나는 현상은 전두엽의 기능 마비입니다. 판단, 공감, 조절을 담당하는 전두엽은 혈액이 적절하게 공급이 되었을 때만 가능합니다. 지주막이 파손되는 등 뇌경색이 일어난 환자가 인지, 판단 기능에 어려움을 겪는 이유도 여기에 있습니다. 내가 남으로부터 심각하게 불편한 소리를 듣고, 화가 많이 났을 때 우리는 흔히 '뚜껑이 열린다'라는 표현을 합니다. 바로 혈액이 뇌간으로 모여들어 머리에 열이 나면서 팔에 힘이 들어가는 현상을 말합니다. 나의 생존을 위해서 무의식적으로 싸울 준비를 하는 것입니다.

끝까지 잘 들어주기

지금까지 내 귀로 듣는 소리들이 나의 감정과 매우 밀접하게 상호 연결되어 있어서 나를 불편하게 하는 학생들의 신경질적인 대답이나 동료의 조언 등은 잘 듣기가 매우 어렵다는 이야기를 드렸습니다. 듣기가 쉽지 않은 것이기 때문에 20세기가 말하는 시대였다면 21세기는 듣기의 시대라고 합니다. 학교에서 가장 인기 있는 선생님들의 공통점도 잘 들어주는 선생님입니다. 아이들과 선생님의 관계에서 가장 기본적인 것은 의사소통입니다. 아이들의 이야기를 잘 들어주고, 선생님의 의견을 이야기하는 과정에서 자연스럽게 친밀한 관계가 형성이 되면서 아이들의 배움은 시작되어 갑니다.

저의 교직 경력을 되돌아보면 아이들의 이야기를 가장 잘 경청해주시는 선생님을 만난 적이 있습니다. 저는 1988년 10월 1일 전라남도 장흥군에 있는 ○○초등학교로 발령을 받았습니다. 당시 2학년 담임으로 배정이 되었는데, 옆 반의 담임 선생님은 나이 40을 갓 넘기신 중견 남자 교사였습니다. 그 당시에는 월말평가, 기말평가 등이 있었는데, 그 선생님 반 아이들은 평균이 100점에 가까울 만큼 공부도 잘하였고, 생활태도가 바르다고 주위 선생님들의 칭찬이 자자했습니다. 하루는 교장 선생님이 저를 부르셔서, 그 선생님 고향이 장흥이며, 학부모들이나 교직 선후배가 무척 좋아하는 선생님이라는 이야기를 해 주시며 많이 배웠으면 한다는 부탁의 말씀을 하셨습니다. 그날 이후 아침에 출근하면서부터 옆 반 선생님을 관찰하기 시작했습니다.

제가 기억하기로 당시 옆 반 선생님은 아침 일곱 시 경이면 출근을 하셨습니다. 아침에 일찍 오셔서 교실 정면 왼쪽에 있는 교사 책상에서 책을 읽으시던 모습이 지금도 눈에 선합니다. 아이들이 교실에 들어오면 선생님 책상 앞으로 다가갑니다. 인사를 하고 일기와 과제를 선생님 책상 위에 올려놓습니다. 그러면 선생님은 아이의 두 손을 꼭 잡고 눈을 마주하면서 표정을 살핍니다. 아이의 표정을 살핀 후 그 아이에게 맞는 질문으로 아이의 이야기를 들어 주십니다. 지금도 저의 가슴에 감동적인 장면으로 기억나는 것은 아이가 이야기를 할 때마다 중간 중간 고개를 끄덕이며 미소를 지어 주셨던 모습입니다.

지금 생각해 보면 선생님은 의사소통의 달인이셨습니다. 전문가들이 의사소통의 기술로 가장 강조하는 것이 일단 침묵하면서 들어주는 것입니다. 선생님께서는 아이의 이야기를 들어 주는 과정에서 중간에 절대 끼어들지 않으셨습니다. 눈을 맞추고 아이의 표정을 살피면서 이야기를 마칠 때까지 기다리셨습니다. 이야기를 들으면서 중간 중간에 "그래서 화났구나, 서운했겠다." 등 아이의 입장에서 감정을 지지해 주는 말도 잊지 않으셨습니다. 사실 학교생활에서 아이들의 감정을 지지해 주며 이야기를 끝까지 들어준다는 것은 무척이나 힘든 일입니다. 우선 학교생활이 바쁘기도 하겠지만 보통 사람들은 이야기를 듣는 방법이 습관화되어 있지 않습니다. 저만 보더라도 선생님이나 아이들의 이야기를 잘 듣기 위하여 책상 위에『듣는 힘』이라는 도서를 항상 비치해 두고 있습니다. 그 책의 표지에는 '잘 말하는 사람에게는 귀를 열지만, 잘 듣는 사람에게는 마음을 연다. 누군가의 말을 들어주는 것, 그것은 힘이다.'라고 적혀 있습니다. 아이들이나 선생님과 이야기를 나누다 가끔 저를 중심으로 대화를 할 때가 있습니다. 이야기를 마친 후『듣는 힘』을 다시 읽으면서 나의 마음을 다시 성찰하여 봅니다. 아이들이나 어른이나 할 것 없이 누구나 자기 말을 잘 들어주길 바랍니다. 학교에서 우리 아이들의 이야기를 들어주는 선생님이 있어야 배움은 시작됩니다.

표정과 몸짓도 들어주기

우리 아이들이 태어난 날을 기억하나요? 인생에서 우리 아기가 태어난 날은 아기의 울음소리를 들으며 생명의 위대함, 소중함을 가장 크게 느낀 하루였습니다. 아기의 칭얼거리는 소리만 들어도 배가 고픈지, 아니면 기저귀를 갈아주어야 하는지 부모라면 누구나 알 수 있었겠지요. 어쩌면 아이들의 마음을 가장 잘 이해하는 부모의 시기였을 것입니다.

그러던 아이들이 성장을 해서 유치원에 가고 초등학교를 다닙니다. 울음으로 자기 욕구 표현을 하였던 아이들이 언어로 자기 마음을 내보입니다. 아이들이 언어로 자기 생각을 표현하면 아이들의 마음을 더 잘 이해할 수 있다고 우리 어른들은 생각하게 됩니다. 정말로 아이들의 이야기를 들으면 우리들은 그들의 마음을 잘 이해할 수 있을까요?

언어는 나의 감정과 생각을 표현할 수 있도록 도와주는 중요한 도구 중의 하나이며 방법입니다. 하지만 언어가 가진 단점도 있습니다. 나의 감정이나 생각을 정확히 표현할 수 없다는 것입니다. 예를 들어 새소리를 듣고 정확히 언어로 표현하기 어렵습니다. 참새 소리가 '짹짹'일까요? 가만히 귀 기울여 들어보면 '짹짹'이 아닙니다. 정확히 이야기하자면 표현할 수 있는 언어가 없다고 보아야 합니다. 참새의 소리를 정확히 표현하기 어렵듯이 우리들의 감정과 느낌도 정확한 언어로 표현하기 어렵습니다. 그렇다면 아이들의 마음을 정확하게 알아내는 방법은 무엇일까요? 옛날 어느 대중가요에 '눈으로 말해요. 남들이 알지 못하도록 눈으로 말해요.'라는 가사가 있습니다. 아이들의 마음을 정확히 알 수 있는 길은 눈빛을 읽고 얼굴 표정을 살펴보면서 아이들의 소리를 듣는 것입니다. 아이들의 진실은 언어보다는 표정과 눈빛에 숨어있습니다.

이러한 이유는 인간이 진화하면서 생존을 위해 뇌가 발달되어 온 것과 관련이 있습니다. 우리 뇌 속의 풍경을 조금 이야기 해보자면, 생각과 감정은 우리의 뇌에서 1000억 개 신경세포의 합작으로 만들어집니다. 신경세포들은 크게 오감을 담당하는 지각과 감정, 생각을 담당하는 부분으로 구분이 됩니다. 그런데 감정과 관련되는 신경세포는 우리의 얼굴 등의 피부와 직접 연결이 되어 있습니다. 뒤에 따라오는 자동차가 갑자기 경적을 울리면 머리카락이 곤두서는 것을 아마 체험해 보셨을 것입니다. 즉 사람들의 감정이나 생각은 언어에 앞서서 표정이나 눈빛 등으로 우선 표출이 됩니다.

아이들의 마음을 이해하기 위해서는 아이들의 이야기뿐 아니라 그들의 표정 눈빛에서 어떤 소리를 내는지 잘 들어야 합니다. 아이들과 대화를 할 때는 하던 일을 중단하고 아이 눈빛에서 나오는 소리, 표정에서 나오는 소리를 듣기 위하여 노력해야 합니다. 그리고 다음으로 아이들의 이야기를 귀로 들어야 합니다. 이렇게 부모님이나 선생님이 아이들의 이야기를 표정, 눈빛, 소리로 잘 들어주었을 때 그들의 욕구가 하나둘씩 해소되기 시작합니다.

아기의 울음소리를 듣고 엄마가 모유를 주면 한없이 행복해하는 아기 얼굴을 많이 보았을 것입니다. 하지만 아이가 초등학교에 입학해 학교생활을 하면서 친구들과의 관계 또는 공부 등으로 마음에 상처가 하나둘 쌓여가겠지요. 아이들에게 이 상처가 쌓이다 보면 어느 순간에는 감당 못 할 행동으로 우리에게 돌아옵니다. 아이들의 표정과 눈빛의 소리를 들어보십시오. 그리고 아이들의 이야기를 들으면 그들의 마음을 이해하게 될 것입니다. 이번 한 주간 귀한 우리 아이와 눈빛을 맞추고, 그들의 표정에서 어른들에게 하고 싶은 이야기가 무엇인지 고민하는 일주일의 시작이 되기를 바랍니다.

귀 기울여 듣기

지난 시간에 자세히 듣는다는 것은 표정과 행동에서 보여주는 마음을 읽어내는 것이라고 말씀을 드렸습니다. 눈을 마주하고 사랑한다는 미소를 천천히 보내면서 마음에서 보여주는 소리를 듣기 위하여 노력할 때 사람들은 감정의 문이 열리고 상대방 이야기를 마음과 몸 전체로 받아들입니다. 하지만 듣기라는 것도 의도적인 주의를 기울이지 않으면 잘 들을 수 없습니다. '자세히 보아야 배움이 자란다'에서 의도적으로 주의를 기울이는 정보만 시각으로 들어온다고 말씀드렸듯이 청각도 마찬가지입니다. 바람 소리, 자동차 소리, 이웃 주민의 소리 등 1초에도 수많은 소리 정보들이 귀로 들어옵니다. 그중에서 나의 마음에 남는 정보는 내가 의도적으로 귀를 기울였던 정보입니다. 지난 한 달 동안 우리 아이들은 친구들 이야기, 재미있었던 일 등 부모님과 선생님께 여러 이야기를 했습니다. 우리 아이들이 들려준 이야기 중 몇 가지나 기억에 떠오르나요? 우리 아이가 했던 이야기 중 떠오르는 이야기는 크게 두 가지입니다. 나의 감정을 들뜨게 했거나, 아니면 마음을 아프게 한 이야기입니다. 좋은 감정 아니면 나쁜 감정에 색칠된 기억은 오랫동안 나의 뇌에 남아 있습니다. 두 번째로 기억되는 이야기는 내가 의도적으로 아이의 소리에 귀를 기울인 이야기입니다. 특별히 우리 아이들이 했던 이야기가 잘 떠오르지 않는다면, 아이의 소리를 듣는 '의도적인 듣기'가 부족한 이유입니다.

아이가 고학년이 될수록 아이의 이야기에 대한 의도적인 듣기가 부족해집니다. 아이가 저학년일 때는 아이의 이야기에 귀를 기울이고 표정 하나하나를 읽어내려고 노력합니다. 하지만 아이들이 고학년이 되면 우리 어른들은 그들의 마음 소리를 듣기 위하여 노력하지 않습니다. 그 이유는 내가 아이의 이야기를 잘 들어주지 않아도 스스로 자기 일을 잘 하리라는 믿음 때문입니다. 아이들의 소리를 들어주기 전에 어른들의 표정에서 '너희들은 이제 컸으니 자기 일은 스스로 잘 처리해야 한다'라고 끊임없이 이야기하고 있습니다.

물론 틀린 이야기는 아닙니다. 아이들이 어느 정도 성장했으니 자기 할 일은 스스로 해야 하겠지요. 하지만 아이들이 자기 할 일을 열심히 하기 위해서는 그들의 감정이 움직여야 합니다. 사람들이 무엇인가 해 보려고 시도하고, 열심히 생활하기 위해서는 감정이라는 도구가 움직여 주어야 합니다. 감정이라는 도구가 움직여야 생각이 만들어지고, 그러한 생각이 행동으로 옮겨가게 됩니다. 즉 우리의 기대대로 아이들이 자기 할 일을 스스로 잘하기 위해서는 그들의 감정이 움직여 주어야 합니다.

그들의 감정이 움직이려면 어른들이 그들 감정에서 나오는 소리를 들어주어야 합니다. 표정과 행동에서 감정을 듣고 그들의 이야기에서 감정을 읽어내야 합니다. 그리고 공감을 해 주어야 합니다. 이런 이유로 아이들이 신체적으로 정신적으로 성장할수록 더 그들 감정의 소리를 잘 들어주어야 아이들의 배움이 일어납니다. 나의 주의를 의도적으로 기울여서 표정과 행동이 보여주는 아이들 감정의 소리를 듣기 위하여 노력해야 합니다. 사실 이렇게 글을 쓰고 있는 저 자신도 선생님, 아이들의 표정과 행동에서 감정을 의도적으로 찾아보고, 마음이 전해주는 소리를 잘 듣는 데 부족함이 많겠지요, 하지만 우리 아이들의 행복한 삶, 배움이 잘 일어나도록 노력하자는 의미로 이 글을 쓰고 있습니다. 오늘은 아이의 얼굴에 몸을 가까이 하고, 눈을 따뜻하게 바라보면서 우리 아이들의 전해주는 감정의 소리를 들어보아야 합니다.

말 잘하기보다 잘 듣는 것이 먼저다

이른 새벽부터 오던 비가 사뿐히 멈추었습니다. 운동장 한쪽에선 비가 그친 틈을 비집고 참새 몇 마리가 날아왔습니다. 아침 일찍 우리 학교를 제일 먼저 찾는 이는 참새입니다. 요즘 장마로 인해 참새도 즐겁게 놀지 못하는가 봅니다. 지저귀는 목소리에 힘이 없어 보입니다. 그래도 참새는 우리 아이들의 등교를 맞이해주기 위해 이곳저곳에서 하루 시작을 알리고 있습니다.

요즘 계속해서 우리 아이들의 듣기에 대하여 고민하고 있습니다. 교실 수업을 참관하면서 아이들의 눈빛을 바라봅니다. 아이들 마음에 배움이 일어나는 순간 눈빛은 변합니다. '아, 내가 해냈구나.'라는 성취감이 아이의 표정에서부터 일어나서 절정에 이르면 눈빛으로 이야기를 해 줍니다. 그 눈빛을 보면 '초롱초롱'이라는 말이 실감이 납니다.

그런 아이들에게는 공통점이 있습니다. 수업시간에 발표를 아주 잘하는 아이도 아니고, 학원에서 학교에서 배울 내용을 공부해 온 아이도 아닙니다. 그런 아이들의 공통점은 항상 선생님과 눈을 마주하고 있다는 점입니다. 또한 그런 아이들은 무엇인가 공책에 열심히 적고 있습니다. 가만히 들여다보면 선생님의 말씀을 요약하든지 아니면 자기의 생각을 꼼꼼히 기록합니다.

제가 몇 년 전 2학년 담임을 할 때의 경험 한 가지를 말씀드리겠습니다. 수업 시간에 정말 조용하던 여학생이 있었습니다. 발표를 시키면 모깃소리만 하게 이야기합니다. 전 처음에 이 아이의 생각을 잘 듣지 못해서 답답해서 큰 소리로 이야기했으면 좋겠다고 약간의 구중도 한 적이 있었습니다. 하지만 수업 시간에 저와 눈을 항상 마주치기 위해서 노력하는 그 아이가 무척 좋았습니다. 특히 제가 놀랐던 것은 그 아이의 공책을 보고 난 뒤였습니다. 그 아이는 큰 목소리로 발표를 하지는 않지만 수업 내용, 자기 생각을 꼼꼼히 기록하는 아이였습니다. 그래서 전 가끔씩 그 아이의 공책에 적힌 글을 읽어보면서 네가 가장 발표를 잘하는 아이라고 칭찬을 해 주었습니다.

이 아이처럼 자기의 생각을 잘 정리하고 만들기 위해서는 선생님의 이야기를 잘 들어야 합니다. 부모님들도 마찬가지입니다. 아이의 생각을 잘 듣고 있으면 아이에게 필요한 것이 무엇인지, 어떻게 도와주어야 할 것인지 방법이 떠오릅니다. 하지만 듣지 않고 나의 생각을 먼저 말하는 것이 아이와 다투거나 사이가 멀어지게 되는 가장 큰 원인입니다.

우리 아이들이나 직장동료, 친구들의 이야기를 잘 듣는다는 것은 나의 생각을 정리하고, 주변 사람들과 소통하는 가장 쉬운 지름길입니다. 하지만 잘 듣기란 만만하지 않습니다. 말하기보다 듣기가 훨씬 어렵습니다. 말을 할 때보다 들을 때 우리 뇌에서 에너지 소비가 매우 큽니다. 왜냐하면 그만큼 집중을 해야 하기 때문입니다. 보통 사람들은 10분 이상 집중해서 남의 이야기를 듣지 못하는 것도 이런 이유입니다.

자세히 잘 듣지 못하는 다음의 이유는 내가 가진 생각 때문입니다. 남의 이야기를 듣고 있으면 나의 생각과 비교하게 되고 불쑥불쑥 나의 생각이란 놈이 튀어나옵니다. 범인과 현명한 사람과의 차이는 여기에서 나옵니다. 갑자기 튀어나오는 나의 생각을 참아내느냐 아니면 내뱉느냐의 차이가 그 사람의 인격을 결정합니다.

오늘은 발표를 잘하는 것은 경청하는 것이라는 주제로 말씀드렸습니다. 잘 듣는 사람은 자기가 생각할 시간을 확보할 수 있어 논리적인 사람으로 성장합니다. 하지만 자세히 듣기는 대단히 어렵다는 말씀을 드렸습니다. 잘 듣기 위해서는 집중해야 하고, 그러려면 우리 뇌에서 에너지를 많이 사용합니다. 또한 남의 이야기를 듣고 있으면 불쑥불쑥 튀어나오는 나의 생각 때문에 잘 듣지 못합니다. 쉽지 않은 일이지만, 오늘도 아이들의 이야기를 잘 들어주고, 이웃의 이야기를 잘 들어주는 사람이 되도록 조금 노력을 해보면 어떨까요?

자세히 보고 듣는 능력이 기초학력이다

법정 스님의 책을 읽다가 이런 구절을 읽었습니다. '별들이 우리에게 들려준 이야기를 남한테 전하려면 그것에 필요한 말이 우리 안에서 먼저 자라야 한다.' 법정 스님의 글에서 주목해야 할 부분은 '별들이 우리에게 들려준 이야기'입니다. 어제 읽었던 책이 별이 될 수 있고, 오늘 아침 담임 선생님의 이야기가 별이 될 수 있습니다. 별들이 하는 이야기를 잘 듣는 아이들은 마음속 어딘가에 배움이라는 씨앗이 뿌려집니다. 그 씨앗은 그동안 선생님과 배웠던 여러 가지 지식이라는 토양에서 싹이 터 하나씩 예쁜 잎을 만들어가게 됩니다. 그 예쁜 잎이 자라나 커다란 나무를 이루듯 우리 아이들은 보기나 듣기를 통하여 배움이라는 씨앗을 마음속에 뿌리게 됩니다. 이렇듯 우리가 배움이라는 나무를 잘 키우기 위해서는 이전 글에서 강조한 자세히 보기나 듣기가 강조되어야 합니다. 왜냐하면 우리 배움의 대부분은 듣기나 보기에서 시작되기 때문입니다.

교육청이나 학교교육과정에서 강조한 것들 중 하나가 기초학력입니다. 기초학력이란 국어과에서 '읽기 능력'이며 수학과에서 '계산 능력'입니다. 배움에서 기초학력을 읽기와 계산 능력이라고 한다면 축구에서 기초체력은 달리기와 웨이트 트레이닝입니다. 2002년 한국축구를 월드컵 4강으로 이끈 히딩크 감독의 전략은 기초체력 훈련이었습니다. 그 당시 한국 축구인들의 많은 반대와 우려에도 불구하고 히딩크 감독은 달리기, 웨이트 트레이닝 등 체력 훈련에 매진하였습니다. 그 결과 당시 한국 월드컵 대표팀은 경기마다 강한 체력으로 상대방을 몰아붙이는 전략을 구사했습니다. 선수들은 90분을 모두 뛰고도 힘이 넘칠 정도로 강인한 체력을 보여줘 세계 축구팬들에게 강력한 인상을 남겼습니다.

저는 배움에서 기초학력이 무엇인가를 다시 생각해 보았습니다. 사물이나 책을 자세하게 볼 수 있는 능력, 다른 사람의 이야기를 자세히 귀담아들을 수 있는 능력은 아닐까요? 물론 읽기와 계산 능력은 모든 배움이 일어날 수 있도록 도와주는 강력한 도구입니다. 글을 읽을 수 없고, 기초 연산 능력이 뒤떨어지면 다른 교과목을 배우는 데 있어서 치명적인 약점이 됩니다. 하지만 기초학력보다 더 중요한 것은 무엇일까요? 우리 아이들이 기초학력이 부족하게 된 근본적인 원인은 무엇일까를 생각해 보면 '보고 듣는 능력'의 결여입니다. 누구나 보는 것, 듣는 것이야 쉽다고 생각하지만, 단순한 보고 듣기가 아니라 주의를 기울여서 자세히 보고 듣는 능력입니다. 관계에서도 마찬가지입니다. 친구들과의 사이에 어려움을 겪고 있는 아이들의 공통점 중의 하나가 바로 '듣기'입니다. 친구가 이야기하는 도중에 끼어들거나, 친구의 이야기는 듣지 않고 자신의 의견만 주장하는 아이들의 경우 친구 사이가 좋지 않습니다. 이런 관계가 지속되다 보면 고학년이 되어서 '따돌림', '학교폭력'의 문제로 확대되는 것을 수없이 봅니다. 월드컵 축구대표팀 선수들에게 체력훈련을 가장 열심히 시켰던 히딩크 감독처럼 학교 교육에서 가장 강조되어야 하는 기초학력은 '자세히 보고 듣는 것'입니다. 자세히 듣기에 대한 방법을 몇 가지 소개하면서 이 글을 마치겠습니다.

우선 듣기의 중요성에 대한 공감대가 이루어져야 합니다. 청각에 장애가 없으면 누구나 들을 수 있다고 생각하므로 듣기는 다른 기초학력에 비하여 중요하게 생각하지 않습니다. 학교 현장의 선생님들도 말하기에 중점을 두어서 지도를 하지, 듣기에는 별로 관심이 없습니다. 학부모도 마찬가지입니다. 수업공개를 참관하러 오시면 우리 아이가 얼마나 잘 듣는지 보다는 어떻게 발표를 하는가에 관심이 있습니다. 영어에서 말하기가 이루어지려면 우선 '듣기'가 선행되어야 하는 것처럼 아이들이 일상생활에서 자세하게 듣는 것이 교육의 기초학력임을, 교육공동체 모두가 중요하게 생각하는 교육의 방법으로 정착시킬 수 있어야 합니다.

다음으로 선생님이나 부모님의 듣기에 대한 태도입니다. 사실 오늘날 우리 아이들이 '듣기'를 근본적으로 못하는 1차적 책임은 부모에게, 2차적 책임은 교사에게 있습니다. 어릴 때부터 우리 아이들이 부모님이나 선생님에게 이야기하는 도중에 어른들은 수없이 끼어들기를 하였습니다. 어른들의 끼어들기는 아이들의 일상생활이나 학습태도에 거울처럼 반영됩니다. 어릴 때부터 아이의 이야기를 끝까지 들어주었던 부모 아래에서 자란 친구들은 역시 학교에서 듣기 태도가 훌륭하지만, 그렇지 못한 친구들은 학교에서 선생님이 이야기하는 도중에도 끼어들기를 수없이 합니다. 하물며 교장 선생님이 이야기하는 도중에도 끼어들기를 반복합니다. 20세기 인지심리학의 가장 큰 발견 하나는 인간 뇌에 '거울 세포'가 존재하는 것을 발견한 것입니다. 예를 들어 옆 사람이 하품을 하면 나의 뇌에 거울로 비쳐 나도 하품을 하게 되는 것입니다. 어른들의 끼어들기가 우리 아이들의 뇌에 거울처럼 반영되어서 다른 사람이 이야기하는 도중에 습관처럼 끼어들기를 하는 것입니다. 아이들의 이야기를 중간에 끼어들지 않고 끝까지 들어주는 태도가 우리 어른들에게 가장 필요한 시대가 되었습니다.

놀이는 배움의
에너지다

•

•

🔒_ **비밀 6**

　지금까지 배움은 아이들에 대한 믿음과 사물을 자세히 보고 듣는 능력에서 자란다는 이야기를 전해드렸습니다. 믿음이란 무엇인가라는 물음에 대한 가장 쉬운 답은 '신뢰'입니다. 우리가 누군가를 신뢰한다고 했을 때 우선 떠오르는 것은 약속입니다. 아이와의 관계에서 아이가 부모님, 선생님과 한 약속을 잘 지켜주면 우리는 아이들을 신뢰합니다. 즉 믿음이 생기기 시작합니다. 하지만 아이들은 약속을 지키지 않습니다. 한 시간도 지나지 않아서 선생님과 한 약속을 어기고 실망을 줍니다. 교사의 믿음이란 현재의 아이 모습이 아니라 미래 모습에 대한 약속입니다. 오늘 보여준 아이의 모습을 평가하는 것이 아니라 미래 모습을 평가하는 것입니다. "넌 훌륭한 사람이 될 거야! 선생님은 항상 믿고 있어."라는 암시를 진실로 받고 있는 아이들의 가슴에는 배움이라는 희망의 잎이 하나둘 만들어지게 됩니다. '자세히 보고 듣기'는 배움의 시작이자 완성이라고 할 수 있습니다.

모든 배움은 시각, 청각 등 감각기관으로부터 시작되고 채워지는데, 지금까지 학교에서 관찰이나 자세히 듣기 방법이 소홀한 것이 사실입니다. '자세히 보고 듣는' 아이들은 관계뿐만 아니라 배움이라는 나무의 줄기를 튼튼하게 해주고 많은 열매를 가져다줍니다. 나무가 성장하기 위해서는 물, 햇빛 같은 에너지가 필요합니다. 아이들도 배움이 잘 성장하는 나무로 자라기 위해서는 에너지가 필요합니다. 그 에너지가 바로 '놀이'입니다. 놀이에 대하여 학교 SNS에 올린 몇 편의 편지를 읽어보겠습니다.

아이들은 왜 놀기를 좋아할까?

벌써 계절의 여왕 5월이 지나고 6월이 되었습니다. 작년 9월에 학교장으로 부임하여 제일 먼저 한 일이 학교 수목 단장이었습니다. 가지치기로 앙상한 가지만 남았던 학교의 나무들이 5월을 지나면서 새로운 가지가 생기고, 그 가지를 초록 잎으로 예쁘게 단장해가는 모습이 역시 '5월은 계절의 여왕이다'라는 말을 실감하게 합니다. 그런 수목들을 보면서 우리들도 가끔은 삐죽 삐죽 나오는 질투, 노여움, 미움 등의 감정의 잔가지들을 '가지치기 해야겠구나'라는 교훈도 얻어 봅니다.

오늘부터는 아이들의 놀이에 대하여 이야기를 이어나가 보겠습니다. 오늘은 아이들의 놀이의 의미에 대하여 탐색해 보고, 그들에게 놀이가 왜 필요하고, 선생님, 부모님 입장에서 어떻게 이해하고 도와주어야 하는지 살펴보겠습니다. 얼마 전 『아이들은 놀이가 밥이다』라는 책이 선생님들께 굉장한 반응을 일으키기도 했고, 각 시도교육청에서는 아이들의 놀 권리를 보장하기 위한 다양한 정책적 방법들을 고민하고 있습니다. 놀이가 그만큼 아이들에게 있어서 중요하기 때문이겠지요.

저는 가끔씩 교육의 본질에 대해서 고민합니다. 본질이란 변화하지 않는 것입니다. 변화 속에서도 변화하지 않는 것이 본질입니다. 예를 들어 공부의 본질은 무엇일까요? 우리가 흔히 이야기하는 SKY대학에 가는 것일까요? 누구도 SKY대학에 가는 것을 공부의 본질이라고 이야기하지 않습니다. 공부의 본질은 다양한 지식을 습득하여 나의 재능을 발견하고, 실력을 쌓아 나를 풍요롭게 만드는 것입니다. 그렇다면 아이들을 사랑한다는 것의 본질은 무엇일까요? 바로 아이들의 마음을 이해하는 것입니다. 아이들의 마음을 이해하는 것의 본질은 무엇일까요? 바로 아이들에 대하여 끊임없이 공부하는 것이라고 생각합니다.

즉 아이들에 대한 사랑의 본질은 아이들에 대하여 끊임없이 공부하는 것입니다. 이런 측면에서 아이들의 놀이를 이해해야 합니다. 아이들을 사랑하는 길이란 아이들이 좋아하는 것, 싫어하는 것 등을 탐구하여 교육적인 방법을 모색하는 길입니다.

놀이는 우리 아이들에게 어떤 의미를 담고 있을까요? 놀이가 아이들에게 갖는 의미를 이야기하기 전에 우리는 신체적인 즐거움이 인간에게 어떤 의미가 있는지 먼저 살펴보겠습니다. 저는 개인적으로 테니스를 좋아합니다. 제가 여러 가지 운동을 해 보았는데, 저에게 가장 즐거움을 주는 운동은 테니스였습니다. 제가 테니스를 좋아하는 이유는 무엇일까요? 뇌 과학적으로 설명을 하면 뇌신경세포에서 '도파민'이라는 호르몬을 분비하기 때문입니다. 도파민이 분비되면 약간 기분이 고조되면서 신체가 즐거워지기 시작합니다. 신체가 즐거우면 마음 또한 즐거워집니다. 마음이 즐거워지므로 어떤 일이든지 자신감이 생기며, 내 주위에서 벌어지는 일들에 대하여 긍정적인 마음이 만들어집니다.

아이들도 마찬가지입니다. 놀이를 하다 보면 뇌 신경세포에서 도파민이 분비됩니다. 도파민이 분비되면서 공부로 우울했던 감정들이 사라집니다. 부모님께 꾸중 들었던 기억이 없어지고, 학원에서 내 준 숙제도 그 순간만은 생각나지 않습니다. 또한 도파민이 분비되면서 신체적으로 이완이 되고, 놀이가 끝나고 해야 할 과제들에 대하여 준비할 수 있는 마음의 에너지가 만들어집니다. 음식이 근육에 에너지를 축적하여 신체적 성장을 이루듯이, 놀이는 뇌가 학습할 수 있는 마음의 힘을 축적하는 것입니다. 그래서 '놀이는 밥이다'라고 할 수 있는 것입니다.

놀이가 이렇게 중요함에도 불구하고, 우리 아이들의 놀이 시간은 어떠한가요? 학원 가기 전 잠깐, 학교 중간놀이 시간에 잠깐입니다. 어떤 통계에 의하면 대한민국 아이들의 놀이 평균 시간이 1시간 미만이라고 합니다. 정말로 가슴 아픈 일입니다. 혹시 이 글을 읽고 계시는 부모님 가정 아이들의 놀이 시간은 얼마나 되나요? 여기서 놀이라는 개념을 이야기할 때는 혼자 집에서 하는 놀이를 제외하고, 친구들과 어울려 재미있는 게임, 운동 등을 하면서 노는 것을 말합니다. 아마 친구들과 어울려 한 시간 이상 게임, 운동을 하는 친구들이 많지 않을 거라고 생각합니다. 다음 시간에는 놀이와 학습은 어떤 관계가 있을까에 대하여 적어보겠습니다.

운동하는 아이가 공부도 잘한다

저는 오늘 대구에 있는 중앙교육연수원에 출장을 왔습니다. 이곳에서 사람의 감성에 대하여 공부하고 있습니다. 제가 공부하고 싶은 주제가 몇 가지 있는데 그 중에 한 분야가 인간의 감성입니다. 감성 공부의 기본은 인간의 감정 관리이겠죠. 제가 평교사였던 시절 어느 교장 선생님께서 학교를 떠나면 아이들과 선생님이 보고 싶어진다고 말씀하셨습니다. 전에는 이 말을 실감하지 못했는데 오늘 제가 출장을 와 보니 우리 아이들과 선생님이 그립습니다. 우리들이 가지고 있는 감정에 대한 공부를 열심히 하여 학교에 돌아가면 아이들과 선생님께 작은 도움이라도 드리겠습니다.

얼마 전까지만 해도 공부를 잘하기 위해서는 운동을 거의 하지 않고 도서관 책상에 하루 종일 앉아 공부만 해야 한다고 생각하는 사람이 많았습니다. 다르게 생각하면 아이들이 하는 놀이나 운동은 학습에 도움이 되지 않는다는 생각이 우리 어른들이 가지고 있는 상식적인 생각이었습니다. 하지만 인간의 뇌에 대한 연구가 진척이 되면서 운동과 놀이가 학습에 미치는 영향이 매우 크다는 연구 결과들이 속속 밝혀지고 있습니다. 오늘은 그러한 연구 결과들을 몇 가지 소개하고자 합니다.

먼저 미국 일리노이대학교 심리학과 연구 논문입니다. 연구팀은 9세와 10세 어린이를 대상으로 뇌의 백질과 신체 운동의 관련성에 대하여 연구하였습니다. 백질이란 신경세포의 덩어리로서 육안으로 보았을 때 희게 보여서 백질이라 합니다. 백질, 즉 신경세포 덩어리는 우리가 경험하는 모든 정보가 기억되고 전달하는 기능을 합니다. 일리노이대 연구팀의 연구 결과 신체 운동을 열심히 한 어린이들이 그렇지 않은 어린이보다 백질을 더 많이 가지고 있었습니다. 백질이 더 많다는 것은 주의 집중력과 기억력, 두뇌 조직 간 연결성이 좋다는 의미입니다. 즉 사람들이 운동을 하여 신체가 튼튼해지면 두뇌 속 신경 신호 전달이 개선되어 우리가 경험하는 정보들이 효율적으로 기억되고 조직됩니다. 이번 연구 결과는 학교에서 체육 교육의 중요성을 알게 하고, 책상에 앉아서 공부만 강요당하는 우리 아이들에게 큰 시사점이 아닐까 생각합니다.

아울러 몬트리올 연구팀의 연구결과에 의하면 운동은 두뇌 발달뿐만 아니라 뇌 건강도 지켜주는 것으로 나타나고 있습니다. 연구팀은 신체 정신이 건강한 18~31세 젊은이 31명과 55~75세 노인에게 운동 머신에서 강도 높은 운동을 하게 하고 MRI 검사를 통하여 뇌의 혈류량과 뇌 활동을 측정하였습니다. 더불어 심장으로부터 온몸에 혈액을 펌프질해 내보내는 대동맥의 두께도 함께 측정하였습니다. 그 결과 대동맥 두께는 뇌 기능과 매우 밀접한 관련성이 있는 것으로 나타났으며, 운동을 통하여 대동맥이 얇아지는 것을 막을 수 있다고 보고하였습니다. 대동맥의 두께가 얇아지면 온몸에 혈액을 공급하는 데 문제가 생깁니다. 이렇게 해서 나타나는 질병들이 뇌졸중, 뇌 경화 등입니다. 또한 운동을 통하여 대동맥이 두꺼워지면 뇌의 인지기능 저하를 막을 수 있다고 합니다. 인지기능 저하로 나타나는 것들은 기억력 감퇴, 주의력 감퇴 등이 있겠지요. 기억력 감퇴가 오랫동안 지속되다 보면 치매로 연결이 됩니다.

오늘은 운동과 학습과의 관계에 대하여 정리해 보았습니다. 뇌세포 이야기 등이 나와서 조금은 어렵게 풀지 않았나 생각합니다. 하지만 이 글을 적으면서 느끼는 것은 저도 인지 기능의 효율성을 위해서라도 운동을 열심히 해야겠다는 생각입니다. 우리 아이들이 운동과 놀이 등을 통하여 신체적으로 튼튼한 몸을 만들고, 공부도 모두 잘하는 월계 아이들이 되었으면 좋겠습니다. 다음 시간에는 운동과 창의성의 관계에 대하여 글을 적어 보겠습니다.

운동을 잘하는 아이, 친구 관계도 좋다

한바탕 소나기가 내리는 저녁입니다. 오늘 아이 때문에 힘들었던 일, 친구, 동료의 말 한마디에 받은 상처들을 소나기 속으로 모두 날려 보내시기 바랍니다. 출장을 다녀와서 잠깐 학교에 들러 상자 텃밭을 둘러보았습니다. 그 중 수박이 얼마나 컸는지 궁금했습니다. 연수 가기 전 유치원 아이의 작은 주먹 크기였는데 오늘 보니 야구공 크기만큼 자랐습니다. 아마 매일 물을 주고, '사랑해'라고 속삭여주는 우리 아이들의 따뜻한 마음 때문이라고 생각합니다.

오늘은 운동, 놀이를 잘하는 아이들은 왜 친구 관계를 잘 맺을까에 대하여 생각해보도록 하겠습니다. 이전 글에서 운동과 학업 성적의 연관에 대한 연구 결과들을 소개하였는데, 한 가지 연구 결과를 더 소개하고 운동과 친구 관계에 대하여 이야기해 보겠습니다.

영국에서 학생 5000명을 대상으로 체육 활동과 영어, 수학, 과학 성적의 관련성을 연구하였습니다. 검토 결과 참여한 학생들 중 남학생의 경우 운동량이 17분 증가할 때마다 학업 능력이 향상된 것으로 나타났으며, 여학생의 경우 12분이었습니다. 특히 여학생의 체육 활동은 과학 성적에 높은 영향을 미친 것으로 나타났습니다. 일반적으로 하루 운동 권장량은 60분을 제시하고 있는데, 하루 60분 이상 운동을 하는 경우 한 등급 이상 성적이 향상된다고 보고하고 있습니다. 이러한 결과들은 배움이 성장하기 위해서는 책상에 오랫동안 앉아 공부만 해야 한다는 우리들의 신념이 크게 잘못되었음을 지적해 주고 있습니다.

놀이, 운동과 친구와의 관계에 대해 살펴보도록 하겠습니다. 일반적으로 우리 주위 사람들을 관찰해 보면 잘 놀거나 운동을 좋아하는 사람들 주위에는 친구들이 무척 많습니다. 그 이유는 무엇일까요? 제가 지금까지 살아오면서 어른들에게 들었던 이야기는, 공부하기 싫은 아이들이 많다 보니 자기들끼리 패거리를 만들어서 같이 놀기 때문에 친구가 많다는 것입니다. 그래서 공부나 하지 친구들과 어울려서 놀러 다닌다고 부모님께 꾸중을 들었던 기억이 납니다. 정말 그럴까요?

유치원이나 저학년 아이들의 놀이는 대부분 역할놀이입니다. 내가 엄마가 되고, 친구가 아빠가 되어 엄마 아빠의 일상생활 모습을 흉내 냅니다. 친구가 선생님이 되고, 내가 학생이 되어 학교 놀이를 하는 아이들도 있습니다. 한참 재미있게 놀이를 하다가 친구와의 말다툼도 일어납니다. 대개는 서로 화해하기도 하지만 토라져서 집으로 돌아가 버리기도 합니다. 여기에서 아이들은 무엇을 배울까요? 우선은 부모나 선생님 역할 놀이를 통하여 어른들의 모습을 닮아갑니다. 학문적인 용어로 놀이를 통하여 사회화가 이루어지는 것입니다. 부모님이 잘 싸우는 아이들의 놀이를 들여다보면 역시 싸움을 하는 장면이 자주 보입니다. 부모님 사이가 좋으면 '부모님 놀이' 역시 오고 가는 대화가 행복하고 따뜻한 이야기가 주류를 이룹니다.

유치원이나 저학년 아이들은 '부모 놀이', '선생님 놀이'를 통하여 부모의 성품을 닮아가지만 또 한편으로는 관계를 배우게 됩니다. 친구가 토라지지 않고 오랫동안 놀기 위해서는 친구를 어떻게 대해야 하는지 배우는 것입니다. 놀이를 하다가 친구가 토라져 집에 가버리면 처음에는 엄마에게 와서 친구의 흉을 봅니다. 하지만 곧 친구가 있어야 학교생활이 재미있는 것을 알게 됩니다. 친구에게 사과하고, 다시 놀이를 하는 과정에서 주위 사람과 어울려 살기 위한 태도를 배우게 되는 것입니다. 즉 놀이를 많이 하다 보면 친구와의 관계를 잘 맺는 방법을 습득하게 됩니다. 그렇기 때문에 '잘 노는 친구가 성공한다'는 사회의 이야기를 부모님이나 선생님은 꼭 한번 깊이 되새겨 볼 필요가 있습니다.

중학년이나 고학년도 마찬가지입니다. 남자아이들의 가장 대표적인 놀이가 축구입니다. 남자아이들의 축구 경기는 대표적으로 사회화가 일어나는 장면입니다. 대개 반 대항 축구를 하다 보면 싸움이 일어나기도 하고, 경기 후에 ○○ 때문에 지게 되었다고 친구들에게 불만을 이야기합니다. 그런데 이런 불만을 표시하는 아이는 대부분의 친구들이 싫어합니다. 아이는 내가 불만을 표시하면 친구들이 싫어함을 깨닫게 되고 다음 경기에서는 불만을 표시하지 않으려고 노력합니다. 그래서 고학년 남자아이들을 보면 운동 중에 매너가 좋은 아이들은 친구들이 많습니다. 남자아이들이 운동을 자주 하다 보면 친구와 다툼이 일어나고, 그 다툼을 해결하는 과정에서 의리가 생기고, 친구와의 관계를 잘 맺는 기술을 알게 되는 것입니다.

지금까지 놀이, 운동과 친구들과의 관계에 대하여 이야기하였습니다. 아이들은 놀이나 운동경기를 통하여 어른의 모습을 닮아가지만, 한편으로는 친구를 맺는 기술을 습득하게 됩니다.

특히 다툼을 해결하는 과정에서 아이들은 사회생활의 가장 기초적인 기술을 습득함을 알 수 있습니다. 하지만 요즘 현실은 어떻습니까? 아이들의 작은 다툼이 부모의 다툼으로, 학교의 민원으로 커져 갑니다. 아이들의 다툼이 일어났을 때 한 번쯤 부모인 나는 어떻게 성장하여 왔나 되새겨보면 좋겠습니다.

초등학교 때 꼭 해야 할 놀이

봄의 풍경이 아직 교정 이곳저곳에 남아있는 것 같은데 벌써 유월 풍경으로 학교가 가득 찼네요. 얼마 전 가지치기를 했던 수목의 속살에서 잔가지가 하나둘씩 깨어나는 것 같더니 어느 날 연두색의 이파리를 머리 가득 달아버렸습니다. 아마 아이들의 웃는 소리, 함성 소리에 놀라서 수목들도 빠르게 자라는 것 같습니다. 우리 아이들의 몸과 마음도 학교의 수목처럼 봄에 비해서 많이 성장했으리라 생각합니다.

오늘은 지금까지 이야기하였던 놀이와 운동에 대하여 정리해 보면서 초등학교 시절에 꼭 해보면 좋은 놀이 몇 가지를 소개하고자 합니다. 먼저 놀이는 아이들 감정 발달의 결정적 도구입니다. 인간의 감정에는 긍정적인 감정과 부정적인 감정이 있습니다. 인간의 발달에 있어서 긍정적인 감정은 문제가 없지만 부정적인 감정이 문제입니다. 슬픔, 수치심, 열등감 같은 부정적인 감정을 인간은 누구나 매일 매일 경험합니다. 그러한 부정적인 감정이 쌓이다 보면 학습이나 관계에서 문제가 생기겠지요. 아이들에게 있어서 놀이는 그러한 부정적인 감정을 해방시켜 주는 분출구 역할을 합니다. 어른들이 헬스장에서 신나게 운동을 하다 보면 자연스럽게 부정적인 감정이 사라지는 것처럼 아이들도 놀이나 운동을 하는 과정에서 학습에서 쌓였던 부정적인 감정, 친구들과의 관계에서 쌓였던 부정적인 감정이 자연스럽게 없어지게 되는 것입니다.

다음으로 놀이는 주변 사람들과 소통하는 능력을 길러줍니다. 놀이를 하다 보면 아이들은 협력하기도 하고 다투기도 합니다. 협력하고 다투면서 아이들은 친구들이 나와 의견이 다를 수 있다는 것을 체험하게 되고 잘 노는 법을 배웁니다. 즉 잘 놀기 위해서는 나와 의견이 조금 달라도 참아야 한다는 것, 화를 내면 안 된다는 것을 알게 되는 것이지요. 또한 이러한 과정을 통하여 사회에는 규칙과 예절이 있다는 것을 조금씩 체험하면서 성장하게 되는 것입니다. 이렇듯 아이들은 놀이를 통하여 소통하는 방법을 배우고, 곧 사회성의 발달로 이어지게 되는 것입니다.

마지막으로 놀이는 창의성의 원천입니다. 놀이터나 학교에서 아이들이 노는 모습을 관찰해 보면 어제의 놀이 방법을 오늘 그대로 사용하지 않습니다. 조금씩 바꾸어 가며 놀이를 합니다.

도구를 바꾸든지, 규칙을 약간 수정하여 놀이를 합니다. 이러한 모습을 관찰하다 보면 역시 인간은 창의적이라는 생각이 듭니다. 저의 어린 시절 기억을 되돌아보아도 창의적으로 놀이를 했던 것 같습니다. 축구공이 없어서 비닐 속에 낙엽 등을 넣어서 축구공을 만들었습니다. 어린 시절 동네에 운동장이 없었기 때문에 우리들은 논에서 축구를 하였습니다. 비닐로 만든 공이라 논에서는 잘 굴러가지 않습니다. 이러한 단점을 보완하기 위하여 비닐 밖으로 새끼줄을 여러 번 감아서 축구공을 만들었던 기억이 납니다. 지금의 우리 아이들도 마찬가지입니다. 아이들이 서넛 모여서 놀고 있는 모습을 잘 관찰해 보시기 바랍니다. 정말 우리 아이들은 창의적입니다.

지금까지 놀이라는 주제로 4회에 걸쳐 저의 생각을 적어보았습니다. 영국 '내셔널 트러스트'에서 선정한, 아이들이 12세가 되기 전 해 봐야 할 30가지 놀이를 소개하면서 글을 마칠까 합니다. 전 이 30가지를 모두 해 본 것 같습니다. 혹시 주말에 시간이 나면 이 순서대로 한 가지씩 아이들과 함께 놀아보면 어떨까요? 아마 아이들은 가장 멋진 부모님이라고 생각하겠지요.

♫ 나무에 오르기

♫ 아주 큰 언덕에서 굴러 내리기

♫ 야생 자연에서 야영하기

♫ 나무 은신처 만들기

♫ 물수제비 뜨기

♫ 빗속에서 뛰어다니기

♫ 연날리기

♫ 그물로 고기 잡기

♫ 나무에 달린 사과 직접 따 먹기

♫ 상수리 열매 깨기 놀이하기

♫ 눈 뭉쳐 던지기

♫ 해변에서 보물찾기

♫ 진흙으로 파이 만들기

♫ 개울에 둑 쌓기

♫ 썰매 타기

♫ 모래사장에 사람 묻기

♫ 달팽이 경주시키기

♫ 쓰러진 나무 위에서 균형 잡기

♫ 밧줄그네 타기

♫ 진흙 미끄럼 타기

♫ 야생 블랙베리 따 먹기

♫ 나무 속 들여다보기

♫ 섬에 가기

♫ 바람 속에서 나는 느낌 가져 보기

♫ 풀잎피리 만들기

♫ 화석과 동물 뼈 찾기

♫ 해 뜨는 모습 보기

♫ 큰 언덕 위에 오르기

♫ 폭포 뒤에 숨기

♫ 손바닥에서 새에게 모이 주기

7

도전하면
가슴이 뛴다

🔓 **비밀 7**

배움의 비밀 7에서는 '도전을 하면 왜 가슴이 뛸까?'라는 물음에 대한 답을 찾아보고자 합니다. 학교라는 곳은 우리 아이들의 '가슴 뛰는 삶'을 살도록 준비시켜 주는 기관입니다. 인류 문명은 도전과 응전의 역사라고 이야기한 토인비의 이야기처럼 인간의 가슴 뛰는 도전이 없었다면 아무것도 만들지 못했을 것입니다. 우리 아이들이 가슴 뛰는 삶을 살게 하기 위해서 우리가 할일은 여러 분야에서 도전할 수 있는 교육과정을 만들고, 거기서 작은 성취의 경험을 높이는 것입니다. 그러한 작은 성취의 경험이 훗날 아이들이 큰 도전으로 이어져, 그 아이의 삶을 윤택하게 하고, 행복하고 아름다운 사회를 만드는데 크게 기여할 것입니다. 그럼 지금부터 '도전하면 배움이 펼쳐진다'라는 주제로 학교 SNS에 올린 편지글을 소개하겠습니다.

우리는 왜 『무한도전』을 좋아할까

가을비 내리는 아침입니다. 어제 학교 수생식물원 물양귀비에서 예쁜 꽃이 피었습니다. 며칠 전 작은 꽃대가 올라왔습니다. 물양귀비꽃이 어떻게 생겼을까 궁금해서 하루에도 몇 번씩 살펴보았는데 어제 퇴근 무렵 드디어 예쁜 자태를 드러냈습니다. 물양귀비는 원산지가 아르헨티나라고 합니다. 물양귀비를 보는 순간 「아르헨티나여 울지 말아요(Don't cry for me Argentina)」라는 곡이 생각난 것은 어떤 이유에서일까요? 오늘도 아침에 일찍 출근하여 물양귀비를 보러 갔는데, 비가 와서일까요? 아쉽게도 꽃봉오리를 닫고 말았습니다. 이처럼 나의 가슴을 설레게 하는 것을 발견하는 것도 오늘의 주제인 '도전'과 같다고 생각합니다. 우리 아이들이 물양귀비꽃을 많이 보았으면 하는 바람으로 오늘 이야기를 시작하겠습니다.

제가 즐겨 보던 TV 프로그램 중에 모 방송국에서 방영한 『무한도전』이 있습니다. 2006년에 시작한 프로그램이므로 10년을 훌쩍 넘긴 장수프로그램입니다. 10년 이상 장수한 프로그램은 아마 『전원일기』 이후 처음이라고 관계자들은 이야기합니다.

『무한도전』이 장수한 비결을 생각해봅니다. 혹자는 캐릭터의 친화성, 다양성 등을 이야기하지만, 제가 생각하기로는 '도전 활동'에서 얻는 시청자의 대리만족 때문이라 생각합니다. 봅슬레이, 라틴 댄스, 프로레슬링, 이색 올림픽 등 일반인의 상상을 뛰어넘는 도전 활동이 시청자들의 공감을 얻습니다. 다르게 표현하면 인간은 누구나 도전 정신을 가지고 있고, 『무한도전』에서 보여 주는 활동들이 시청자들에게 자신이 하고 싶었던 일들에 대한 대리만족감을 높여 주었기 때문에 장수하는 프로그램이될 수 있었던 것이겠지요.

도전이란 무엇일까요? 20년 넘게 낮 시간대 TV 토크쇼 시청률 1위를 고수해 왔던 『오프라 윈프리 쇼』의 진행자 오프라 윈프리는 도전을 "자신을 변화시키고 세상을 변화시키는 기회를 가져오는 것"이라고 말하고 있습니다. 저는 도전이란 "지금에 만족하지 않고 보다 더 나은 나와 사회를 위하여 노력하는 모든활동"이라고 정의하고 싶습니다. 이렇게 생각하면 도전은 인간이 목표를 정해 놓고 하는 모든 행위입니다. 선생님들에게 배움의 본질을 이해시키고자 지금 글을 쓰고 있는 저의 행동, 건강을 지키기 위해 저녁 시간이 되면 운동을 하는 행위 등 도전 아닌 활동이 없습니다. 심지어 잠을 잘 때도 '아침 몇 시에 일어나야지' 하고 목표를 정해 놓습니다. 『꿈꾸는 기계의 진화』의 저자로돌포 R. 이나스는 이러한 인간의 목표지향적인 본성을 '예측'

이라는 용어로 설명하고 있습니다. 높은 지능을 가진 돌고래는 미래의 바다 걱정을 하지 않습니다. 인간의 사촌쯤 된다는 침팬지도 밀림이 사라져 가는 것을 걱정하지 않습니다. 오직 인간만이 바다를 걱정하고, 자연환경을 걱정합니다. 바로 인간만이 먼 미래를 예측하고, 이 예측에 따라 목표를 설정합니다. 이 목표에 따라 행동과 계획이 출현하는데, 바로 그것이 '도전'입니다.

인간의 본성 중 하나인 도전 활동이 빛났던 민족은 오늘날의 문명사회를 만들었습니다. 빙하기 시절 아프리카 초원지대는 인간, 동물 등 생명의 활동이 가장 활발하게 이루어졌던 지역이었습니다. 하지만 마지막 빙하기 이후 아프리카는 점차 사막지대로 변하게 되었고, 꽁꽁 얼어붙었던 유럽은 초원지대로 점차 바뀌었습니다. 이에 따라 아프리카 초원지대의 인간들은 새로운 삶의 방식을 선택해야 했습니다. 유럽의 초원지대로 이주하거나, 아니면 새로운 기술 개발을 통하여 지금까지 살고 있던 지역에서 생존하는 것이었습니다. 유럽의 초원지대로 옮겨 간 사람들은 어떻게 되었을까요? 기존에 살던 방식대로 삶을 지속할 수는 있었지만 새로운 문명을 꽃피울 수가 없었습니다. 반대로 아프리카에 남아있던 사람들은 어떻게 되었을까요? 땅의 사막화에 대비하여 생활양식을 바꾸고 둑을 쌓거나 관개수로를 정비하여 물 부족에 대비하였습니다. 자연의 어려움에 도전을 받았지만 지혜와 노력으로 극복하였습니다. 그렇게 탄생한 문명이 바로 이집트 문명입니다.

지금까지 도전은 어려움을 극복하고자 하는 인간의 본성 중 하나라는 말씀을 드렸습니다. 그 어려움에 적극적으로 도전했던 사람들에 의하여 오늘날의 문명도 탄생했다는 이야기도 드렸습니다. 다음 시간에는 우리 아이들이 점차 도전으로부터 멀어지는 현상에 대해 탐구해 보도록 하겠습니다.

도전을 피하는 아이들

이전 글에서 도전은 인간 누구나 가지고 있는 본성이라는 말씀을 드렸습니다. 본성이라는 것은 태어나면서부터 가지고 있는 기본적인 욕구를 이야기합니다. 식욕, 수면욕 등 기본적인 본성에서부터 시작하여 협력, 도전 등도 하나의 본성에 속합니다. 미국의 심리학자 매슬로우는 인간의 욕구를 1단계 생리적인 욕구, 2단계 안전의 욕구, 3단계 소속 애정의 욕구, 4단계 존경의 욕구, 5단계 자아실현의 욕구로 체계화하여 발표하였습니다. 도전이나 협력은 5단계 자아실현의 욕구 중의 하나라고 생각합니다.

얼마 전에 강당에서 5, 6학년 아이들과 만남의 시간을 가졌습니다. '교장 선생님과 함께하는 꿈知樂 프로젝트' 두 번째 시간이었습니다. 꿈知樂 프로젝트는 아이들이 자세하게 보는 배움을 위하여 제가 특별히 만든 프로젝트입니다. 고학년 프로그램은 1주일에 1번씩 같은 장소 같은 시간에 학교의 식물을 관찰하고 이전과 달라진 점을 찾아보는 정점 관찰을 중심으로 만든 단계형 14회 도전 프로그램입니다. 프로그램 설명을 마치고 5, 6학년 학생들이 열심히 참여하리라 생각하면서 희망자는 손을 들어 보라고 했습니다. 5학년 학생들은 손을 많이 들었는데 6학년 아이들은 손을 드는 학생이 무척 적었습니다.

반면 1, 2학년 설명회에서는 5, 6학년 분위기와 너무 달랐습니다. 아이들이 서로 해 보겠다고 아우성입니다. 제가 지금 이 글을 쓰고 있는 시간에도 아이들 몇 명이 아침 일찍부터 명상 숲에서 식물을 관찰하고 있습니다. 1, 2학년 학생들은 적극적으로 참여하는데 학년이 올라갈수록 도전하는 활동에 참여율이 줄어드는 이유는 무엇일까 곰곰이 생각해 봅니다. 5, 6학년 설명회에서 아이들에게 질문을 했습니다.

"꿈知樂 프로젝트를 하고 싶지 않은 이유는 무엇인가요?"

처음에는 아이들이 아무런 대답을 하지 않았습니다. 그러던 중 한 아이가 "교장 선생님, 프로젝트를 할 시간이 없어요."라고 이야기를 했습니다. 그 아이 이야기가 끝나기 무섭게 아이들이 손을 들기 시작합니다.

"토요일에도 영어학원 가야 합니다."

"교장 선생님, 너무 바빠요."

"꿈知樂 프로젝트를 하려면 주말밖에 시간이 없는데 그땐 쉬고 싶어요."

5, 6학년 아이들의 눈망울엔 놀고 싶고, 쉬고 싶다는 아우성이 가득 담겨 있었습니다. 그날 아이들에게 참 미안했습니다. 매일 제 가까이에 있는 우리 아이들의 마음을 너무나 모르고 있구나 하는 자책과 함께 초등학교 시절부터 아이들이 이렇게 지치면 중·고등학교에 가서는 어떡하지, 하는 걱정이 며칠 동안 머릿속을 떠나지 않았습니다.

매슬로우의 욕구론에 비추어서 우리 아이들을 생각해봅니다. 우리 뇌가 힘들고 지치면 안전의 욕구가 슬며시 고개를 내밀게 됩니다. 우리 뇌의 가장 중요한 일은 생명 유지의 본능입니다. 힘들고 지치면 생명을 유지하는 데 가장 큰 부담으로 작용합니다. 프로젝트를 해 보자고 하는 것은 2단계 안전의 욕구가 활성화된 아이들에게 5단계 자아실현을 강조하는 것이었습니다. 구구단을 모르는 아이에게 두 자리 수 × 두 자리 수를 해결하라고 하는 경우와 똑같았습니다. '학교에서만이라도 아이들에게 과제를 주지 않고 편하게 쉬게 하는 것이 진정 아이를 사랑하는 길이 아닐까'라고 자조 섞인 이야기를 하신 어느 교장 선생님의 말씀도 떠올랐습니다.

정말 우리 아이들이 지치고 힘들어서 도전으로부터 멀리 달아나는 것일까요? 좀 더 아이들 마음으로 깊이 다가가 보면 어떨까요? 재미없는 배움에 하루 종일 노출이 되다 보니, 배우는 것은 무조건 싫다고 하는 것은 아닐까요? 요즘 아이들은 연예인보다 더 바쁜 스케줄을 소화하고 있습니다. 학교 수업이 끝나도 5, 6학년 아이들 대부분은 영어, 수학, 피아노 등 보통 4~5개 학원 프로그램을 소화하고 집에 오면 10시라고 답하는 아이들이 많았습니다. 이러다 보니 우리나라 아이들의 학교생활은 '버티기'라는 말이 공공연히 들리고 있습니다. 초등학교에서 고등학교까지 12년을 누가 잘 버티는가가 아이들 대학 진로에 있어서 핵심이라는 것입니다.

아이들 하교 후 가끔 운동장을 돌다 보면 구석진 곳에서 휴대폰으로 게임을 하고 있는 아이들을 살펴볼 수 있습니다. 자세히 관찰해 보면 게임이 정말 재미있나 봅니다. 가끔은 탄성을 지르며 게임에 몰입하는 모습을 보면, '이게 정말 진정한 배움의 모습이구나'라는 생각을 해 봅니다. 배움이 일어나려면 우선 궁금해야 합니다. 궁금한 것을 해결하기 위하여 이곳저곳을 찾아보고 기웃거려야 합니다. 하지만 우리 아이들은 궁금하기 전에 배움을 강요당합니다. 학교가 궁금한 것을 해결하러 가는 곳이 아니라 아이들이 배워야 할 내용들이 교과서라는 이름으로 산더미처럼 있는 곳입니다. 학원에 가면 아이들을 기다리는 보충학습 교재들이 또 산더미처럼 존재합니다.

우리 아이들이 게임을 하면서 탄성을 지르고 몰입을 하는 모습이 배움의 진정한 모습입니다. 궁금하기 전에 배움을 강요당하지 않게 하려면 학교는 어떤 모습이어야 할까요? 어떻게 하면 도전하는 아이들을 만들 수 있을까요?

실패를 겪으면 피하고 싶어진다

지난 시간에 아이들이 힘들고 지치면 뇌는 생명 유지를 위해 안전 모드로 변하며 이것이 배움, 도전의 회피 현상으로 이어진다는 말씀을 드렸습니다. 아이들이 지치는 가장 큰 이유는 궁금하지 않은 것에 대하여 배우도록 강요당하는 현실 때문입니다. 초등학교 1, 2학년 아이들과 배움에 대하여 이야기를 하면 재미있는 현상을 발견할 수 있습니다. "제가 제일 좋아하는 것은 수학이에요."라고 말하는 친구도 있고, "영어가 제일 재미있어요."라고 말하는 친구들이 있습니다. 이런 아이들이 5, 6학년이 되면 "학원을 폭파해 버리고 싶어요.", "학원가라는 엄마가 너무 싫어요."라고 변해 버립니다.

아이들이 고학년이 되면서 이와 같이 달라지는 이유에 대해서 생각해 보았습니다. 우선 저학년의 경우 궁금하지 않은 내용을 배우더라도 배움 활동이 활발히 일어날 수 있습니다. 열심히 하지 않으면 부모님이 매우 싫어하시기 때문에 재미가 없어도 열심히 배우려고 노력합니다. 아이의 뇌 측면에서 보면, 부모님이 싫어하는 행동을 하는 것은 매우 위험하고 생명 유지에 반하는 행위입니다. 이런 까닭에 부모님이 시키는 대로 열심히 합니다.

여기서 두 갈래로 길이 나누어집니다. 부모님이 시켜서 하는 배움이었지만, 그 배움을 통하여 성공 경험을 얻게 되는 하나의 길이 있습니다. 이쪽의 아이들은 학교와 학원에서 다른 학생과의 비교를 통하여 잘한다는 칭찬을 듣습니다. 그러한 칭찬의 힘은 긍정적으로 생각하게 만들고, 학교와 학원에 잘 적응하는 아이들로 키워냅니다. 하지만 반대의 길도 생각해 보아야 합니다. 부모님이 시킨 대로 열심히 학원을 다녀 보지만 성공 경험을 별로 느끼지 못합니다. 성공 경험이 없다 보니 배움에 대한 기대가 점점 사라집니다. 친구들과의 경쟁에서 뒤처지고, 학원에서 배우는 내용은 재미없어서 무엇인가 다른 행동을 하게 됩니다. 이러한 아이들의 뇌 영상 모습을 잠시 그려보겠습니다. 사람의 감각기관을 통하여 실시간으로 누구에게나 같은 양의 정보들이 뇌 속으로 들어오고 있습니다. 정보가 뇌로 들어오면 무엇인가 행동을 하도록 전전두엽에서 명령을 합니다. 그런데 우리 뇌로 들어오는 정보는 내가 '주의(Attention)한' 정보입니다. 나의 생명 유지와 관련되는 정보가 우선 감각기관에 입력됩니다. 생명 유지와 관련된 정보는 우선 내가 재미있고, 호기심이 가는 정보입니다. 이 아이들은 당연히 학원에서 배우는 내용이 재미가 없을 것입니다. 친구와의 장난이 재미있고, 컴퓨터 게임이 호기심을 자극할 것입니다.

　이와 같은 과정으로 아이들이 몇 년간 삶을 유지한다면 아이들 마음속에는 어떤 생각이 자라날까요? 당연히 생명 유지를 위해 학원을 폭파해야 하며, 학원을 종용하는 엄마의 얼굴을 악마로 그리는 것입니다. 인간의 뇌는 성공 경험을 바탕으로 진화해 왔습니다. 성공은 생명 유지에 적극적인 활동이고, 실패는 그 반대의 경우입니다. 그래서 아이들은 실패의 경험이 쌓이는 환경을 빨리 벗어나고 싶어 합니다. 아이들의 일탈을 나쁜 성품 때문이 아니라 생명 유지를 위한 어쩔 수 없는 선택으로 보아야 합니다. 이런 이유로 아이들이 배움을 즐기고, 도전을 적극적으로 받아들이기 위해서는 가정이나 학교에서 작지만 여러 번의 성공 경험이 필요합니다.

　뇌에서 바라보는 성공 경험이라는 것은 무엇일까요? 우선 다른 사람들의 인정입니다. 제가 초등학교 시절 유리창을 닦고 있었습니다. 지나가시던 담임 선생님이 엉덩이를 툭 치시면서, "넌 훌륭한 사람이 될 거야"라고 말씀하셨던 얼굴 모습을 지금도 도화지에 그리라고 하면 자세히 그릴 수 있을 것 같습니다. 저에게 커다란 성공 경험이었습니다. 하루는 친구들과 강당에서 너무 심하게 장난을 치다가 담임 선생님에게 들켰습니다. 선생님은 신고 계셨던 슬리퍼를 벗어서 우리들 발바닥을 때리셨습니다. "훌륭하게 될 사람이 이렇게 심하게 장난하면 될까?"하시면서 꾸중하시는데 다른 아이들은 아프다고 울었지만 당시의 느낌으로는 시원했던 것 같습니다. 제가 게을러지고 지칠 때 선생님이 오셔서 발바닥 한번 때려주시면 얼마나 기쁠까요?

뇌의 입장에서 두 번째 성공 경험은 '조건부 사랑'에서 해방되는 것입니다. 좋은 학생이 되려면, 네가 선생님에게 사랑받으려면 공부도 잘해야 되고, 선생님 말씀도 잘 들어야 된다는 조건부 사랑이 아이들이 도전을 회피하는 근본적인 이유를 제공합니다. 아이들의 일상생활을 들여다보면 다양한 조건들이 존재합니다. 학교에 가면 선생님이 '오늘 수학 시간에 떠들지 않으면 다음 시간에는 체육'이라는 조건을 들이댑니다. 부모가 내거는 가장 흔한 조건 중의 하나는 '시험을 잘 보면 선물을 사주겠다'는 말입니다. 이러한 조건부 사랑에 노출되기 시작하면서 그 조건을 채우지 못할 경우에 실패 경험이 하나둘씩 아이들 마음에 쌓여 갑니다. 이 실패 경험이 아이들을 우울하게 만들고 도전을 회피하게 만듭니다. "나는 참 소중한 사람이야, 나에게는 여러 가지 단점이 있지만 장점은 더욱 많기 때문에 어떤 어려운 일을 만나더라도 포기하지 않고 도전할 거야."라고 생각하는 아이들로 성장하기 위해서는 선생님, 부모님이 조건부 사랑을 내려놓아야 합니다.

오늘은 우리 아이들이 우울해지고 도전을 기피하는 이유를 생각해보았습니다. 다음 시간에는 우리 교사들이 학교에서 할 수 있는 도전의 방법들에 대하여 생각해보겠습니다.

뻔히 보이면 도전하지 않는다

대중가요 「킬리만자로의 표범」이라는 노래가 있습니다. 가사의 시작 부분에 이런 내용이 나옵니다. '나는 하이에나가 아니라 표범이고 싶다. 산정 높이 올라가 굶어서 얼어 죽는, 눈 덮인 킬리만자로의 그 표범이고 싶다.' 이 노래는 헤밍웨이의 소설 「킬리만자로의 눈」에서 영감을 받아 쓰였습니다. 소설을 읽다 보면 킬리만자로의 정상에 죽은 표범의 시체가 있었다는 이야기가 나옵니다. 킬리만자로는 탄자니아에 있는 해발 5,895미터의 아프리카 최고봉으로 정상을 만년설이 하얗게 뒤덮고 있습니다. 그 높고 춥고 험한 곳으로 표범은 왜 올라갔을까요? 그곳에서 무엇을 찾고 있었을까요? 정확히 아는 사람은 없지만, 표범이 사람의 마음을 가지고 있다면, 그 산을 정복하고 싶은 욕구가 강해서가 아닐까 생각합니다.

저는 한 달에 두 번 정도 테니스 대회에 출전합니다. 가족들은 동호인 대회 우승이 그리 중요하냐며 참가를 막고 있지만, 참여를 해 본 사람은 이해합니다. 성적이 좋은 날은 6~7게임을 할 때도 있습니다. 다리에 쥐도 나고 얼굴은 햇볕으로 그을리고, 온통 땀으로 범벅이 되어 숨쉬기도 힘듭니다. 하루 종일 운동을 하면서 가슴이 뛰기 시작합니다. 제가 살아 있고, 저에게 열정이 있음을 온몸으로 실감합니다. 아마 킬리만자로의 표범도 이런 마음이리라 생각합니다.

학교에서 이루어지는 여러 가지 도전 활동은 아이들 가슴을 뛰게 합니다. 얼마 전 유치원의 '독서 골든벨' 시간에 참관을 했습니다. 그동안 이야기 나누기 시간에 선생님께 들었던 책의 이름, 책 주인공 등에 대하여 복습하는데 『도전 골든벨』 형식으로 수업이 이루어졌습니다. 한 단계 한 단계 고개를 넘으면서 아이들은 정말 신이 났습니다. 탈락한 아이들은 그 자리에서 울어서 선생님이 달래느라 곤혹스럽기도 했습니다. 유치원 아이들을 보면서 정말 사람이란 도전의 덩어리라는 생각을 했습니다.

옆 반과 축구 시합을 해 보면 아이들이 얼마나 도전 덩어리인지 극명하게 드러납니다. 이날은 대부분 그동안 교실에서 자기의 재능을 보여주지 못했던 아이들이 주인공입니다. 친구에게 다정하지 못해서 늘 선생님의 마음을 조마조마하게 만들었던 철수가, 경기 중에 친구가 넘어지자 손을 잡아 일으켜 줍니다. 철수가 이렇게 배려심이 많은 아이였다는 것을 옆 반과 축구 경기를 통하여 선생님과 친구들이 알아 가게 됩니다. 그동안 철수는 교실에서 자신의 열정을 꽃피울 도전거리를 잃어버렸던 것입니다. 그 결과가 친구와의 싸움, 선생님 말씀에 대한 회피 행동으로 나타난 것은 아닐까 담임 선생님은 생각해 봅니다. 모든 아이들은 배움 덩어리라는 것을 축구 경기를 통하여 확인한 날이 었습니다.

아이들의 도전 활동을 보다 적극적으로 수업 시간에 포함할 수 있는 방법은 무엇일까 고민해봅니다. 언젠가부터 '교육과정 재구성'이라는 용어가 교실 현장에서 크게 자리 잡고 있습니다. 교육청 단위의 연수부터 시작해서 서점에 가면 교실에서 이루어진 사례들을 출판한 책들을 종종 볼 수 있습니다. 책을 읽어 보면 대부분 같은 이야기가 한 가지 나옵니다. 교육과정을 아이들의 삶과 연계시키기 위하여 재구성해야 한다고 이야기합니다. 물론 맞는 이야기지만 교육과정 재구성에는 다른 뜻이 있다고 생각합니다.

이전 글에서 궁금하지 않은 배움을 강요당한 나머지 배움과 도전이라는 의욕이 아이들 가슴에서 자라지 않는다고 말씀을 드렸습니다. 교육과정 재구성을 해야 하는 이유의 첫 번째가 '궁금해하기'입니다. 새 학년도가 되면 저나 선생님들은 학교에 새로 오실 선생님들이 궁금해집니다. 새로 오실 선생님의 명단이 발표되면 그 선생님이 근무한 학교에 전화도 해 보고, 그 선생님을 잘 알고 계시는 선생님을 찾아 이야기도 해 봅니다. 반 아이들도 마찬가지입니다. 보통 2월 초가 되면 새로운 학년도 우리 반 아이들의 명단을 받아들게 됩니다. 그 아이들의 이름을 보며 어떻게 생겼을까, 나와 어떤 관계가 맺어질까에 대한 무한 상상으로 2월을 보내며 아이들을 맞이할 준비를 합니다. 새로 우리 학교에 오실 선생님을 궁금해하는 본질적인 이유가 무엇일까요? 바로 '예측'을 못 하기 때문입니다. 인간은 예측하는 동물로 진화해 왔습니다. 예측이라는 것은 생존을 위해서 필수불가결한 사항입니다. 먼 옛날 사냥을 하다가 밤이 깊을 경우를 상상해보십시오. 길이 잘 보이지 않는 상황에서 예측을 잘해야 살아남을 수 있습니다. 밤길을 걸으면서 작은 소리 하나라도 잘 예측해야 살아남을 수 있습니다. 이런 이유로 예측하지 못하면 사람은 잘 참을 수가 없습니다. 그래서 이웃이 이사 오면 어떤 사람인지 알고 싶고, 집에 가면 편히 쉴 수 있다는 예측 능력 때문에 퇴근 시간이 기다려지는 것입니다.

다시 교육과정 재구성과 관련해서 이야기를 해 보자면, 우리가 교실에서 사용하는 교과서는 아이들이 모두 가지고 있습니다. 교과서 표지부터 시작해서 내용도 이미 한 번쯤은 들어 보거나 알고 있습니다. 즉 오늘 배울 내용에 대하여 아이들이 이미 예측하고 있는 것입니다. 예측이 가능하면 인간에게는 편안함이 느껴집니다. 긴장감이나 호기심이 생기지 않습니다. 우리가 밤길을 걸어가는데 앞에서 다가오는 사람이 어머니라고 생각하면 마음이 편해지는 이유와 같습니다. 예측이 가능하면 편안함이 주는 이점도 있지만, 궁금증이 사라져 버립니다. 이런 이유로 교과서는 아이들에게 호기심을 줄 수 없습니다. 호기심을 주기 위해서는 내일 배울 내용에 대하여 궁금함을 줄 수 있어야 합니다. 교과서의 순서대로가 아니라 교육과정을 재구성하여 수업을 진행하면 아이들이 내일 공부할 내용을 예측할 수 없습니다. 이때부터 아이들의 호기심은 증가하기 시작합니다.

오늘은 교과서가 아이들의 호기심을 자극하지 못한 이유에 대해서 고민해 보았습니다. 교과서의 순서대로 학습을 하면, 예측하는 인간의 본성을 생각해 보았을 때 아이들의 호기심을 자극할 수 없다는 것이 교육과정을 재구성해야 하는 이유입니다. 호기심이 자극되지 않으면 인간은 도전을 멈추게 됩니다. 다음 시간에는 보다 구체적으로 교육과정을 재구성하는 방법에 대해서 알아보겠습니다.

작은 목표에서부터 도전이 시작된다

이전 글에서 아이들의 도전 활동이 이루어지기 위해서는 교육과정 재구성이 필요하다는 말씀을 드렸습니다. 오늘은 교육과정 재구성의 구체적인 방법에 대해서 이야기를 나누고자 합니다. 우선 기간의 문제입니다. 4년 동안 100대 교육과정 심사를 하면서 일선 학교에서 이루어지고 있는 다양한 교육과정 재구성 사례를 접할 수 있었습니다. 교육과정 재구성 사례를 기간을 중심으로 분류하여 보면 두 가지로 나누어질 수 있습니다.

그중 한 가지는 단기간에 이루어지는 교육과정 재구성 사례입니다. 10차시 정도로 교육과정을 재구성하여 운영하고 있는 사례들입니다. 또 하나는 교육과정 내용을 주제 망으로 연결하여 한 학기 동안 이루어지는 교육과정 재구성 사례입니다. 첫 번째 사례의 경우 작은 주제 하나로 단기간에 이루어지며 선생님의 아이디어와 작은 노력만 있으면 얼마든지 실행 가능합니다. 하지만 두 번째 사례의 경우에는 한 학기 동안 진행되는 프로젝트로 방학 기간 등을 이용하여 선생님의 많은 노력이 있어야 가능한 사례입니다. 어느 것이 옳다고 할 수 없지만 인간의 본성이라는 측면에서 해석해 보면서 교육과정 재구성의 방향을 살펴보겠습니다. 원시시대부터 사람들은 사냥을 할 때 이쪽 산에 가면 사슴이 많겠다는 예측을 합니다. 지금도 마찬가지입니다. 얼마 전에 완도 청산도에 낚시를 갔습니다. 아침 일찍 배를 타고 바다로 나갔습니다. 한참 배가 달리더니 양식장 근처에서 멈추었습니다. 선장의 말로는 여기에서 낚시를 하면 참돔이 많이 잡힌다는 것입니다. 선장은 수없는 낚시 경험으로 아무 생각 없이 우리들을 태우고 양식장 근처 참돔이 많이 잡히는 곳에 멈추었을 것입니다. 사냥감이나 고기가 눈에 보이지는 않지만 어디를 가면 잡을 수 있다는 확실한 목표가 아무런 고민 없이 우리를 그곳에 데려다 주었습니다. 만약 어디를 가야 사냥감을 잡을 수 있을지 모른다면 원시인들은 어디로 가야 할지 막막했을 것입니다. 즉 사람들이 움직이려면 목표가 분명히 눈에 보여야 합니다.

교육과정 재구성도 마찬가지입니다. 위의 첫 번째 사례, 10차시 이내로 이루어지는 교육과정 재구성처럼 목표가 눈에 분명히 들어오면 아이들은 배움에 도전하게 됩니다. 비슷한 사례로 축구경기에 아이들이 몰입하게 되는 동기도 마찬가지입니다. 짧은 시간에 상대 팀을 이겨야 한다는 목표가 분명히 눈에 들어오기 때문에 경기에 몰입이 가능합니다. 하지만 한 팀을 상대로 몇 달이나 1년 동안 매일 시합한다고 했을 때 선수들은 얼마나 지겹겠습니까?

교육과정 재구성의 핵심 원리 두 번째는 '활동결과물'입니다. 단기간이든 장기간이든 프로젝트를 통하여 아이들이 얻게 될 활동결과물이 눈에 분명히 보여야 도전하게 됩니다. 얼마 전 1학년 수업을 참관하였습니다. 선생님은 '추석 상 차리기'라는 주제로 10차시 정도의 교육과정 재구성을 통하여 프로젝트를 진행하고 있었습니다. 이 수업에서 아이들이 추석 상을 차리기 위하여 옷을 만들고, 먹을 것을 만드는 과정에서 추석 상이라는 목표가 눈에 그려지기 시작합니다. 활동 결과물이 눈에 보이기 시작하면 아이들의 도전 욕구가 만들어지기 시작합니다. 여기서 아이들의 도전 욕구를 위해 유의해야 할 것은 활동결과물이 감각기관을 총동원한 작품이어야 한다는 것입니다. 만약 부모님이라는 주제로 1차시에는 부모님이 하는 일, 2차시에는 부모님 그리기, 3차시에는 부모님의 어린 시절 이야기, 4차시에 부모님께 편지쓰기로 교육과정이 재구성되었다면 아이들의 도전 욕구를 자극하지 못합니다. 하지만 1차시 부모님이 하는 일, 2차시에는 부모님 그리기, 3차시에는 엄마 아빠 연극 놀이 대사 만들기, 4차시에 엄마 아빠 연극 놀이 하기로 교육과정을 재구성한다면 아이들의 도전 욕구는 매우 높아집니다. 그 이유는 아이들이 연극 놀이를 기대하고 있기 때문입니다. 이때의 아이들 뇌는 어떤 상태이겠습니까? 뇌는 한 가지 주제에 대하여 시각, 청각, 체감각 등 모든 감각 영역을 총동원할 때 가장 쾌락을 느낍니다. TV에서 선수들이 테니스를 하는 모습을 보다가 내가 직접 코트에서 경기를 할 때보다 더 큰 만족을 느끼는 이유와 같습니다. 이런 이유로 교육과정을 재구성할 때 마지막 차시는 아이들의 감각기관을 총동원할 수 있는 주제로 설정한다면 보다 더 큰 도전의욕을 가지고 아이들의 배움이 일어날 것입니다.

지금까지 아이들의 도전에 대하여 알아보았습니다. 도전은 인간의 본성인데 강요된 배움으로 우리 아이들이 도전을 회피하고 있다는 이야기를 하면서 교실에서 가장 쉽게 실천해 볼 수 있는 도전 활동으로 교육과정 재구성 사례를 이야기하였습니다. 한 가지 일에 집중하는 아이들이나 어른을 보면 참 아름답습니다. 우리 아이들이 교실에서 수많은 도전 활동을 즐기기 위해서 가장 필요로 하는 것은 교육과정을 재구성하는 교사의 능력입니다. 교육과정 재구성 능력의 핵심은 사실 교사의 아이디어에 있습니다. 교사의 아이디어는 연수를 통하여 수업 방법을 얻는다고 해결되는 문제는 아닙니다. 수많은 독서를 통하여 교육과 아이들의 마음에 대해서 성찰하다 보면 교사의 삶이 즐거워지고, 내가 살아있음을 느끼게 됩니다. 교사의 아이디어는 그때부터 시작됩니다.

8

창의성은 배움 연결의
예술이다

●
●

드디어 배움의 비밀 마지막 장이 되었습니다. 이 장에서는 선생님들에게 가장 부담감을 주면서도 매력적인 주제인 창의성에 대하여 이야기해보고자 합니다. 언제부터인가 우리 사회에서는 창의성이라는 단어를 말할 때마다 교육을 이야기합니다. 학교가 학생들의 창의성을 죽인다면서 혹자는 4시 이전에 학교 문을 닫아야 한다고 이야기합니다. 베스트셀러 『생각의 탄생』의 저자이자 창의성 연구의 세계적 석학 로버트 루트번스타인 같은 사람은 한국 학교가 HOW를 가르쳐 주지 않고 WHAT을 주입하기 때문이라는 이야기도 합니다. 창의성에 대하여 학교 교육을 비판하는 글을 읽을 때마다 학교 현장의 교사들은 쥐구멍이라도 찾고 싶은 심정인 것도 사실입니다. 이 장에서는 학교 SNS에 올린 편지글을 통하여 보이는 것 같으면서도 보이지 않는 창의성이라는 실체를 찾아보겠습니다.

보이지 않는 창의성의 실체

드디어 우리 아이들이 기다리던 첫눈이 내렸습니다. 어젯밤부터 살가운 바람이 귓불을 스치더니 그동안 얼었던 우리들 마음을 위문하려나 봅니다. 벌써 운동장에는 아이들 목소리가 가득합니다. 두 팔 벌려 세상을 안듯이 눈을 맞이하는 아이, 친구의 두 손을 꼭 잡고 눈 발자국을 만드는 아이, 눈사람을 만들고 싶어서 눈을 모아 보지만 금방 손에서 빠져나가버리는 눈을 아쉬워하는 아이 등 오랜만에 운동장과 아이들이 아이들의 다정함과 신기함으로 하나가 되는 날입니다.

운동장 한쪽에는 자그마한 세 개의 모래 산이 있습니다. 마지막 운동장 공사를 위하여 엊그제 쌓아둔 모래입니다. 오늘 예쁘게 운동장 마무리 공사를 할 참이었는데 첫눈으로 미루어질 것 같습니다. 우리 아이들이 모래 산에 올라 재미있게 놀 수 있도록 첫눈이 배려를 해주는지도 모르겠습니다. 첫눈 오는 날 활짝 핀 우리 아이들의 얼굴이 매일 매일 이어지기를 소망해봅니다.

오늘부터는 창의성에 대하여 이야기해보고자 합니다. '창의성'이라는 단어는 어쩌면 학교 교육에 종사하고 있는 선생님들에게 가장 부담스러운 단어입니다. 우리나라 어느 학교를 방문하든지 현관에서 창의성이라는 단어가 아이들을 맞이합니다. 흔한 '창의적인 인재 육성'이나 '새로운 생각을 만드는 아이들' 등 표현 방법은 조금씩 다르지만 창의적인 아이를 만들어내는 곳이 학교입니다. 2015년 개정 교육과정에서도 '창의융합형인재'의 육성을 교육과정의 주요 방향으로 정리하고 있습니다.

하지만 '창의성'이라는 단어만 들어도 부모님이나 선생님들의 가슴에는 돌덩어리 하나가 들어오는 느낌입니다. 분명히 우리 아이들을 창의성이 높은 아이들로 키우고 싶은데 어디서 어떻게 해야 할지 막막합니다. 어떤 사람은 우리 아이들이 신나게 놀면 창의성이 높아진다고 말하며, 또는 책을 많이 읽으면 창의성이 높아진다고 말하는 이도 있습니다. 지금 밖에서 내리는 눈은 분명 실체가 있지만 창의성이라는 것은 실체가 우리 눈에 보이지 않기 때문입니다. 어쩌면 창의성이라는 것은 영혼이나 유령과 같을 수 있습니다. 고대 그리스 철학자 아리스토텔레스는 영혼은 살아 있는 것들의 제일 원리라고 이야기하였습니다. 눈에 보이지는 않지만 눈에 보이는 어떤 것보다도 중요하다는 이야기입니다. 교육에서도 창의성이라는 것은 눈에 보이지 않지만 우리 자녀들의 바람직한 성장을 위해서 반드시 높여 주어야 할 자질입니다.

영혼이 눈에 보이지는 않지만 언어로써 정의할 수 있듯이 창의성도 언어로써 정의는 가능합니다. 창의성에 대한 수많은 학자들의 이야기가 있지만 서울대학교 교육부총장을 하셨던 변창구 교수의 창의성에 대한 정의를 가장 좋아합니다. 아래의 글은 변 교수가 창의성에 대하여 정의 내린 글입니다.

창의성이란 하늘에 뜬 무지개가 물렁물렁한지 딱딱한지 궁금한 다섯 살짜리 아이의 호기심이, 숲 속 두 갈래 길에서 남이 가지 않은 길을 택하는 모험심을 만나, 지식보다 더 중요한 상상력의 날개를 달고, 꿈을 향한 여행길에 어떤 시련에도 굴하지 않고 가끔은 경로를 이탈하면서 한계에 도전하고, 그리고 미친 듯이 일하는 열정과 어우러져, 기존의 것들과 다르면서도 독특하고 새로운 아이디어로 자신의 재능을 꽃피우는 능력이다.

저는 이 글을 자주 읽으면서 창의성이라는 속성을 문학적으로 정말 잘 표현했다는 생각을 해보곤 합니다. 앞으로 이 정의를 바탕으로 선생님 학부모님과 함께 우리 아이들의 창의성에 대하여 한발 한발 나아가 보겠습니다. 첫눈 내린 날, 우리 가족과 동료들에게 따뜻한 미소를 함께 나누는 하루가 되시기 바랍니다.

기초 · 기본은 창의성의 어머니

오랜만에 새벽 카페를 찾았습니다. 겨울의 한가운데로 접어드는 시기이지만 오늘 새벽바람은 엊그제 두 손을 오들오들 떨게 만들었던 칼바람을 뒤로하고 따뜻함이 흠뻑 묻어 있습니다. 곰곰이 생각해보면 겨울의 추위는 사람들의 생명력을 더 강하게 만듭니다. 우리들의 피부를 단단하게 하고, 강한 인내력을 가져다줍니다. 조금 추워도 아이들이 따뜻한 방 안보다는 운동장에서, 명상의 숲에서 신나게 뛰어노는 것이 보다 현명하게 겨울을 이기는 길이 아닌가 생각합니다.

이전 글에서 창의성은 영혼과 같다는 말씀을 드렸습니다. 많은 교육학자들은 영혼은 눈에 보이지는 않지만 그 어떤 것들보다 중요하다고 이야기합니다. 창의성이라는 것도 눈에 보이지 않지만 학교 교육에서 길러야 할 가장 중요한 자질이라 이야기합니다. 하지만 사회에서는 학교의 창의성 교육을 매우 부정적으로 이야기합니다. 학교가 아이들의 창의성을 길러 주고 있는지 의문을 제기하고 있습니다. 국가가 학교에 투자하고 있는 엄청난 자금에 비하여 결과는 너무 초라하다는 이야기를 많이 듣습니다. 이런 소리를 들을 때마다 학교에서 교육에 종사하고 있는 교사들은 어디 숨을 곳이 없나 두리번거리게 됩니다. 교사들 눈에 보이지 않는 창의성이라는 유령은 도대체 어떤 실체를 가지고 있을까요?

우선 '창의성' 하면 누구에게나 떠오르는 단어는 '새롭다'입니다. '새롭다'라는 단어를 사용하기 위해서는 비교할 수 있는 그 무엇인가 낡고 오래된 것이 있어야 합니다. 휴대폰에 새롭다는 의미를 붙이기 위해서는 그 이전의 낡은 휴대폰이 존재해야 하고, 그 이전 휴대폰의 기능에 무엇인가 다른 기능이 추가되었을 때 새로운 휴대폰이라 할 수 있습니다. 새로운 생각이라는 것도 그 이전의 낡고 오래된 생각이 있어야 합니다. 지구가 둥글다는 생각은 그 이전에 있었던, 지구가 평평하다는 생각이 없었다면 새로운 생각이라 할 수 없습니다. 즉 지구가 둥글다는 생각은 지구가 평평하다는 기존의 기초·기본에서 탄생했으며, 새로운 휴대폰이라는 것도 기존의 휴대폰에 무엇인가 다른 기능이 첨가되어 탄생했습니다. 이렇게 본다면 새로운 생각이라는 것은 기존의 기초·기본에서 탄생합니다. 기존의 기초·기본이 새로운 생각의 어머니라 할 수 있습니다.

사실 지금 이 순간 나의 뇌 속에 저장되어 있는 모든 지식은 기초·기본입니다. 선생님의 가르침을 통해서 얻은 지식이든, 책을 통해서 얻은 지식이든 지금 현재 내가 품고 있는 모든 지식은 기초·기본입니다. 그러한 기초·기본이 나라는 정체성을 만들며 일상에서 부딪히는 대부분의 문제에 현명하게 대처하며 살아가게 해 줍니다. 이렇게 본다면 학교에서 하는 중요한 일 중 하나는 기초·기본을 배우는 것입니다. 기존의 여러 가지 지식들을 배우고 익히는 과정에서 무엇인가 새로운 생각이 자라나게 됩니다.

창의성의 대가라 할 수 있는 피카소도 그동안 존재했던 회화의 기초·기본을 배우면서 그만의 독특한 그림의 세계를 만들 수 있었습니다. 피카소는 1881년 스페인의 말라가에서 미술 교사의 아들로 태어났습니다. 피카소의 아버지는 아들이 자기보다 그림에 소질이 있다는 것을 파악하고, 교사를 그만두고 아들 교육에 전념했습니다. 아버지는 피카소를 바르셀로나의 미술 학교에 보냈지만 피카소는 학교의 규칙이나 수업에 적응하지 못하였습니다. 마드리드의 미술 학교로 옮겨 보았지만 여기서도 적응하지 못하고 학교를 그만두었습니다. 이때 만난 사람이 벨라스케스입니다. 학교에 가지 않고 마드리드 시내를 떠돌다가 프라도 미술관에서 벨라스케스의 그림을 처음 접했을 때 피카소에게 배움의 욕구가 솟아나기 시작했습니다. 그는 매일 미술관에 들러 하루 종일 벨라스케스의 그림을 따라 그렸습니다. 저는 보지 못했지만 스페인 바르셀로나 피카소 미술관의 하얀 벽에는 벨라스케스를 모방해 그린 그림이 가득하다고 합니다. 기존 대가의 그림을 수없이 따라 그리면서 피카소의 천재성이 피어나기 시작했던 것입니다.

오늘은 창의성은 기초·기본에서 탄생한다는 이야기를 전해 드렸습니다. 기존의 지식을 배우고 익히는 과정에서 새로운 생각이 만들어집니다. 거꾸로 이야기하면 기존의 지식을 철저히 파헤치고 탐구하지 않는다면 새로운 생각이라는 것이 만들어질 수 없다는 이야기입니다. 모든 창의성의 대가들은 자신의 영역에 관련된 기존의 지식, 즉 기초·기본을 철저하게 연구하였으며, 그러한 과정 중에 자신만의 새로운 생각을 만들 수 있었던 것입니다.

정현 선수로부터 창의성을 생각하다

오랜만에 새벽 카페를 찾았습니다. 커피 한 잔을 시켜놓고 주위를 둘러보았습니다. 새벽 6시가 넘었는데 취업 준비를 하는 대학생들이 이곳저곳에서 책을 펼쳐놓고 공부를 하고 있었습니다. 밤샘공부에 지쳤는지 어떤 학생들은 카페의 불편한 의자에 기대어 잠을 자고 있고, 또 다른 친구들은 눈을 비비며 노트북을 켜놓고 강의를 듣고 있습니다. 청년들이 취업 걱정을 하지 않는 아름다운 사회가 언제나 올 수 있을까요? 우리 아이들이 성장을 해서 어른이 되었을 때 원하는 일을 찾아 마음껏 자기 재능을 발휘하는 그런 행복한 사회를 꿈꾸어봅니다. 사실 이러한 사회는 한 사람의 위대한 지도자에 의해서 만들어지는 것이 아니고, 국민 각자의 자리에서 자기의 맡은 일을 열심히 하는 사람이 하나둘 늘어갈 때 좀 더 가까워지리라 생각합니다. 교육도 마찬가지입니다. 학교에 대한 불신이 가득한 대한민국 사회에서 우리 학교만이라도 교육공동체 간에 서로에 대한 신뢰를 바탕으로 우리 아이들 교육에 정성을 다할 때 대한민국의 교육이 조금씩 변할 수 있다고 생각합니다. 따뜻한 봄날인데 잠을 설치며 공부를 해도 취업을 못하는 우리 청년들을 보면서 가슴이 참 많이 아픈 새벽입니다.

오늘은 정현 선수와 창의성에 대한 이야기를 해보겠습니다. 지난번 글에서 창의성은 기존의 지식을 철저히 습득하고 탐구하는 과정에서 만들어진다는 이야기를 드렸습니다. 요즘 정현이라는 테니스 선수가 우리에게 큰 기쁨을 주고 있습니다. 동양인으로서는 상상도 하지 못했던 호주오픈 4강뿐만 아니라 미국에서 열린 남자 프로테니스 파리바 오픈에서도 8강에 올랐습니다. 공교롭게도 호주오픈이나 파리바 오픈에서 모두 세계 1위 페더러 선수에게 패했습니다. 호주 오픈과 파리바 오픈경기의 다른 점은 파리바 오픈에서 페더러 선수를 상대로 이전보다 훨씬 대등한 경기를 했다는 점입니다. 물론 아직 서브 등의 실력 차는 존재하지만 불과 49일 전 호주 오픈 때와 비교해 보아도 경기 양상이 매우 달랐습니다. 1세트는 거의 대등한 게임이었습니다. 정현 선수에게 조금만 운이 따라주었다면 1세트는 이길 수 있는 게임이었습니다. 무엇이 49일 만에 경기의 흐름을 바꾸어 놓았을까요? 저는 정보의 양이라 생각합니다. 정현 선수가 호주 오픈에서 페더러 선수와 경기를 하는 중에 서브 등 여러 가지 플레이 스타일에 관한 정보를 습득했기 때문에 다음 경기에서는 보다 더 적극적인 대응 방법, 즉 창의성이 잘 발휘되어서 경기를 이전보다 훌륭하게 마칠 수 있었습니다. 정현 선수가 기존에 가지고 있던 테니스 정보에 호주 오픈에서 페더러 선수와 경기를 하면서 알게 되었던 정보들이 합쳐져서 파리바 오픈에서는 이전보다 더 훌륭한 경기력을 발휘할 수 있었던 것입니다. 아마 정현 선수가 다음에 또 페더러 선수를 만난다면 오늘보다 더 멋진 경기를 우리들에게 보여줄 것이라고 생각합니다. '지피지기면 백전백승'이라는 우리 속담이 있습니다. 이 말도 상대방에 관한 정보의 양이 많으면 나의 창의성이 잘 발휘되어서 이길 수 있다는 뜻입니다.

오늘은 토요일입니다. 조금 있으면 우리 아이들이 하나둘 도서관에 도착할 것입니다. 제가 학교에 오면서 우리 아이들 정보 양을 늘리기 위해 '독서몰입교실'을 2년 이상 운영해오고 있습니다. 특별히 선생님과 학부모님의 많은 관심 덕에 책과 하나가 되는 몰입 경험을 우리 아이들이 계속해서 늘려가고 있습니다. 우리 아이들이 지금 읽고 있는 책은 우리 아이들 뇌 속 재능이라는 방으로 들어갑니다. 오늘 읽고 있는 책이 작았던 자신의 재능 방을 크게 넓혀주고 아름답게 단장해 줍니다. 얼마 전 강당에서 아이들에게 책은 휴식이라는 이야기를 해주었습니다. 우리 어른들이 일을 하다가 힘들면 잠깐 차를 마시며 휴식을 취하듯이, 아이들에게 책이라는 것은 영어, 수학에 지친 나의 마음과 몸에 휴식을 주는 것이라고 설명하였습니다. 책읽기는 공부가 아니라 힘들 때 휴식을 취하듯이 우리 곁에 항상 머물러 몸과 마음을 지켜주는 일이어야 합니다. 도서관에서 책에 몰입하여 있는 아이들을 바라보면 가슴이 쿵쿵 뛰기 시작합니다. 아마 그 아이들이 미래의 정현 선수가 되지 않을까 생각합니다. 꼭 토요 독서몰입교실에 참여하지 않아도 집에서 또는 들판에서 아이들과 함께 시 한 편을 읽는 월계교육공동체가 되면 좋겠습니다.

느낌이 기억에 연결된다

봄비 내리는 저녁입니다. 평소 같으면 운동을 해야 할 시간인데 봄비의 도움으로 노트북을 켰습니다. 오늘 내리는 봄비가 식물들에 살포시 다가가 앉으면 교정의 새싹들이 얼굴을 방긋 내밀어 자연의 신비를 보여주리라 생각됩니다. 이 비가 끝나면 온다는 꽃샘추위도 얼른 물러가고 봄 축제가 빨리 시작되었으면 좋겠습니다. 지금 학교에는 산수유의 축제는 이미 시작되었고, 유채 새싹들이 힘차게 자라고 있으며, 작년 11월에 심은 배추에서는 꽃대가 한참 자라 곧 노란 꽃을 보여줄 것입니다. 학교에 오셔서 꽃잎 한 장을 자세히 살펴보고 카메라로 찍어 확대해 보면 또 다른 느낌이 우리 몸에 전해져 올 것입니다. 말로는 설명할 수 없지만 가슴이 따뜻해져 오고 얼굴엔 미소가 피어오릅니다. 그게 바로 행복이 아닐까요?

오늘은 지난번 글에 이어서 창의성 이야기를 계속 해나가겠습니다. 제가 자주 우리 아이들의 마음과 생각의 구조에 대하여 부모님, 선생님과 생각을 나누는 이유는 아이들에 대한 바른 이해가 봄비처럼 아름다운 우리 아이들에게 해 줄 수 있는 가장 큰 선물이기 때문입니다. 아이들의 마음 구조에 대하여 이야기를 나누다 보면 아이들을 더 이해하려고 노력하게 되고, 그러한 결과가 바른 교육으로 이어지는 디딤돌이라 생각합니다.

오늘 이야기 주제는 '느낌이 기억에 연결된다'입니다. 저도 이 주제를 정하고 창의성에 대하여 굉장히 멋진 정의라고 손바닥을 쳤습니다. 제가 글을 쓰는 책상 위에는 아포가토 한 잔이 놓여 있습니다. 아포가토를 한 입 먹으면 달달한 아이스크림의 맛이 몸에 조금씩 퍼져나가기 시작합니다. 이어서 에스프레소 커피의 씁쓸함이 달달한 맛 위를 지나 몸에 밀려 들어옵니다. 이렇게 달고 씁쓸한 맛이 교차하면서 언어로 표현하기는 어렵지만 제 몸에 쉼과 활기를 불어넣어 줍니다. 이러한 아포가토 맛이 무엇을 닮았을까 생각해 보았습니다. 우선 교사의 삶과 비슷하다는 생각을 해 봅니다. 3월 아이들을 처음 만났을 때 설렘 그 자체이지만 아이들과 생활을 하면서 점점 힘든 날이 많아집니다. 하지만 1년이 지나고 아이들의 성장 모습을 바라보면 그저 흐뭇하기만 합니다.

아포가토의 맛이 교사의 삶과 비슷하다는 생각을 왜 했을까요? 아마 달고 쌉쓸한 느낌이 매우 강렬했기 때문이었을 것입니다. 이 강렬한 느낌이 저의 기억 중에서 교사의 삶과 연결되었던 것입니다. 일상생활 중에서 사물과 사람을 보았을 때 느낌이 풍부해지면 그것은 자신이 가지고 있는 어떤 정보와 즉각적으로 연결이 됩니다. 이러한 모습은 아이들의 일상에서도 많이 관찰될 수 있습니다. 어떤 아이가 학교 화단에 피어있는 유채 꽃을 보면서 코를 들이대고 한참 동안 그 자리를 떠날 줄 모르고 있었습니다. 그 아이에게 다가가 "유채꽃의 향기가 어떠니?"라고 물었더니 "유채꽃 향기를 맡았더니 가슴이 쿵쾅거려요."라고 대답했습니다. 아마 그 아이 마음이 유채꽃 향기로 가득 차서 봄이라는 설렘이 가득했나 봅니다. 만약 이 아이가 그 느낌을 동시로 나타낸다면 멋진 작품이 나오리라 생각합니다.

이처럼 느낌이 풍부한 사람은 사물을 보았을 때 자신의 삶과 연결을 잘 짓습니다. 우리는 이러한 사람을 감성이 풍부한 사람이라고 이야기합니다. 감성이란 똑같은 사물이나 현상을 보고 더 많은 것을 받아들이는 것을 이야기합니다. 유채꽃을 보고 '예쁘다' 하는 아이보다 '가슴이 쿵쾅거린다'는 아이가 유채꽃이라는 사물에서 더 많은 느낌을 몸과 마음으로 받아들인 아이입니다. 아이들이 풍부한 느낌을 갖기 위해서는 유채꽃에 코를 들이대는 아이처럼 자신의 오감을 총동원하여 사물을 살펴야 합니다. 한참 동안 꽃 앞에서 쭈그리고 앉아 코를 들이대고 향기를 맡는 모습, 카메라로 꽃잎 한 장을 찍어 확대해서 이곳저곳을 살펴보는 모습 등이 오감을 총동원하는 모습입니다. 반대로 아무리 예쁜 사물이 눈앞에 있다고 하여도 오감을 총동원하지 않으면 느낌이 풍부해지지 않습니다. 그래서 우리는 단순하게 '꽃이 예쁘구나!' 정도의 생각만 갖게 되는 것입니다.

오늘은 사물에 대한 느낌이 풍부해지면 내가 경험하고 학습한 기억이라는 방에 잘 연결되어서 새로움이라는 생각이 잘 만들어진다는 이야기를 드렸습니다. 느낌이 풍부해지기 위해서는 오감을 적극적으로 이용해야 합니다. 요즘 학교 명상 숲 이곳저곳에서 예쁜 꽃들이 얼굴을 내밀고 있습니다. 아이와 함께 쭈그리고 앉아 향기를 맡아보고, 색깔을 살펴보며, 카메라로 크게 확대해서 수술, 암술의 모양을 살펴보면 어떨까요? 이렇게 선생님, 부모님과 함께 감성을 키운 아이들이 미래에 창의성이 풍부한 사람으로 성장하리라 확신합니다.

창의적인 아이로 커 나가려면

학교에 배추꽃이 피었습니다. 11월쯤 아이들과 함께 배추 모종을 텃밭 상자에 심었습니다. 반별로 물도 주고 사랑한다는 이야기도 해 주었습니다. 작년 12월의 이야기입니다. 어떤 선생님께서 "교장 선생님 텃밭 상자 배추로 김장해야겠네요. 너무 잘 자랐어요."라고 하였습니다. 선생님의 이야기를 듣고 아이들과 김장을 해서 어려운 이웃에게 나누어 줄까 생각도 해보았습니다. 하지만 아이들에게 꽃을 보여 주고 싶었습니다. 제가 어릴 때 밭에 가보면 가끔씩 배추꽃을 볼 수 있었습니다. 수확하기에는 부족한 배추는 밭에 그대로 심어져 있었는데 봄에 거기에서 예쁜 노란 꽃이 피었습니다. 그 예쁜 꽃이 오랜 시간이 지나도 나의 기억 속에 선명하게 다가옵니다. 그 꽃을 우리 아이들에게 보여 주고 싶었습니다. 그렇게 4개월을 기다린 보람이 있어 매일 매일 새롭고 노란 꽃잎의 얼굴을 아이들에게 보여 주는 요즘입니다.

배추꽃 사진을 찍어 아이들에게 보여 주었습니다. 우리 학교에서는 1학기에 두 번씩 교장 선생님과 함께하는 생활교육 시간이 있습니다. 그 시간이 참 기다려집니다. 오늘은 1학년 아이들과 수업을 했는데, 배추꽃을 보여주면서 "이 꽃 이름을 아는 친구들, 손을 들어 보세요?"라고 질문을 했습니다. 1학년 아이들이라 관찰력이 부족해서인지 아무도 정답을 아는 친구가 없었습니다. 아이들은 개나리꽃, 민들레 이런 이야기들을 했습니다. 학교 텃밭 상자의 배추꽃이라는 설명을 듣고서야 보았다는 친구들이 하나둘 나오기 시작했습니다. 배추꽃을 보면 아이들과 참 닮았다는 생각을 해봅니다. 어느 반 텃밭 상자의 배추꽃은 활짝 피었는데, 어떤 텃밭 상자의 배추꽃은 시들시들하면서 꽃대가 잘 올라오지 않습니다. 우리 아이들이 작년 11월부터 물을 주고, 거름을 주고, 사랑을 주었는데, 조금 게을리 한 반의 텃밭 상자 배추꽃은 봄이 되었음에도 예쁜 꽃을 피우지 못합니다. 우리 아이들도 배추꽃처럼 우리들의 사랑과 정성, 그리고 열정적인 가르침이 있어야 봄이 되면 예쁜 배추꽃처럼 피어나리라 생각합니다. 배추꽃이 아름답게 피기 위하여 정성이 필요하듯이 우리 아이들 배움 성장에도 부모님, 선생님, 지역사회의 온갖 정성이 필요합니다. 그래서 옛날 어른들은 한 아이가 바르게 성장하기 위해서 온 동네가 나서야 한다는 이야기를 했는지 모르겠습니다.

지금까지 '창의성은 연결의 예술'이라는 주제로 각자가 가지고 있는 해당 분야의 정보 양이 그 사람의 새로운 생각을 만드는 질을 결정하고, 새로운 생각이란 우리 뇌 속에 존재하는 정보가 서로 연결되어 만들어진다는 이야기를 드렸습니다. 특히 오감을 적극적으로 이용하여 느낌이 풍부해질 때 그 연결의 질은 매우 달라지겠지요. 오늘은 창의성 이야기 마지막 시간으로 우리 아이들의 창의성을 높이기 위해서 부모님이나 선생님이 꼭 간직했으면 하는 바람을 말씀드리고자 합니다. 우선은 위에서도 설명을 했지만 사물에 대하여 예민하게 반응하는 감성이 발달해야 합니다. 감성은 영어로 'sensibility'라고 합니다. sensibility는 'sense' + 'ability' 즉, 'sense하는 능력'의 의미입니다. 'sense' 란 일반적으로 우리 몸의 감각을 이야기합니다. 학자들은 감각을 크게 일반감각과 특수감각으로 구분합니다. 특수감각은 시각, 후각, 미각, 청각 등과 같이 눈, 코, 입, 귀 등 특수한 감각기관이 존재하는 감각을 이야기하며, 통각, 촉각, 압각, 온각, 냉각 등 특수한 감각기관이 없고 자극수용체가 온몸에 흩어져 있는 감각을 일반감각이라고 합니다. 이렇게 풀이해보면 감성(sensitivity)이란 오감을 포함한 다양한 감각을 지각(sense)하는 능력입니다. 비가 오는 날 자동차를 운전하다 보면 와이퍼가 자동으로 작동을 하는 것을 볼 수 있습니다. 비가 조금 오면 천천히 작동하고 소나기처럼 비가 많이 오면 아주 빠르게 작동합니다. 감성도 이러한 자동차 와이퍼와 같습니다. 주변의 사물에 대하여 예민하게 반응할 수 있는 능력이 감성입니다. 주변의 사물에 대하여 민감하고 예민하게 반응하기 위해서는 배움의 비밀 1과 2에서 말씀드렸던 잘 보고, 잘 듣는 능력이 무엇보다 중요합니다. 우리 아이들이 잘 보고 잘 듣기 위해서 우리가 무엇을 어떻게 해야 하는지 앞 장의 배움의 비밀1과 2를 한 번 더 읽어보시기 바랍니다.

다음으로 강조하고 싶은 것은 지식의 양입니다. 어찌 보면 창의성의 결정적인 준거는 지식의 양이라 생각합니다. 그런데 간혹 지식의 양을 창의성의 결정적 준거라고 말씀드리면 국어, 수학, 영어 등 교과학습을 지식의 양으로 오해하는 분들이 있습니다. 우리가 학교에서 배우는 국어, 수학, 영어, 과학 등은 세상의 지식을 이해하기 위하여 배우는 도구입니다. 가뭄으로 딱딱해진 밭을 갈기 위해서는 쟁기와 소가 필요합니다. 물론 요즘 시대에 쟁기와 소를 사용하는 사람이 없겠지만, 밭을 잘 갈기 위해서 쟁기가 필요하듯이 지식을 폭넓게 흡수하기 위해서는 쟁기와 같은 도구가 필요합니다. 그 도구가 국어, 수학, 영어, 과학 등이 되겠지요. 쟁기의 날이 날카롭다면 밭이 잘 갈아지듯이 도구교과를 잘 배우면 세상의 지식들을 습득하는 데 크게 도움이 되겠지요. 영어를 예로 들면 영어의 단어 실력이 어느 정도 향상이 되어야 외국 원서를 읽고 지식을 습득할 수 있지 않겠습니까? 학교란 이처럼 학생들이 세상에 나가 지식을 습득할 수 있도록 도구를 배우는 곳이라 할 수 있습니다. 그렇다면 우리 아이들은 지식의 양을 어떻게 늘릴 수 있을까요? 우리 아이들이 매일 생활하면서 겪는 경험, 부모님과의 체험, 독서 등에서 지식의 양이 늘어 가리라 생각합니다. 그중에서도 가장 중요한 것은 책입니다. 다음 그림은 배움의 비밀 제1장에서 보여드렸던 배움의 모양입니다.

A학생

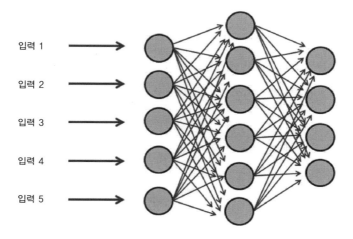

입력 1

입력 2

입력 3

입력 4

입력 5

B학생

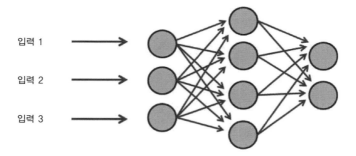

입력 1

입력 2

입력 3

앞의 그림 A학생처럼 매일 책을 읽는 아이들의 뇌 속 배움의 모양은 매우 복잡하게 얽혀 있는 것을 볼 수 있습니다. 즉 자신이 경험하고 책에서 읽었던 내용에 대한 기억들의 양이 많고, 그 기억들은 모두가 서로 연결되어 있는 것을 알 수 있습니다. 그러므로 이 학생은 어떤 상황이 발생하면 기억 저장 창고에서 해결 방법을 쉽게 인출하거나, 자신의 기억을 새롭게 연결하여 그 문제를 해결할 수 있는 능력, 즉 창의성이 높은 아이로 성장할 수 있는 것입니다.

맺는말

여울에 징검돌을 놓는
마음으로

　　　　　　　　2015년 7월 어느 날 교육청 관
계자로부터 한 통의 전화를 받았습니다. ○○학교 공모교장으
로 지원해보는 것이 어떻냐는 권유였습니다. 그 해 교장 연수를
받았던 저로서는 학교장의 역할을 수행하기에 마음 준비가 덜
되어 있었고, 공모교장이라는 부담감으로 정중히 거절을 하였
습니다. 하지만 다시 생각해보라는 교육청 관계자의 이야기를
듣고 고민이 시작되었습니다. "그래, 일단 어떤 학교인지 구경
이나 해 보자." 그날 오후 늦게 조용히 ○○학교를 찾았습니다.
한발 한발 운동장을 걷고 있는데 어느 순간 마음 깊은 곳 어디에
서 작은 울림이 있었습니다. "망설이지 마! 이곳은 너를 필요로
해." 이런 인연으로 2015년 9월 1일 월계초등학교 공모교장으
로 부임하게 되었습니다.

　어릴 때 학교 가는 길에 개울이 있었습니다. 비가 오는 날은

돌다리를 건너야 하는데 긴장이라는 감정이 내 몸에서 빠져나가는 순간 개울물에 빠져 옷이 흠뻑 젖곤 했습니다. 초임 학교장은 개울을 건너는 소년이었습니다. 학교라는 개울가에서 아무리 세찬 비바람이 불어와도 건널 수 있는 튼튼한 돌다리를 놓고 싶었습니다. 하지만 그 길은 어려웠고 가끔씩 개울물에 빠져 이 길을 계속 가야 하는지에 대한 고민도 있었습니다.

산수유 꽃봉오리가 노란 생명을 드러내던 어느 날 학부모, 선생님 모두가 참여하는 SNS를 만들어 보자는 의견이 있었습니다. SNS는 선생님, 부모님이 우리 아이들을 자세히 들여다 볼 수 있는 좋은 도구라는 생각이 들었습니다. 그렇게 학교 SNS가 시작되었고, 이곳에 아이들을 향한 학부모님과 선생님들의 마음이 하나, 둘 모여들기 시작했습니다. 학부모님은 교육활동에 댓글로 응원을 보내기 시작했고, 선생님들은 이런 응원에 힘입어 아이들의 바른 성장을 위한 자료와 생각들을 채워 나가기 시작했습니다. 이런 모습을 보면서 저의 또 다른 고민이 시작되었습니다. '이렇게 예쁜 선생님, 부모님을 위해서 내가 할 일은 또 없을까?'

그날 이후 SNS에 교육에 대한 저의 생각을 조금씩 내놓기 시작했습니다. '우리 아이들의 배움 성장'이라는 주제로, 배움이 무엇인지 고민해보았고, 아이들의 배움 성장을 위해서 우리가 무엇을 어떻게 해야 하는지에 대한 저의 생각을 그려 보았습니다. 학부모님과 선생님들이 저의 글을 많이 읽어주고 서로의 생각을 나누기도 하였습니다. 하지만 매주 1~2번 SNS에 글을 쓰는 것이 쉬운 일은 아니었습니다. 어떤 날은 새벽 일찍 카페를 찾았고, 하나의 주제에 대하여 하루 종일 고민을 하다가 출장을 잊어버리는 날도 있었습니다.

그렇게 2년의 시간이 흘렀습니다. 어느새 SNS에 써 올린 배움에 대한 저의 생각이 300쪽이 넘을 만큼 많은 양이 되었으며, 우리 아이들의 배움 모습도 두고 보기에도 아까울 만큼 크게 성장했습니다. 이 글을 쓰고 있는 지금도 학교 숲에서 어떤 아이는 나뭇잎의 크기를 재고, 다른 아이는 모란꽃에 코를 들이대고 향기를 맡으며 꽃잎의 개수를 세고 있습니다. 이처럼 SNS라는 공간에 학부모, 선생님이 서로의 마음을 나누면서 학교교육과정이라는 예쁜 그릇에 아이들의 배움 성장이라는 곡식들을 채워가고 있습니다.

이 책은 "그동안 쓰신 글들을 책으로 출판해 보세요."라는 어느 선생님의 제안으로 만들어지게 되었습니다. 그 선생님의 말씀을 듣고 제가 쓴 글들을 다시 읽어 보았습니다. 얼굴이 화끈거리고 부끄러웠습니다. 그동안 저의 배움에 대한 고민이 어릴 적 학교 가는 길에 있던 개울 같았습니다. 깊이도 없었고, 예쁜 돌다리도 없었습니다. 하지만 제가 학교를 가기 위해서는 반드시 개울을 건너야 했던 것처럼, 배움이란 무엇인지에 대해서 우리 시대 선생님과 부모님들이 꼭 고민해야 하는 주제라는 생각이 들었습니다. 그래서 용기를 내 보기로 하였습니다. 저의 배움에 대한 생각이 작은 돌다리를 만들면, 이 책을 읽는 대한민국 어른들이 큰 돌다리가 되어 우리 아이들의 예쁜 품성과 멋진 창의성이라는 배움을 크게 키우리라 확신합니다.

학교 운동장 모퉁이들에 유채 밭을 만들었습니다. 어떤 곳은 충분한 햇빛으로 쑥쑥 자라지만, 큰 나무 밑의 유채들은 봄이 훨씬 지났어도 보기에도 안쓰러울 만큼 작고 야위었습니다. 아이들의 배움이라는 것도 충분한 햇빛의 양이 있어야 합니다. 그러한 햇빛을 만들기 위해서 노력해 주시는 우리 학교 선생님과 학부모님의 노력과 공감에 저의 작은 생각이 책으로 엮어지게 되었습니다. 깊이 감사드립니다. 또한 퇴근 후 배고픔을 참아내며 아이들의 마음을 읽기 위해 토론도 하고, 생각 공유를 통해 멋진 선생님으로 성장해 가는 우리 '뇌기반창의성연구회' 회원님들의 덕으로 이 책이 만들어졌습니다. 당신들은 영웅이고 애국자입니다. 끝으로 책을 쓰는 내내 곁에서 응원해 준 가족과, 서 있는 곳이 달라도 따뜻한 마음으로 격려해주는 친구, 모두들 고맙습니다.

- 2018년 5월
한성범